Sven Gösmann (Hrsg.)

Unsere Ministerpräsidenten in Nordrhein-Westfalen

Sven Gösmann (Hrsg.)

Unsere Ministerpräsidenten in Nordrhein-Westfalen

Neun Porträts von Rudolf Amelunxen bis Jürgen Rüttgers

Droste

Bildnachweis

Die Fotos der Ministerpräsidenten Rüttgers, Rau, Steinbrück, Kühn, Clement und Meyers hat uns dankenswerterweise die Staatskanzlei Nordrhein-Westfalen kostenlos für dieses Buch überlassen. Die Fotorechte an den Aufnahmen von Arnold, Steinhoff und Amelunxen befinden sich im Besitz der dpa.

Bibliografische Information der Deutschen Bibliothek

Die Deutsche Bibliothek verzeichnet diese Publikation in der Deutschen Nationalbibliografie; detaillierte bibliografische Daten sind im Internet über http://dnb.d-nb.de abrufbar.

Umschlaggestaltung: Bayerl & Ost, Frankfurt am Main
Satz: starke+partner, Willich
Druck und Bindung: CPI – Clausen und Boss, Leck
ISBN 978-3-7700-1292-3

www.drosteverlag.de

Inhalt

Vorwort des Herausgebers

Insgesamt neun Regierungschefs hat Nordrhein-Westfalen bisher erlebt. Fünf von ihnen kamen aus der SPD, einer (Rudolf Amelunxen) gehörte der Zentrumspartei an, drei waren und sind Vertreter der CDU. Darunter ist der aktuelle Landesvater Jürgen Rüttgers, der das politische Zepter von Amtsvorgänger Peer Steinbrück übernommen hat. Illustre Namen finden sich in der Liste der nordrhein-westfälischen Ministerpräsidenten. Zu den bekanntesten gehört Ex-Bundespräsident Johannes Rau, der zwei Jahrzehnte lang die Geschicke des Bundeslandes bestimmte. Sein Nachfolger Wolfgang Clement wechselte 2002 in die Bundespolitik und wurde in Berlin zum „Superminister". Noch gut in Erinnerung ist Karl Arnold (CDU), der im Dritten Reich von der Gestapo verfolgt wurde und nach 1945 zu den politischen Ziehvätern der Bundesrepublik gehörte. Auch Politiker wie Franz Meyers (CDU) und Heinz Kühn (SPD) prägten das bevölkerungsstärkste Bundesland.

Wissenschaftler um den Duisburger Politologen Professor Karl Rudolf Korte, der auch zu den Autoren dieses Buches gehört, haben vor einigen Jahren die Regierungsarbeit in Nordrhein-Westfalen untersucht und kamen zu dem Schluss, dass erfolgreiches Handeln für einen Ministerpräsidenten immer dann möglich war, wenn zwei Dinge vorhanden waren: persönliche politische Kraft und Integrität sowie Rückhalt in der eigenen Partei. Dieses Buch will an diese Erfolge, aber natürlich auch an das weniger Gelungene erinnern. Namhafte Wissenschaftler verfolgen in ihren Beiträgen die Lebenswege, die Triumphe und Niederlagen von Nordrhein-Westfalens Ministerpräsidenten. So schreibt mit Professor Dieter Düding, der bis 2005 Neuere Geschichte an der Universität Köln lehrte, ein ausgewiesener Kenner der ersten Jahre Nordrhein-Westfalens über den Aufbruch des Bindestrich-Landes. Ihm zur Seite tritt der Duisburger Historiker Jörg Engelhardt, der sich nicht zuletzt mit seiner Landesgeschichte Verdienste um die moderne Sicht auf Nordrhein-Westfalen erwarb.

Das Kapitel über den wichtigen Ministerpräsidenten Karl Arnold an den verantwortlichen Redakteur für Landespolitik der Rheinischen Post, Detlev Hüwel, zu vergeben, lag nahe. Der Historiker hat sich in seiner Promotion und danach immer wieder mit diesem Gründervater des Landes befasst, der im Übrigen auch einer der Gründer der Rheinischen Post in Düsseldorf am 2. März 1946 war. Kennzeichnend für dieses Buch ist auch, dass es die Stimmen einiger jüngerer Wissenschaftler versammelt. Christoph Nonn (über Rudolf Amelunxen), Stefan Marx (über Franz Meyers), Hans Jörg Hennecke (über Jürgen Rüttgers), Timo Grunden (über Peer Steinbrück) und Martin Florack (über Johannes Rau) – sie alle verkörpern den neuen, frischen und kritischen Blick der Forschung auf Politiker, die allesamt das Privileg hatten, die Regierung eines einmaligen Bundeslandes zu führen und damit Geschichte zu schreiben: Nordrhein-Westfalen.

Den Auftakt machte 1946/1947 Rudolf Amelunxen. Der ehemalige Oberpräsident der Provinz Westfalen wurde von der britischen Besatzungsmacht zum Regierungschef des neuen Kunstgebildes Nordrhein-Westfalen ernannt. Amelunxen, zunächst parteilos und später wie in seinen Weimarer Jahren Mitglied der Zentrumspartei, bildete ein Allparteienkabinett ohne Fortüne. Ganz anders Amelunxens Nachfolger Karl Arnold, der seinen Vorgänger zum Sozial- und später zum Justizminister berief. Der in Schwaben geborene CDU-Politiker entstammte der christlichen Gewerkschaftsbewegung und gehörte zum linken Unionsflügel, was ihn zu einem innerparteilichen Widersacher von Bundeskanzler Konrad Adenauer werden ließ. Zu dessen Missfallen bezog Arnold in sein erstes Kabinett auch Politiker von SPD und zeitweise der KPD ein. 1950 prägte Arnold in seiner Regierungserklärung einen Satz, der bis heute als Leitbild vieler nordrhein-westfälischer Politiker weiterwirkt und gern vom amtierenden Ministerpräsidenten Jürgen Rüttgers (CDU) zitiert wird: „Nordrhein-Westfalen will und wird das soziale Gewissen der Bundesrepublik sein.“

Arnold prägte in den Gründerjahren des jungen Industrielandes die soziale Ausrichtung Nordrhein-Westfalens, an der sein SPD-Nachfolger Fritz Steinhoff (1956 bis 1958) ebenso festhielt wie der auf lange Jahre letzte Christdemokrat in der Staatskanzlei, Franz Meyers (1958 bis 1966), die SPD-Politiker Heinz Kühn (1966 bis 1978) und der am längsten amtierende Ministerpräsident und spätere Bundespräsident Johannes Rau (1978 bis 1998). Der aus Wuppertal-Barmen stammende Sozialdemokrat schuf mit seinem Credo „Versöhnen statt spalten" einen Begriff des Politischen, der in den Volksmund einging. Unter Rau, der einen moderierenden, auch den politischen Gegner einbeziehenden Politikstil zu seinem Markenzeichen machte, gründete sich die „NRW-AG". In diesem Begriff kann man aus heutiger Sicht zum einen die Vorboten der Ökonomisierung und Kapitalisierung des Gesellschaftlichen sehen, zum anderen aber auch eine modernisierte Version der Teilhabe.

Nach Rau wurde die nordrhein-westfälische Landespolitik kurzatmiger. Wolfgang Clement hielt sich von 1998 bis 2002 auf dem Sessel des Ministerpräsidenten, bevor er als Wirtschaftsminister ins Bundeskabinett Gerhard Schröders wechselte. Sein Nachfolger Peer Steinbrück blieb drei Jahre lang im Amt. Seit 2005 schließlich sitzt, erstmals nach 39 Jahren, wieder ein christdemokratischer Politiker auf dem Sessel des Ministerpräsidenten: Jürgen Rüttgers, zuvor Oppositionsführer im Landtag und davor Forschungsminister im Bundeskabinett Helmut Kohls.

Die letztgenannten Sozialdemokraten, Clement wie Steinbrück, verkörperten einen Bruch in der Tradition der nordrhein-westfälischen Regierungschefs: Sie waren mehr Manager als Landesvater. Äußeren Ausdruck fand das im Umzug der Staatskanzlei, dem Sitz des Ministerpräsidenten, in das architektonisch beeindruckende Gebäude des Düsseldorfer Stadttors. Doch die Ministerpräsidenten einer der größten Volkswirtschaften Europas sind mit ihren Beamten und Beratern nur Mieter in dem Gebäude, eingeklemmt zwischen einer Zahnarztpraxis, Anwalts- und Wirtschaftsberatungskanzleien. Der Weg zum Büro des Regierungschefs führt über eine Rolltreppe.

Demokratischer und unprätentiöser arbeitet kein anderer deutscher Ministerpräsident.

Rüttgers versucht seit seinem Amtsantritt aus der Umgebung das Beste zu machen. Er setzt mehr auf die landesväterliche Art eines Karl Arnold (nicht zufällig positioniert er sich auch politisch wie sein Vorbild auf dem sozialen Flügel seiner Partei) und die verbindliche Art eines Johannes Rau. Rüttgers holte auch die Landesflagge zurück in die Räume der Staatskanzlei. Allzu kalt und wirtschaftsnah soll es dann auf der Etage des obersten Repräsentanten auch nicht aussehen.

Wenn dieses Buch vor allem das Wirken der Männer an der Spitze Nordrhein-Westfalens (eine Frau stand noch nie zur Wahl, was sich 2010 mit der Sozialdemokratin Hannelore Kraft erstmals ändern könnte) würdigen soll, so zeigt es doch anhand der vielen politischen Konflikte, denen sich die neun Ministerpräsidenten in über sechs Jahrzehnten stellen mussten, dass die Rolle des Regierungschefs in Deutschlands bevölkerungsreichstem und größtem Flächenland eine besondere ist. Wie unter dem Brennglas lassen sich an Rhein und Ruhr die Entwicklungen beobachten, die unser Land ausmachen. Ministerpräsident in Nordrhein-Westfalen zu sein, ist eine der herausragenden Aufgaben, die das deutsche Gemeinwesen zu vergeben hat. Diese Aufgabe hat auch herausragende Persönlichkeiten geformt. Da nimmt es Wunder, dass es noch keiner von Nordrhein-Westfalen aus bis ins Bundeskanzleramt geschafft hat. Aber was nicht ist, kann ja noch werden.

Im Übrigen: Was darf ein nordrhein-westfälischer Ministerpräsident eigentlich? Die gesetzlichen Eckpunkte des Ministerpräsidenten-Amtes gibt die nordrhein-westfälische Landesverfassung vor, die in den fünfziger Jahren entstanden ist. Der Amtseid wurde in Artikel 53 festgelegt. Er lautet: „Ich schwöre, dass ich meine ganze Kraft dem Wohle des deutschen Volkes widmen, seinen Nutzen mehren, Schaden von ihm wenden, das mir übertragene Amt nach bestem Wissen und Können unparteiisch verwalten, Verfassung und Gesetz wahren und verteidigen, meine Pflichten gewissenhaft erfüllen und Gerechtigkeit gegen jedermann üben werde. So wahr mir Gott helfe." Der Eid kann auch ohne religiöse Beteuerung geleistet werden. Artikel 54 bestimmt die herausgehobene Rolle des Ministerpräsidenten, der den Vorsitz in der Landesregierung innehat. Bei Stimmengleichheit entscheidet seine Stimme. Artikel 55 gibt dem Regierungschef das demokratische Zepter in die Hand: „Der Ministerpräsident bestimmt die Richtlinien der Politik und trägt dafür die Verantwortung."

Das ist ein großes Wort, gelassen ausgesprochen. Wie ein jeder Amtsinhaber es interpretierte und wie seine Wähler es aufnahmen, darüber berichtet dieses Buch. Ich verspreche Ihnen eine spannende Lektüre.

Sven Gösmann

Rudolf Amelunxen (1888–1969)

Am **30. Juni 1888** in Köln geboren;

1909–1912	Jurastudium. Vortragstätigkeit als Sozialreformer;
1915–1918	stellvertretender deutscher Zivilkommissar in Namur (Belgien);
1919	Beitritt zur Zentrumspartei, Tätigkeit im preußischen Innenministerium;
1919–1922	Referent im preußischen Wohlfahrtsministerium;
1923–1926	Mitarbeiter des preußischen Ministerpräsidenten Otto Braun;
1926–1932	Regierungspräsident in Münster;
20. Juli 1932	im Rahmen des Staatsstreichs gegen Preußen entlassen;
20. Juli 1945	westfälischer Oberpräsident in Münster;
26. Juli 1946	bis 17. Juni 1947 Ministerpräsident von Nordrhein-Westfalen;
1947–1950	Sozialminister im Kabinett Arnold;
1950–1958	Justizminister unter Arnold und Steinhoff.

Am **21. April 1969** gestorben in Grafschaft (Sauerland).

Am 24. Juli 1946, einem heißen Sommertag, hielt ein Auto vor dem Gebäude am Hindenburgplatz in Münster, in dem die britische Militärregierung für Westfalen ihren Sitz hatte. Der westfälische Militärgouverneur Sir Henry Vaughan Berry begrüßte den Zivilisten, der dem Wagen entstieg. Es war William Asbury, britischer Regional Commissioner für das nördliche Rheinland. Die beiden Männer betraten das Gebäude durch den Vordereingang, der grundsätzlich Angehörigen der Besatzungsmacht vorbehalten war. Aber nicht einem seiner Landsleute galt der Besuch des aus Düsseldorf angereisten William Asbury. Gemeinsam mit Berry begab er sich in den rückwärtigen Anbau des Gebäudes der Militärregierung, in dem die deutsche Zivilverwaltung der Region saß, das Oberpräsidium Westfalen.

Der Oberpräsident war ein 58 Jahre alter Mann mit hoher Stirn, sehr kurzen weißen Haaren und kräftigem Kinn, aber eingefallenen Gesichtszügen: Rudolf Amelunxen. Er trug einen alten Anzug, der für seine abgemagerte Figur deutlich zu weit war, und eine einfache dickrandige Brille, hinter der wache Augen die beiden Besucher ernst anblickten. Sein Büro war äußerst spartanisch eingerichtet. Auf dem großen Schreibtisch fiel zwischen Aktenstapeln eine primitive Tischglocke aus Holz und Zink auf. Die Fenster waren in einem der letzten alliierten Bombenangriffe auf Münster im Vorjahr geborsten und seitdem nur notdürftig ausgebessert worden.

William Asbury kam, wie es seine Art war, ohne Umschweife zur Sache. Eine Woche zuvor hatte die Regierung Seiner Majestät im Radio ihren Entschluss bekannt gegeben, innerhalb der britischen Besatzungszone größere territoriale Einheiten mit Beteiligung deutscher Zivilverwaltung zu bilden. Eine dieser Einheiten, die „Länder“ heißen würden, solle durch einen Zusammenschluss Westfalens und des nördlichen Rheinlands gebildet werden. Er, Asbury, sei beauftragt, den Herrn Oberpräsidenten zu fragen, ob er als erster Ministerpräsident dieses neuen Landes Nordrhein-Westfalen fungieren wolle. Alle von der britischen Militärregierung befragten Repräsentanten des öffentlichen Lebens, der Parteien, der Kirchen und der Wirtschaft, hätten sich in „außergewöhnlicher Einmütigkeit“ dafür ausgesprochen. Sir Henry Vaughan Berry bestätigte das. Amelunxen bat sich jedoch 24 Stunden Bedenkzeit aus. Erst am nächsten Tag erklärte er den beiden Briten gegenüber seine Bereitschaft, erster nordrhein-westfälischer Ministerpräsident zu werden.

Die Gründung Nordrhein-Westfalens

Die Szene in Amelunxens Münsteraner Büro und der ihr vorausgegangene Entschluss der Briten, das Land Nordrhein-Westfalen zu gründen, war die Folge äußerst komplexer Entwicklungen von globaler Bedeutung. Sie hing zusammen mit dem heraufziehenden Kalten Krieg zwischen der Sowjetunion einerseits, den USA und ihrem engsten Bündnispartner Großbritannien andererseits. Gemeinsam hatten diese drei Mächte 1945 das nationalsozialistische Deutschland und seine Verbündeten besiegt. Doch die Koalition der Siegermächte des Zweiten Weltkriegs war schon immer fragil gewesen. Im Frühjahr und Sommer 1946 zeigten sich in der Fassade ihrer Einheit weltweit deutlicher werdende Risse, die vor allem von London aus aufmerksam beobachtet wurden. Über die Räumung des im Krieg gemeinsam besetzten Persiens kam es zum Streit zwischen der Sowjetunion und den beiden angelsächsischen Mächten. Der Beginn einer „sozialistischen“ Umgestaltung in den von der Roten Armee besetzten Ländern Osteuropas vertiefte die Differenzen. Auch der Zusammenschluss von KPD und SPD in der sowjetisch besetzten Zone Deutschlands zu einer Sozialistischen Einheitspartei weckte in London Argwohn gegenüber der russischen Politik.

Die Pariser Konferenz, auf der der britische Außenminister von März bis Juli 1946 mit seinen Kollegen aus der Sowjetunion, den USA und Frankreich unter anderem über die zukünftige Politik der vier Besatzungsmächte in Deutschland beriet, gab diesem Argwohn weiteren Auftrieb. Denn die sowjetische Delegation forderte in Paris eine Beteiligung an der Kontrolle des Ruhrgebiets, das in der britischen Besatzungszone lag. Offenbar ging es dem sowjetischen Diktator Stalin darum, Zugriff auf die Ressourcen dieses wichtigsten deutschen Industriegebiets zu erhalten. Doch während die Sowjetunion die Lieferung von Industriegütern und -anlagen aus dem Westen in ihren Machtbereich beanspruchte, verweigerte sie sich dem westlichen Anliegen, Nahrungsmittel aus den Agrargebieten des Ostens in die Westzonen zu liefern. Für die Briten wurde die Versorgung ihrer Zone mit Lebensmitteln mehr und mehr zu einer zentralen Frage nicht nur der Deutschlandpolitik. Insbesondere in den Industrieregionen des von ihnen besetzten Nordwestdeutschland reichte die vorhandene Nahrung immer weniger zur Versorgung der Bevölkerung aus. Auch in großen Teilen Westeuropas und in Großbritannien waren Lebensmittel rationiert worden, und die Versorgung des eigenen Volkes gestaltete sich zusehends schwieriger. Die sowjetische Politik, so wurde in London vermutet, verweigerte Lebensmittellieferungen gezielt, weil sie darauf spekulierte, dass Hunger und Verzweiflung Deutsche und andere Europäer dem Kommunismus in die Arme treiben werde. Das aber hätte in den Augen der britischen Labour-Regierung, die sozialdemokratisch und gerade deshalb strikt antikommunistisch eingestellt war, eine Katastrophe bedeutet.

Allerdings hatte die Pariser Außenministerkonferenz auch neue Perspektiven eröffnet. Die USA signalisierten den Briten in Paris die Bereitschaft zur Unterstützung und einer gemeinsamen Deutschlandpolitik. Die amerikanische Ökonomie lief auf Hochtouren, und die US-Landwirtschaft produzierte hohe Überschüsse. Washington war ohne Weiteres in der Lage, dem vom Krieg gebeutelten Großbritannien und seiner Besatzungszone in Deutschland wirtschaftlich unter die Arme zu greifen. Zwischen den beiden angelsächsischen Mächten entwickelte sich zunehmend eine deutschlandpolitische Kooperation, die schließlich zur Fusion der britischen mit der amerikanischen Besatzungszone zur Bizone Anfang 1947 führte.

Diese britisch-amerikanische Kooperation hatte besonders einschneidende Folgen für die Politik Londons im rheinisch-westfälischen Raum. Bisher war die britische Regierung davon ausgegangen, dass die Amerikaner sich wie nach dem Ersten Weltkrieg bald wieder aus Europa zurückziehen würden. Deshalb hatte London den einzigen Bündnispartner gegen eine eventuelle Bedrohung durch die Sowjetunion in Frankreich gesehen und 1945/1946 zunächst viel Rücksicht auf französische Interessen genommen. Dadurch manövrierte sich die britische Deutschlandpolitik freilich in ein Dilemma. Denn die Franzosen favorisierten eine Abtrennung des Rheinlands und möglichst auch des Ruhrgebiets von Deutschland, um den alten Erzfeind zu schwächen. Das aber, so war die britische Regierung überzeugt, werde die Deutschen den Sowjets in die Arme treiben. Die Kooperation mit den USA beseitigte dieses Dilemma. Auf Frankreich Rücksicht zu nehmen, erschien nun nicht mehr nötig. Statt dessen entschied man sich in London für die Gründung Nordrhein-Westfalens, das Teil eines föderal aufgebauten zukünftigen deutschen Staates werden und das Ruhrgebiet umschließen sollte. Das bedeutete eine Absage an die Amputation des Rheinlands oder des Ruhrgebiets von Deutschland. Auf diese Weise hoffte man die Deutschen ebenso zu gewinnen wie mit dem Versprechen, ihnen eine wachsende Beteiligung an der Verwaltung des neuen Landes zuzugestehen. Zudem werde, so argumentierte die britische Militärregierung, die administrative Verknüpfung mit dem agrarischen Hinterland Westfalens die Nahrungsversorgung der industriellen Ballungsgebiete an Rhein und Ruhr erleichtern. Überdies könne die politisch eher konservative Bevölkerung der ländlichen Regionen die radikalen und kommunistischen Tendenzen in den Industriestädten ausbalancieren.

Leben in Trümmern

Die große Mehrheit der Menschen in Westfalen und dem nördlichen Rheinland hatte 1946 ganz andere Sorgen. Ähnlich wie bei Rudolf Amelunxen waren die Gesichter der meisten eingefallen vor Hunger und Entbehrung. Wie Amelunxen trugen viele Menschen alte und abgetragene Kleidung, die sie mit ihren abgemagerten Körpern nicht mehr ausfüllten. Hatten die Deutschen bis kurz vor Kriegsende auf Kosten der Bewohner der von ihnen besetzten Gebiete im übrigen Europa noch leidlich gut gelebt, erfuhren sie nun die existenzielle Not am eigenen Leib, in den der von Deutschland entfesselte Krieg und die deutsche Ausbeutungspolitik den Großteil des Kontinents schon früher gestürzt hatten. Im Gründungsjahr Nordrhein-Westfalens erreichte diese Not ihren Höhepunkt.

Die Nahrungsversorgung war seit Kriegsende unzureichend. Im Frühsommer 1946 wurde sie lebensbedrohend. Ein erwachsener Mensch verbraucht im Ruhezustand täglich etwa 2400 Kalorien. Kurz bevor Rudolf Amelunxen zum nordrhein-westfälischen Ministerpräsidenten ernannt wurde, betrugen die Rationen in der britischen Zone dagegen durchschnittlich nur noch etwas mehr als 1000 Kalorien. Das entsprach ungefähr zwei Scheiben Brot mit Margarine, einer Schale Milchsuppe und zwei kleinen Kartoffeln. In den städtischen Ballungsräumen an Rhein und Ruhr waren die Rationen sogar noch geringer. Auf den Straßen brachen immer öfter Menschen vor Entkräftung bewusstlos zusammen. In den Schulen vermehrte sich die Zahl der Kinder mit aufgeblähten „Hungerbäuchen“. Weil die meisten kaum noch Abwehrkräfte gegen Krankheitserreger mobilisieren konnten, verliefen Krankheiten wie Tuberkulose immer häufiger tödlich: Mehr als 10.000 Menschen starben 1946 auf dem Gebiet Nordrhein-Westfalens daran. Auch die Säuglingssterblichkeit stieg steil an, jedes zwölfte der 1946 geborenen Kinder überlebte sein erstes Jahr nicht.

Wie an Nahrung fehlte es auch an Wohnraum. Ein Drittel der vor dem Zweiten Weltkrieg im nördlichen Rheinland und in

Westfalen vorhandenen Wohnungen war 1945 völlig zerstört. Ein weiteres knappes Drittel war beschädigt. Jahrelanger Bombenkrieg und Artilleriebeschuss während des Durchmarschs der Alliierten in den letzten Kriegsmonaten hatten nicht nur die meisten Großstädte an Rhein und Ruhr in Trümmerfelder verwandelt. Auch kleinere Städte wie Paderborn, Düren und Wesel waren zu über neun Zehnteln verwüstet. Der Schutt der zerstörten Häuser, fast 120 Millionen Kubikmeter, entsprach dem Füllvermögen von weit mehr als einer Milliarde Gartenschubkarren. Aneinander gereiht hätte diese Menge von Karren die Erde am Äquator dreißig Mal umspannen können. Die Beseitigung der Trümmer währte 1946 noch an. Die von den Bomben gerissenen Baulücken zu schließen sollte vielfach bis zum Ende der 1950er Jahre dauern. Zur Zeit von Amelunxens Ernennung war an Wiederaufbau freilich noch kaum zu denken. Angesichts des Mangels an fast jeder erdenklichen Art von Baumaterial konnten einstweilen nur beschädigte Wohnungen wieder notdürftig in Stand gesetzt werden. Wie Amelunxen in seinem Büro als Oberpräsident von Münster lebten Millionen der frischgebackenen Nordrhein-Westfalen in spartanisch eingerichteten Räumen mit provisorisch ausgebesserten Fenstern und Dächern.

Alles war Mangelware: Baustoffe, Treibstoff, Kohle zum Heizen und zum Antreiben von Maschinen, und nicht zuletzt die Maschinen selbst. Besonders verhängnisvoll machte sich der Mangel in der Landwirtschaft bemerkbar, wo neben Geräten auch Saatgut und künstlicher wie natürlicher Dünger fehlte. Schon vor dem Zweiten Weltkrieg hatte vor allem das nördliche Rheinland mehr Lebensmittel eingeführt als ausgeführt. 1945/1946 konnten dort selbst die kargen Rationen bei Grundnahrungsmitteln wie Brot und Kartoffeln nur zu zehn Prozent, bei Butter und Margarine nur zu einem knappen Drittel aus eigener Produktion gedeckt werden. Als Rudolf Amelunxen Ende Juli 1946 sein Amt als erster Ministerpräsident von Nordrhein-Westfalen antrat, schien immerhin der Tiefpunkt der Versorgungslage überschritten. Mit dem Einbringen der neuen Ernte konnten die Rationen leicht erhöht werden. Und an Rhein und Ruhr hoffte man, nun verstärkt in den Genuss von Lebensmittellieferungen aus dem ländlichen Westfalen zu kommen.

Doch das Schlimmste sollte während der Amtszeit von Amelunxen erst noch kommen. Im eisigen Jahrhundertwinter 1946/1947 brachen die Verkehrsverbindungen zwischen den Regionen weitgehend zusammen. Flüsse und Kanäle, die Hauptverkehrswege in einem Land mit sonst weitgehend zerstörter Infrastruktur, froren zu und wurden unpassierbar. In vielen Großstädten hungerten die Menschen schlimmer als zuvor, und nun kam auch noch die beißende Kälte dazu. Die im Herbst zur Aufbesserung des kargen Speisezettels gesammelten Pilze, Nüsse, Bucheckern und Wurzeln verschiedenster Pflanzen waren bald verbraucht. Kartoffelschalensuppe, Brennnesselpudding und Löwenzahnsalat reichten auch nicht weit. Wer konnte, versorgte sich durch illegale Tauschgeschäfte beim Bauern, dem sogenannten „Hamstern", oder auch durch „Fringsen", benannt nach dem Kölner Kardinal Frings, der in einer Predigt Verständnis für kleine Diebstähle in Situationen elementarer Not ausgedrückt hatte. Schätzungsweise bis zur Hälfte aller Waren wurden so der offiziellen Verteilungswirtschaft entzogen – auf Kosten derjenigen Menschen, die keine Möglichkeit zum „Hamstern" oder „Fringsen" hatten.

Der Schwarzmarkt war der offensichtlichste Ausdruck des schleichenden Zusammenbruchs sozialer Solidarität. Unter den extremen Bedingungen äußerster Not löste sich der gesellschaftliche Zusammenhalt immer weiter auf. An die Stelle möglichst gerechter Verteilung des Wenigen trat zunehmend der von blankem Egoismus diktierte Kampf aller gegen alle. Damit einher ging ein sich beschleunigender Vertrauensverlust gegenüber der öffentlichen Verwaltung. Denn es war die „Ernährungsbürokratie" der neuen demokratischen Ordnung, der vielfach die Schuld an den Problemen gegeben wurde. Hungerdemonstrationen und Streiks in den städtischen Ballungszentren erschütterten das neue Land an Rhein und Ruhr. Militärische und zivile Stellen der britischen Besatzungsmacht registrierten voller Sorge zunehmende Sympathien in der Bevölkerung für politischen Radikalismus von links und rechts. Das zarte Pflänzchen der Demokratie schien, kaum dass es erste Wurzeln geschlagen hatte, in Nordrhein-Westfalen schon abzusterben.

Dass sich die Besatzungsbehörden für Rudolf Amelunxen als ersten Ministerpräsidenten entschieden hatten, erwies sich unter diesen Bedingungen als eine gute Wahl. Denn Amelunxen war nicht nur ein ungewöhnlich engagierter Demokrat. Unter den Bürgern des neuen Landes warb er unerschütterlich für die Werte und Errungenschaften der Demokratie. Und mit großer Energie setzte er sich für den Wiederaufbau des demokratischen Systems ein, dem er schon in der Weimarer Republik gedient hatte. Amelunxen war auch ein ausgewiesener Verwaltungsexperte. Seine Weimarer Erfahrungen in der nationalen und regionalen Bürokratie halfen ihm dabei, die Schwierigkeiten der Nachkriegszeit effizient anzupacken. Und nicht zuletzt war Rudolf Amelunxen ein entschiedener Verfechter gesellschaftlicher Solidarität. Konsequent trat er als Ministerpräsident von Nordrhein-Westfalen für das Ideal des sozialen Rechtsstaats ein. Dieses Engagement wurzelte letzten Endes in seinem Bekenntnis zum katholischen Glauben. Viele seiner Charaktereigenschaften lassen sich aus seiner Herkunft und seinem biografischen Werdegang herleiten.

Lehrjahre 1888 bis 1918

Wilhelm Rudolf Konrad Amelunxen, so sein vollständiger Name, wurde am 30. Juni 1888 in Köln geboren. Dort verbrachte er die ersten Lebensjahre, ging zur Schule und lernte mit rheinischem Singsang zu sprechen. Dann zog seine Familie vorübergehend ins östliche Westfalen, woher sie auch stammte. Der kleine Rudolf besuchte für kurze Zeit eine Schule in Münster. Vielleicht waren die Schulwechsel ein Grund dafür, dass er, nachdem er mit seiner Familie wieder nach Köln zurückgekehrt war, am dortigen Apostelgymnasium zwei Klassen wiederholen musste. Amelunxen selbst führte das Sitzenbleiben in seinen

Lebenserinnerungen darauf zurück, dass er Probleme mit dem „Kasernenhofton" der Lehranstalten des Kaiserreichs hatte. Als er 1946 neben dem Amt des Ministerpräsidenten zeitweilig auch das des Kultusministers von Nordrhein-Westfalen ausübte, erwähnte er seine schulischen Probleme in der Öffentlichkeit gern, wenn er für eine Demokratisierung und Entrümpelung der Lehrpläne höherer Schulen plädierte.

Grund für die Umzüge war die Berufstätigkeit des Vaters, der als Beamter im Dienst der preußischen Eisenbahnverwaltung stand. Amelunxen wuchs in einem katholischen Elternhaus auf. Der dort vermittelte Glaube hat ihn stark geprägt, aus ihm schöpfte er Kraft. Dem katholischen Milieu blieb er zeitlebens eng verbunden. Wie selbstverständlich schloss er sich politisch stets der Zentrumspartei an. Während seiner Zeit als nordrhein-westfälischer Ministerpräsident wohnte Amelunxen, wie auch vorher als Oberpräsident von Westfalen, zur Miete bei Ordensschwestern. Unter seinen besten Freunden befanden sich viele katholische Geistliche. Nach dem 1909 abgelegten Abitur hätte er beinahe ein Theologiestudium begonnen, entschied sich dann aber doch für Jura.

An der Universität schloss er sich einer studentischen Bewegung an, die sich um eine Lösung der „sozialen Frage" bemühte und die Kluft zwischen Akademikern und Arbeitern zu überbrücken versuchte. Der junge Amelunxen hielt Vorträge vor katholischen Arbeitervereinen. Er veröffentlichte Beiträge in sozialreformerisch orientierten Zeitschriften. 1913 publizierte er zwei Broschüren über „Rechtsstudium und Sozialarbeit" und „Großstadtelend". Letztere beschrieb das Leben in Berliner Mietskasernen und Hinterhöfen. Plastisch schilderte Amelunxen das Elend und die katastrophalen sanitären Verhältnisse, unter denen die Menschen dort existieren mussten. Scharf wurden von ihm die sozialen Gegensätze zwischen Arm und Reich in der Hauptstadt und die Gefühllosigkeit des wohlhabenden Bürgertums kritisiert.

Zu diesem Zeitpunkt hatte Amelunxen sein Jurastudium bereits mit dem Ersten Staatsexamen abgeschlossen. Seine

Referendarzeit unterbrach er 1913 für den Militärdienst bei der preußischen berittenen Artillerie. Doch ein Reitunfall machte diesem Dienst ein jähes Ende. Bei Beginn des Ersten Weltkriegs erwies sich der Unfall als Glück im Unglück, denn Amelunxen blieb wegen seiner Verletzung der Fronteinsatz in der kämpfenden Truppe erspart. Stattdessen wurde er 1915 in die deutsche Zivilverwaltung des besetzten Belgien beordert. Dort bekleidete er das Amt des stellvertretenden Zivilkommissars von Namur. Seine Aufgabe war es unter anderem, die Versorgung der belgischen Bevölkerung mit den in der Kriegszeit knappen Lebensmitteln zu organisieren. Dabei machte er erste Erfahrungen mit der Verwaltung des Mangels, die ihm später als Ministerpräsident von Nordrhein-Westfalen in einer ähnlichen Situation zugutekamen. Für seine Arbeit erhielt er vom deutschen und belgischen Roten Kreuz jeweils einen Orden.

Erster Aufstieg und Fall

Nach dem Ende des Krieges schloss Amelunxen in Köln seinen juristischen Referendardienst ab. 1919 trat er in den preußischen Ministerialdienst ein. Zunächst für kurze Zeit im Innen- und dann im Wohlfahrtsministerium, das seinen sozialen Neigungen mehr entsprach, begann er am Aufbau der Weimarer Demokratie mitzuarbeiten. Anders als zahlreiche Zeitgenossen war Amelunxen kein „Vernunftrepublikaner“, der dem Ende des Kaiserreichs nachtrauerte. Schon während des Ersten Weltkrieges soll er sich einer Anekdote zufolge gegenüber konservativen Militärs, die seine Vorgesetzten waren, offensiv zu demokratischen Überzeugungen bekannt haben. In der Zentrumspartei, der Amelunxen 1919 beitrat, gehörte er zum linken Flügel, der die Demokratie nachdrücklich begrüßte.

Deshalb, und weil er sich als enger Mitarbeiter des Wohlfahrtsministers den Ruf eines immens fleißigen und fähigen Beamten erworben hatte, erreichten ihn 1922 gleich zwei Stellenangebote. Zum einen wollte ihn der Kölner Oberbürgermeister Konrad Adenauer, damals ebenfalls Mitglied des Zentrums, als Beigeordneten in ihrer beider Vaterstadt zurückholen. Zum anderen trug Otto Braun, der sozialdemokratische Ministerpräsident von Preußen, dem gerade einmal 34-jährigen Amelunxen den Posten seines persönlichen Referenten in der preußischen Staatskanzlei an. Obwohl die Beigeordnetenstelle in Köln besser bezahlt war, schlug Amelunxen das Angebot seines Parteifreundes Adenauer aus und blieb in Berlin. Vier Jahre arbeitete er für Braun, unermüdlich, sechzehn und mehr Stunden am Tag bis tief in die Nacht hinein, manchmal auch rund um die Uhr. Zu seinen Aufgabengebieten in der Staatskanzlei gehörten die von den Siegern des Ersten Weltkriegs besetzten Westgebiete Preußens – ein hochpolitisches Thema, das mit der Ruhrbesetzung durch Frankreich und Belgien kurz nach Amelunxens Übernahme des Referentenpostens halb Europa bewegte. Im Zusammenhang damit machte er unter anderem die Bekanntschaft von Sir Henry Vaughan Berry, der damals Mitglied der britischen Verhandlungsdelegation war und 1946 Amelunxen die Ministerpräsidentschaft von Nordrhein-Westfalen mit antragen sollte. Vor allem aber knüpfte der junge Referent viele Kontakte zu anderen deutschen Verwaltungsexperten und Politikern demokratischer Parteien, von denen er nach dem Zweiten Weltkrieg noch profitieren sollte.

1926 wurde die Stelle des preußischen Regierungspräsidenten in Münster frei. Rudolf Amelunxen schien durch seine bisherige Tätigkeit und Herkunft dafür prädestiniert. Als Otto Braun ihm die Stelle anbot, sagte er ja. Mit 38 Jahren wurde Amelunxen der jüngste Regierungspräsident Preußens. Er heiratete die um einiges jüngere Tochter eines Wuppertaler Bauunternehmers, und im nächsten Jahr wurde das einzige Kind des Paares, ein Sohn, geboren. Widerwillig bezog der persönlich völlig anspruchslose Verwaltungsmann, der in Berlin als Junggeselle in einem kleinen gemieteten Zimmer gewohnt hatte, eine große repräsentative Dienstvilla an der Münsteraner Piusallee. Noch widerwilliger ließ er sich zu festlichen Empfängen einladen. Dabei stieß er wiederholt lautstark mit Vertretern des westfälischen Adels und des in Münster stationierten Militärs zusammen, die dem vergangenen Kaiserreich hinterher trauerten und der Weimarer Republik feindlich gegenüberstanden. Amelunxen bekannte sich dagegen wiederholt öffentlich aus „innerster Überzeugung“, wie er nachdrücklich betonte, zur demokratischen Republik, und bekräftigte seinen „kraftvollen Willen zur Durchtränkung der Verwaltung und des öffentlichen Lebens mit dem Geist der Verfassung“.

Durch diese kompromisslose Haltung zog er sich den Hass der Republikfeinde zu, die es auch in den Reihen seiner eigenen Partei gab. Am 20. Juli 1932 führte der kurz zuvor von Hindenburg zum Reichskanzler ernannte konservative Zentrumspolitiker Franz von Papen mit Hilfe der Reichswehr den sogenannten „Preußenschlag“ durch. Durch einen Staatsstreich wurde die von Otto Braun geführte sozialdemokratische Regierung in Preußen abgesetzt. Es war ein wichtiger Schritt auf dem Weg von der parlamentarischen Demokratie zur Diktatur, den Deutschland seit 1930 immer deutlicher ging. Noch am selben Tag wurden 33 hohe politische Beamte in den preußischen Provinzen entlassen. Alle waren engagierte Demokraten – unter ihnen, als einziger Angehöriger der Zentrumspartei, auch Rudolf Amelunxen.

„Auf diese Stunde habe ich seit 13 Jahren gewartet“

Die nächsten 13 Jahre lebte Amelunxen still und zurückgezogen als Privatmann. Für den rastlosen Verwaltungsexperten, der völlig in seiner Arbeit aufgegangen war, muss es eine extrem schwierige Umstellung gewesen sein. Er lebte in den Tag hinein, las viel Zeitung, stöberte in Antiquariaten und Buchhandlungen. Er begann zu schreiben: Notizen über die Zeit als Regierungspräsident, dazu zwei Biografien und einen historischen Roman, jeweils mit katholischer Thematik. Die Manuskripte der Biografien verbrannten kurz vor Kriegsende während eines Bombenangriffs, nur der Roman wurde später veröffentlicht. Materielle Sorgen hatten Amelunxen, seine Frau und sein Sohn in dieser Zeit nicht. Er bezog für seine Zeit als preußischer Beamter eine kleine Pension und war von jeher persönlich anspruchslos gewesen. Zudem stellte sein wohlhabender Schwiegervater der Familie in Wuppertal eine geräumige Wohnung zur Verfügung, für die nur eine symbolische Miete zu zahlen war. Bis weit in den Krieg hinein konnten die Amelunxens sogar ein Dienstmädchen beschäftigen. Als sie 1943 ausgebombt wurden, kamen sie bei Verwandten im Sauerland unter.

In gewisser Weise war die frühe Entlassung im Sommer 1932 sogar ein Glücksfall für Amelunxen. Zum Zeitpunkt von Hitlers Machtübernahme 1933 war schon weitgehend vergessen, dass er während seiner Zeit als Münsteraner Regierungspräsident nationalsozialistische Versammlungen in öffentlichen Sälen konsequent verboten hatte. Amelunxen wurde nie in „Schutzhaft“ genommen oder auf andere Art vom NS-Regime drangsaliert. Die Angst davor war freilich ständig präsent, und sie wurde geschürt durch periodische Verhaftungswellen, während derer er sich bei katholischen Geistlichen oder in Klöstern verbarg. Hin und wieder kam es auch zu persönlichen Vorladungen zur Polizei oder Partei. Amelunxen, der seit dem Ende des Ersten Weltkriegs keine Orden mehr angenommen noch getragen hatte, heftete sich bei solchen Gelegenheiten pragmatisch sein Eisernes Kreuz und die für Verdienste in der belgischen Zivilverwaltung erhaltene Rotkreuzmedaille an. Einfacher strukturierte Nazibonzen verwechselten das ihnen unbekannte Rotkreuzabzeichen dann häufig mit dem NS-Blutorden und grüßten den Träger ehrfurchtsvoll.

Kurz vor dem Ende des Dritten Reiches geriet Amelunxen dann doch noch in ernste Gefahr. Kurz vor dem Einmarsch der Amerikaner erhielt er eine schriftliche Aufforderung, sich in der Kreisstadt einzufinden, um an einen unbekannten Ort abtransportiert zu werden. Einem Informanten zufolge beabsichtigten die Nationalsozialisten, vor ihrem eigenen Untergang in letzter Minute bekannte Demokraten zu liquidieren. Amelunxen legte sich ins Bett und ließ sich von einem verständnisvollen Arzt bescheinigen, er sei ohnehin bereits todkrank. Bald darauf begann das amerikanische Bombardement. Fast eine Woche versteckte Amelunxen sich mit seiner Frau und fünfhundert anderen Menschen in einem Schieferbergwerk. Dann retteten alliierte Soldaten die Halbverhungerten und führten sie wieder ans Tageslicht. Als die britische Militärverwaltung kurz darauf bei ihm anfragte, ob er bereit sei, am Aufbau einer neuen deutschen Demokratie mitzuwirken, antwortete er nur: „Selbstverständlich, auf diese Stunde habe ich seit 13 Jahren gewartet!"

Im Juli 1945 ernannten ihn die Briten in Münster zum Oberpräsidenten Westfalens. Seine zweite politische Karriere fing also dort an, wo die erste aufgehört hatte. Amelunxen war nicht der einzige Kandidat für das Amt gewesen. Aber er war der Einzige, den die Militärregierung auffinden konnte und der nicht ablehnte. Die schwierige Aufgabe, nahezu aus dem Nichts eine funktionierende Verwaltung aufzubauen, war nicht eben populär. Doch Amelunxen meisterte sie mit erstaunlichem Erfolg. Auch deshalb fiel die Wahl auf ihn, als im folgenden Jahr ein Ministerpräsident für das neue Land Nordrhein-Westfalen gesucht wurde. Am liebsten hätte die britische Militärregierung zwar einen „völlig neuen Mann" gehabt. Aber einen solchen gab es nicht. Für Amelunxen sprach zudem, dass er als entschiedener Demokrat bekannt war. Auch könnten viele Westfalen, die der Gründung des neuen Landes skeptisch gegenüberstanden, durch seine Ernennung zum Ministerpräsidenten für die Demokratie gewonnen werden, argumentierten die Vertreter der Militärregierung bei ihren Vorgesetzten in London. Und nicht zuletzt traute man ihm am ehesten das Kunststück zu, mit seinen vielfältigen persönlichen Verbindungen die meisten der rivalisierenden deutschen Parteien in eine Regierungsbildung einzubeziehen, zumal er selbst sich seit Kriegsende zunächst noch keiner Partei angeschlossen hatte.

Wiederaufbau demokratischer Institutionen

Das gemeinsame Ziel des frischgebackenen Ministerpräsidenten und der britischen Besatzungsmacht war eine Allparteienregierung. Angesichts der gewaltigen Probleme, denen man sich gegenübersah, schien die Sammlung aller demokratischen Kräfte für den Wiederaufbau das Gebot der Stunde. Im ersten Anlauf gelang es Amelunxen trotz beträchtlichen Einsatzes nicht, das gesetzte Ziel zu erreichen. Das lag vor allem an Konrad Adenauer, der als Verhandlungsführer der CDU vier von zehn Ministerien, darunter das Innenministerium, für seine Partei beanspruchte. Die anderen Parteien – SPD, Zentrum, Kommunisten und FDP – lehnten das ab. Auch über Amelunxens Kompromissvorschlag, die Kompetenzen des Innenministeriums zu teilen, war keine Einigung zu erzielen. So kam die erste nordrhein-westfälische Landesregierung im Sommer 1946 ohne die CDU zu Stande. Als dann bei den Kommunalwahlen im Herbst die Union fast die Hälfte aller Stimmen im Land gewann, unternahm Amelunxen einen neuen Anlauf, um die stärkste Partei in seine Regierung einzubinden – diesmal mit Erfolg. Zwei Parteilose und ein Kommunist räumten ihre Ministersessel zugunsten von drei Christdemokraten. Zudem wurde Karl Arnold bei der Regierungsumbildung Minister ohne Geschäftsbereich und Stellvertreter Amelunxens als Ministerpräsident.

Damit war die nötige breite Basis für einen Aufbau demokratischer Institutionen geschaffen. Angesichts der knappen materiellen und personellen Ressourcen – die meisten in Frage kommenden Verwaltungsexperten waren politisch durch ihre Tätigkeit während des Nationalsozialismus belastet – war allein schon der Aufbau funktionierender Landesbehörden eine Herkulesarbeit. Große Schwierigkeiten bereitete auch die Abgrenzung der Zuständigkeitsbereiche zwischen den neugeschaffenen Ministerien. Hier musste Amelunxen ebenso vermittelnd tätig werden wie zwischen den entstehenden deutschen Verwaltungsstellen und den britischen Besatzungsbehörden. Wiederholt kam es zu heftigen Zusammenstößen des Ministerpräsidenten mit seinem englischen Gegenüber William Asbury, bei denen sich beide vor Zeugen lauthals anbrüllten. Mehr als einmal drohte Amelunxen Asbury mit seinem Rücktritt. Dennoch entwickelte sich zwischen beiden ein Vertrauensverhältnis, das von wachsendem gegenseitigen Respekt getragen war. Die Briten fanden sich unter Asbury so in wachsendem Maß bereit, dem ersten Ministerpräsidenten und seiner Landesregierung immer mehr Kompetenzen zuzugestehen. Auf deutscher Seite führte die Notwendigkeit, die eigenen Positionen gegenüber der Besatzungsmacht zu begründen, zur kritischen Reflektion mancher Traditionen, die Weimarer Bürokraten wie Amelunxen bisher oft unhinterfragt praktiziert hatten. Dieser wechselseitige Lernprozess war schwierig und zeitraubend, aber letzten Endes durchaus von Nutzen für die innere Festigung demokratischer Strukturen.

Wie die ausführende musste auch die gesetzgebende Gewalt völlig neu aufgebaut werden. Am 2. Oktober 1946 eröffnete Amelunxen mit der primitiven Glocke aus Holz und Zink, die schon in seinem Münsteraner Oberpräsidentenbüro auf dem Schreibtisch gestanden hatte, im noch halbzerstörten Düsseldorfer Opernhaus die erste Sitzung des nordrhein-westfälischen Parlaments. Das Datum gilt heute als eigentlicher Gründungstag des Landes. Die Verteilung der Mandate auf die Parteien war allerdings von der Besatzungsmacht vorgegeben worden, die sich dabei an den Ergebnissen der letzten demokratischen Wahlen von 1932 orientiert hatte. Die Hauptaufgabe dieses „ernannten Landtags" war es, sich zunächst eine Geschäftsordnung zu geben. Dann musste durch ein Wahlgesetz die Voraussetzung zur Bildung eines wirklich demokratisch legitimierten Landesparlaments erarbeitet werden. Auch das nahm viel Zeit in Anspruch. Die ersten Landtagswahlen, die den Anfang vom Ende der Regierungszeit Amelunxens bedeuteten, fanden schließlich erst im April 1947 statt. Der Wiederaufbau demokratischer Institutionen war eine immense Aufgabe nach zwölf Jahren nationalsozialistischer Diktatur – zumal den politischen Eliten ebenso wie der Bevölkerung in der kurzlebigen Weimarer

Republik kaum Zeit geblieben war, eine tief verwurzelte politische Kultur zu entwickeln.

Geistiger Wiederaufbau der Demokratie

Wie für die institutionelle Rekonstruktion der Demokratie engagierte Rudolf Amelunxen sich auch für deren geistigen Wiederaufbau. Demokratie braucht vor allem Demokraten – und das nicht nur an der Spitze. Während seiner Zeit als Ministerpräsident unterstrich Amelunxen diese einfache Wahrheit immer wieder in öffentlichen Reden. Bei der Eröffnung des Landtags betonte er: „Nur wenn jeder Droschkenkutscher auf der Straße weiß, dass der Staat nicht Sache der Regierung, sondern seine eigene Sache ist, wenn die breiten Schichten des Volkes vom Gedanken der Demokratie zutiefst überzeugt sind, wenn alle willigen Kräfte am Aufbau teilnehmen können, wird der Versuch gelingen." Aber auch die Eliten mahnte er immer wieder, an ihre gesellschaftliche und politische Verantwortung zu denken. Den Studienanfängern der Kölner Universität im Wintersemester 1946/1947 erklärte er: „Die res publica ist nicht, wie viele immer noch wollen, kleinliche Mosaikarbeit der Bürokraten und Federfuchser. Sie ist auch kein Naturschutzpark für den tintesaufenden Amtsschimmel, sondern Ihre eigene Angelegenheit, um die Sie sich kümmern müssen."

Der demokratische Neuanfang, fuhr Amelunxen den Studenten gegenüber fort, verlange einen „radikalen" Bruch mit der Vergangenheit. Er sah die deutsche Geschichte von Bismarck bis Hitler durch eine Traditionslinie autoritärer Kontinuität geprägt – zwanzig Jahre bevor eine solche Sicht auch in einer bis dahin von nationalistischer Bismarck-Verehrung erfüllten Geschichtswissenschaft an Bedeutung gewann. Gegen die während der unmittelbaren Nachkriegszeit in der Gesellschaft dominierende und noch bis weit in die 1950er Jahre starke Tendenz, sich selbst als machtlose Opfer des Nationalsozialismus zu betrachten und Widerständler wie etwa die des 20. Juli 1944 als Eidbrecher und Verräter anzusehen, vertrat Amelunxen die Meinung, „dass der Widerstand eine geheiligte Pflicht der Bürger ist und immer sein muss, wenn eine Regierung die verfassungsmäßig gewährleisteten Rechte und Freiheiten missachtet. Dann verstehen Sie auch, dass die Männer, die in den letzten Jahren als Landesverräter und Deserteure beschimpft wurden, und die Männer, die am 20. Juli 1944 der Tyrannis ein Ende setzen wollten, in Wahrheit weder Feiglinge noch vaterlandslose Gesellen gewesen sind, sondern meistens Charakterköpfe, denen wir es zu verdanken haben, dass die Ehre und das Ansehen des deutschen Namens trotz eines Meers von unschuldigem Blut nicht restlos verloren sind."

Um bei den Bewohnern des neuen Landes Nordrhein-Westfalen einen Bewusstseinswandel zu erzielen, setzte Amelunxen auf kontinuierliche staatsbürgerliche Aufklärungsarbeit. Er war überzeugt davon, dass sich nur auf diesem Weg eine dauerhaft kritische Distanz gegenüber autoritären Strukturen in der Bevölkerung etablieren ließe. Als Ministerpräsident wie auch in den wenigen Monaten, die er gleichzeitig als nordrhein-westfälischer Kultusminister amtierte, unterstützte er die alliierten Bemühungen um eine „Reeducation" nach Kräften. Seiner Ansicht nach reichte es jedoch nicht aus, wenn sich diese „Umerziehung" auf die Schule konzentrierte, wo sie nur die jüngere Generation erreichte. Amelunxen schienen weitere Institutionen notwendig, um unter allen, auch den Älteren, das Ideal des aktiven demokratischen Staatsbürgers zu propagieren. Schon in seiner Regierungserklärung am 2. Oktober 1946 erklärte er: „Wir wollen unsere Mitbürger für die Demokratie gewinnen, von der Demokratie überzeugen und für die Demokratie begeistern. Aufklärung tut Not über das, was war, was ist und was sein muss ... Es ist notwendig, die nazistische und militaristische Ideologie, die das Unterbewusstsein vieler Zeitgenossen noch belastet, auszumerzen. Daher werden wir in der Landesregierung eine staatsbürgerliche Bildungsstelle einrichten." Diese „staatsbürgerliche Bildungsstelle", die „selbstverständlich frei von jeder Parteipolitik“ bleiben sollte, wurde noch 1946 eingerichtet. Sie war die Vorläuferin der heutigen Landeszentrale für politische Bildung.

In der Auseinandersetzung mit nationalsozialistischer Vergangenheit und autoritärem Denken setzte Amelunxen vor allem auf Aufklärung, weniger auf Strafe. Gegenüber den Möglichkeiten einer schematisch betriebenen Entnazifizierung zeigte er beträchtliche Skepsis. Wie Konrad Adenauer gestand er früheren Nationalsozialisten das Recht auf „politischen Irrtum“ zu und plädierte dafür, diesen die Möglichkeit zu einer Eingliederung und Bewährung in der neuen demokratischen Gesellschaft zu geben. Freilich hatte die von ihm vertretene Toleranz Grenzen, „nämlich die, dass es keine Freiheit gibt für die Mörder der Freiheit“. Amelunxen bekannte sich nachdrücklich zum Grundsatz der wehrhaften Demokratie. Auch in anderer Hinsicht war sein Freiheitsbegriff nicht bedingungslos. Denn Freiheit, so hob er in seiner Rede vor den Kölner Studenten hervor, habe „ihre Daseinsberechtigung nur in der sozialen Verantwortung ihrer Träger“. Unter den Bedingungen der sich entsolidarisierenden Zusammenbruchs- und Hungergesellschaft der Jahre 1946 und 1947 war das von beklemmender Aktualität.

Materieller Wiederaufbau

Wenn eine demokratische Kultur in Nordrhein-Westfalen Wurzeln schlagen sollte, dann erschien das Amelunxen nur möglich, wenn das neue System die existenzielle Not der Menschen linderte und eine Überwindung des allgegenwärtigen Mangels in Aussicht stellte. Zumindest kurzfristig konnte das allein durch Hilfe von außen geschehen. Bereits Ende August 1946, in der ersten Sitzung seines Kabinetts, hob Amelunxen hervor, der Schwerpunkt der inhaltlichen Arbeit müsse die Versorgung der Bevölkerung mit Nahrung und Heizmitteln sein. Er sprach die Erwartung aus, „dass die Militärregierung in den kommenden Monaten uns noch mehr und noch wirkungsvoller helfen wird als bisher". Amelunxen selbst und seine Minister wurden in diesem Sinn immer wieder bei den Briten vorstellig. Er wandte sich mehrmals persönlich an William Asbury und den Militärgouverneur der britischen Besatzungszone in Hamburg, um eine Verbesserung der Lebensmittel- und Kohlerationen für die deutsche Bevölkerung durch Einfuhren zu erreichen. Die Landesregierung machte unter seiner Führung auch konkrete Vorschläge dazu, wie diese Importe etwa im Tausch gegen Fertigprodukte organisiert werden könnten. Als der Chef der Deutschlandabteilung im Londoner Foreign Office das Ruhrgebiet besuchte, appellierten der Ministerpräsident und sein Kabinett bei ihm erfolgreich für mehr wirtschaftliche Hilfeleistung von Seiten Großbritanniens, weil sonst die politische Aufbauarbeit an der Demokratie vergebens sein würde.

Parallel zu diesem Engagement bei offiziellen Stellen der britischen Besatzungsmacht bemühte Amelunxen sich sehr aktiv um die Verbesserung der Versorgung durch Kontakte zu einflussreichen Privatpersonen und nichtstaatlichen Hilfsorganisationen im Ausland. Mit dem englischen Verleger und Sozialpolitiker Victor Gollancz, der mit einem Hilfswerk die Sendung von Lebensmittelpaketen aus England organisierte, hielt er engen persönlichen Kontakt. Im Februar 1947 referierte er mit anderen Ministerpräsidenten der Bizone vor dem ehemaligen US-Präsidenten Herbert Hoover, der als Sonderbeauftragter der amerikanischen Regierung Deutschland bereiste, und betonte: „Eine hungernde und frierende Bevölkerung kann für den demokratischen Aufbau wenig Verständnis aufbringen!" Drei Monate später wandte Amelunxen sich mit dramatischen Worten „im Interesse unserer verzweifelten Bevölkerung, insbesondere der leidenden Frauen und Kinder" mit einem Telegramm noch einmal an Hoover, den er bat, „Millionen vor dem Hungertod zu retten". Auch mit dem niederländischen Königshaus, englischen Bischöfen und französischen Politikern nahm er Kontakt auf, um Hilfe für die hungernden Bewohner Nordrhein-Westfalens zu mobilisieren. Gemeinsam mit dem Schwedischen Roten Kreuz organisierte er selbst das Aufpäppeln hunderter unterernährter Kinder aus dem Ruhrgebiet auf schwedischen Bauernhöfen.

Auch diese Erfolge konnten freilich nur vorübergehend die Not lindern. Sie waren nicht dazu geeignet, das Versorgungsproblem dauerhaft zu lösen. Das konnte, wie Amelunxen wohl bewusst war, letzten Endes nur aus eigener Kraft geschehen. Um die nordrhein-westfälische Wirtschaft in die Lage zu versetzen, die Bevölkerung des Landes weitgehend selbst zu versorgen, mussten nach dem Raubbau und den Verwüstungen des Krieges gewaltige Anstrengungen unternommen werden. Eine dauerhafte Besserung der Versorgungslage war nur langfristig zu realisieren. Amelunxen hat während seiner kurzen Zeit als Ministerpräsident mitgeholfen, die Weichen dafür zu stellen, auch wenn die Erfolge sich größtenteils erst nach seinem Abschied von dem höchsten Amt im Land einstellten.

Um ein Grundvertrauen der Bevölkerung in den neuen Staat zu schaffen, war vor allem die Herstellung einer gerechten Verteilung der Nahrungsmittel nötig. Der Schwarzmarkt, in dem 1946/1947 etwa die Hälfte der verfügbaren Güter umgesetzt wurden, musste ausgetrocknet werden. Ein Ansatzpunkt dafür war die bessere Erfassung der Produktion. Unter der Ministerpräsidentschaft Amelunxens arbeitete die Landesregierung ein neues Erfassungssystem für landwirtschaftliche Produkte aus, das unter anderem Prämien für vermehrte Ablieferung bei den öffentlichen Verteilungsstellen vorsah. Ein anderer Ansatzpunkt war die Verschärfung von Kontrollen. Dazu schlug Amelunxens Regierung der Besatzungsmacht den beschleunigten Aufbau einer Landespolizei vor, die den Schwarzmarkt bekämpfen und die endemisch um sich greifenden Plünderungen unterbinden sollte. In beiden Fällen verhinderten Reibungen mit den Briten, die andere Ziele verfolgten, die Umsetzung der Vorschläge noch während der Regierungszeit von Amelunxen. Die Anfänge einer eigenständigen nordrhein-westfälischen Agrarpolitik und Politik der inneren Sicherheit waren damit jedoch gemacht.

Die Achillesferse des wirtschaftlichen Wiederaufstiegs der Regionen an Rhein und Ruhr, wenn nicht ganz Westdeutschlands, war die Kohleproduktion. Kohle war von zentraler Bedeutung nicht nur für den Hausbrand und den Verkehr. Ohne Kohle, die den Hauptexportartikel der Region darstellte, ließen sich auch Importe von Lebensmitteln und anderen Waren nicht bezahlen. Ebenso hing der Wiederaufbau der anderen Industriezweige, allen voran der eisenverarbeitenden Branchen und des Maschinenbaus, von der Versorgung mit Kohle ab. Bei Ende des Zweiten Weltkriegs betrug die Produktion der Ruhrzechen nur noch ein Drittel des Durchschnitts der 1920er und 1930er Jahre. 1946 stieg die Kohlenerzeugung zwar an, lag aber immer noch um die Hälfte unter dem Vorkriegsstand. Besonders problematisch war der Mangel an Arbeitskräften. Amelunxens Regierung packte das Problem in Zusammenarbeit mit der Besatzungsmacht energisch, schnell und wirkungsvoll an: Bereits im Januar 1947 wurde ein Programm zur besseren Versorgung der Bergleute mit Konsumgütern eingeführt. Die Zahl der Bergleute ließ sich daraufhin zügig steigern, und die Kohleproduktion erreichte bis 1949 in etwa wieder das Niveau der Zwischenkriegszeit.

Auch im Hinblick auf die Ordnung der Wirtschaft hatte Amelunxen Anteil am schnellen Wiederaufbau an Rhein und Ruhr. Die von der Labourpartei gestellte Regierung in Großbritannien zielte ordnungspolitisch auf einen „dritten Weg" zwischen Plan- und Marktwirtschaft, den sie auch in ihrer Besatzungszone gehen wollte. Die Briten bemühten sich deshalb um den Aufbau staatlicher Bezirkswirtschaftsämter, die eine möglichst weitgehende Kontrolle und Lenkung privater Unternehmen gewährleisten sollten. In der historischen Forschung herrscht heute weitgehend Einigkeit darüber, dass diese britische Politik zu der Versorgungskrise von 1946/1947 beträchtlich beigetragen hat, weil sie Unternehmen und Beschäftigte gleichermaßen wegen fehlender ökonomischer Anreize in den Schwarzen Markt drängte. Die Beamten im nordrhein-westfälischen Wirtschaftsministerium versuchten sich der Einführung von Bezirkswirtschaftsämtern mit einer Hinhaltetaktik zu widersetzen. Amelunxen deckte als Ministerpräsident diese Verschleppungsstrategie der Beamten – sogar gegen den Wirtschaftsminister selbst, der die britische Politik unterstützte. Ein weiteres Wuchern des Schwarzen Markts wurde dadurch verhindert, bis unter dem maßgeblichen Einfluss der marktwirtschaftlich orientierten Amerikaner 1948 die Währungsreform den Impuls für einen Aufschwung gab, der dann mit dem Koreaboom 1950 richtig in Fahrt kam.

Zentrumspolitiker und Justizreformer

Die Briten hatten bei der Ernennung von Amelunxen zum Ministerpräsidenten von vornherein keinen Zweifel daran gelassen, dass diese befristet sein sollte, bis die Regierung Nordrhein-Westfalens von einem gewählten Landtag gebildet werden konnte. Die ersten Landtagswahlen im April 1947 hätten freilich nicht unbedingt das Ende von Amelunxens Zeit als „Landesvater" einläuten müssen. Wie die Regierungsbildung wurde jetzt auch die Auswahl des Ministerpräsidenten zur Sache der Parteien. Und Amelunxen, zur Zeit der Ernennung noch ohne Parteibuch und nicht zuletzt deswegen erster Kandidat der von der Militärregierung angestrebten Zusammenfassung aller politischen Kräfte im Land, hatte mittlerweile eines erworben. Anfang 1947 trat er dem Zentrum bei. Warum das geschah, lässt sich nicht genau rekonstruieren. Vielleicht spielte Traditionsbewusstsein eine Rolle. Schließlich war das Zentrum schon vor 1933 Amelunxens Partei gewesen. Denkbar wäre freilich auch der Beitritt zur CDU gewesen. Dass Amelunxen diesen wie viele seiner früheren Parteifreunde aus der Weimarer Zeit nicht vollzog, mag in der Ansicht begründet gewesen sein, dass manche Christdemokraten die sozialen Traditionen des alten Zentrums nicht genügend hoch hielten. Möglicherweise war ihm ein solcher Weg aber auch nach den schwierigen Verhandlungen zur Regierungsbildung 1946, nach denen die von Adenauer geführte CDU sich erst einmal nicht an der Regierungsverantwortung beteiligt hatte, verbaut.

Bei den Wahlen im April 1947 wurde die CDU stärkste Partei. Das Zentrum errang dagegen mit knapp zehn Prozent der Stimmen nur einen Achtungserfolg. Nach langwierigen Verhandlungen über die Bildung einer Regierung, an der sich schließlich außer der FDP wieder alle Parteien beteiligten, übernahm der Christdemokrat Karl Arnold das Amt des Ministerpräsidenten. Als einziger Minister des Zentrums amtierte Amelunxen für die nächsten drei Jahre im Sozialressort. Damit war er, wie er in seinen Lebenserinnerungen schrieb, zu seiner „ersten Liebe zurückgekehrt" – hatte seine Karriere in der Politik doch 1919 im preußischen Wohlfahrtsministerium begonnen. Mit viel Energie und großem Einsatz widmete er sich dem Wiederaufbau der Krankenhäuser, der Versorgung der Kriegsopfer und Kriegswaisen, und nicht zuletzt der Eingliederung von Kriegsheimkehrern und Vertriebenen. Diese strömten seit 1948 millionenfach nach Nordrhein-Westfalen. Mit dem vom Landtag im selben Jahr angenommenen Flüchtlingsgesetz hat Amelunxen den Grundstein für die gewaltige Aufgabe ihrer Integration gelegt.

1949 begann für ihn ein kurzes Intermezzo in der nationalen Politik: Amelunxen wurde für das Zentrum in den ersten Bonner Bundestag gewählt. Im selben Jahr stellte ihn seine Partei sogar als Kandidaten für das Amt des Bundespräsidenten auf. Gegen Anwärter wie Theodor Heuss und Kurt Schumacher hatte Amelunxen, der ohnehin nicht mit großer Begeisterung kandidierte, von vornherein kaum Chancen. Immerhin gewann er einige Stimmen mehr, als seine Partei Wahlmänner in der Bundesversammlung hatte. Sein Bundestagsmandat hat er bald wieder zurückgegeben. Denn als Minister in Nordrhein-Westfalen sah er sich nicht in der Lage, dieses Mandat so aktiv wahrzunehmen, wie er das seinen Wählern schuldig zu sein glaubte.

Stattdessen übernahm er nach den nächsten nordrhein-westfälischen Landtagswahlen von 1950 in Düsseldorf das Justizministerium. Auch im Rechtswesen gab es noch viel Arbeit im Zuge des Wiederaufbaus zu leisten. Darüber hinaus engagierte Amelunxen sich als Justizminister auch für Reformen im demokratischen und sozialen Sinn. So bemühte er sich um eine Neuausrichtung der Ausbildung von Juristen. Statt des Paukens von Paragrafen wollte er größeren Wert auf die Verzahnung des Rechts mit der Kenntnis von gesellschaftlichen Entwicklungen legen. Die Rechtsprechung sollte stärker mit der sozialen Praxis verknüpft werden. Gleichzeitig betrieb Amelunxen einen Ausbau der Laiengerichtsbarkeit. Vor allem aber lag es ihm am Herzen, den Strafvollzug stärker am Grundsatz der Resozialisierung statt an dem der Vergeltung auszurichten. Mit seinem Engagement war er seiner Zeit um einiges voraus. Viele der von Amelunxen angestoßenen Reformideen wurden erst unter der sozialliberalen Regierung von Heinz Kühn verwirklicht, dessen Justizminister Josef Neuberger sich als sein „eigentlicher Nachfolger“ und Vollender seiner Ideen verstand.

Würdigung

Die Landtagswahlen von 1958 endeten für Amelunxens Partei, das Zentrum, mit einem Desaster. Für den mittlerweile 70-Jährigen bedeutete das den Abschied vom Ministeramt, und damit das Ende seiner politischen Karriere. Er zog sich in die kleine Düsseldorfer Mietwohnung zurück, in der er seit den frühen 1950er Jahren mit seiner Frau wohnte. In seinen letzten Lebensjahren las Amelunxen viel, veröffentlichte Memoiren und eine Reihe von biografischen Skizzen verstorbener politischer Weggefährten. Am 21. April 1969 starb er im Alter von 80 Jahren. Bei der Beisetzung auf dem Düsseldorfer Nordfriedhof gaben der amtierende Ministerpräsident Heinz Kühn und mehrere seiner Kabinettsmitglieder das Totengeleit. Justizminister Neuberger hielt eine Ansprache, in der er dem Verstorbenen bescheinigte, „solide Fundamente“ gelegt zu haben, „auf denen wir, seine Schüler und Nachfolger, aufbauen können“.

Vielleicht hat Rudolf Amelunxen tatsächlich in seiner Zeit als Justizminister das Land Nordrhein-Westfalen am stärksten und nachhaltigsten mitgeprägt. Dreizehn Jahre war er am Aufbau der zweiten deutschen Demokratie beteiligt – ebenso lange wie beim Aufbau der ersten. Nur gut zehn Monate davon amtierte er als nordrhein-westfälischer Ministerpräsident. Die Kompetenzen des Amtes waren damals zudem sehr eingeschränkt. Zum einen behielt die Besatzungsmacht sich weitgehende Rechte vor und wachte 1946/1947 noch über jeden Schritt der deutschen Zivilverwaltung mit Argusaugen. Zum anderen fehlte Amelunxen als ernanntem Ministerpräsident die demokratische Legitimation. In mancher Hinsicht war er deshalb mehr ein Vermittler, ein Koordinator von Politik, als ein Motor der Veränderung. Dennoch leistete Amelunxen in schwerer Zeit Beachtliches. Als die nach dem Zusammenbruch der nationalsozialistischen Ära wiedergeborene Demokratie 1946 ihrer schlimmsten Bewährungsprobe ausgesetzt wurde, hat er zu ihrem institutionellen und geistigen Aufbau nach Kräften beigetragen.

Nicht zuletzt legte er durch seine Tätigkeit auch die Grundpfeiler für den materiellen Aufschwung mit, der wesentliche Voraussetzung für die langfristige Stabilisierung der Demokratie im bevölkerungsreichsten deutschen Bundesland Nordrhein-Westfalen und damit auch in der Bundesrepublik Deutschland gewesen ist. Für den tief im Sozialkatholizismus verwurzelten Verwaltungsexperten Rudolf Amelunxen, der zeit seines Lebens entschiedener Verfechter eines von gesellschaftlicher Solidarität geprägten demokratischen Rechtsstaats gewesen ist, war das freilich nicht mehr und nicht weniger als selbstverständlich.

Prof. Dr. Christoph Nonn

Literaturhinweise

1946 – Politik und Alltag im Gründungsjahr des Landes Nordrhein-Westfalen. Düsseldorf 2006.

Amelunxen, Clemens: 40 Jahre Dienst am sozialen Rechtsstaat: Rudolf Amelunxen zum 100. Geburtstag. Porträt eines Demokraten. Berlin 1988.

Teppe, Karl: Rudolf Amelunxen, in: Aus dreißig Jahren: Rheinisch-Westfälische Politiker-Portraits. Köln 1979, S. 48-65 (auch im Internetportal www.lwl.org/westfaelische-geschichte.de).

Karl Arnold (1901–1958)

Geboren am **21. März 1901** in Herrlishöfen bei Biberach/Riss;

1919	Gesellenprüfung als Schuhmacher;
1920/21	Besuch der Sozialen Hochschule Leohaus (München);
1926	Vorsitzender des Christlichen Deutschen Gewerkschaftsbundes in Düsseldorf;
1945	Vorsitzender der Christlich-Demokratischen Partei (CDP, später CDU) in Düsseldorf;
Januar 1946	Wahl zum Oberbürgermeister von Düsseldorf;
Juni 1947	Wahl zum Ministerpräsidenten von Nordrhein-Westfalen;
September 1949	Wahl zum ersten Bundesratspräsidenten;
20.02.1956	Abwahl durch ein konstruktives Misstrauensvotum von SPD und FDP;
April 1956	Wahl zum stellvertretenden CDU-Bundesvorsitzenden;
Ab 1957	Mitglied des Bundestages;
1958	Vorsitzender der CDU-Sozialausschüsse (CDA).

Gestorben am **29. Juni 1958** mitten im NRW-Wahlkampf.

Als Landtagspräsident Josef Gockeln die Glocke schwang, um das Ergebnis zu verkünden, herrschte absolute Ruhe im Plenarsaal. Jetzt würde sich zeigen, ob es der SPD tatsächlich gelungen war, den amtierenden CDU-Ministerpräsidenten Karl Arnold zu stürzen. Nicht nur ganz Deutschland, sondern auch das benachbarte Ausland schaute an diesem 20. Februar 1956 auf den Düsseldorfer Landtag, den Schauplatz des ersten Konstruktiven Misstrauensvotums in einem Flächenland der noch jungen Bundesrepublik. Jedermann war klar, dass nicht landes-, sondern bundespolitische Gründe für die Abwahl des NRW-Regierungschefs ausschlaggebend waren. Der Sturz markierte das vorläufige Ende der in starkem Maße gewerkschaftlich geprägten Karriere des Christdemokraten Karl Arnold, die weit in die Weimarer Zeit zurückreicht.

Familiärer Hintergrund

Karl Arnold wurde am 21. März 1901 in Herrlishöfen geboren. Die kleine Ortschaft mit rund 70 Einwohnern gehörte zur Gemeinde Höfen im damaligen Oberamt Biberach/Riss und war Teil der Pfarrei Warthausen. Der spätere Ministerpräsident wuchs mit seinen beiden Schwestern Agatha und Maria-Anna in einem katholischen Elternhaus unter recht bescheidenen Verhältnissen auf. Der erste Sohn der Arnolds, der 1899 geborene Franz-Josef, war 1901, im Jahr von Karls Geburt, gestorben. Der Vater Johann Baptist (1871-1941) war Landwirt, musste sich aber mit Maurerarbeiten ein Zubrot verdienen. „Mein Vater war Bauer und Handwerker zugleich", hat Karl Arnold später einmal gesagt. Er besuchte die einklassige Dorfvolksschule, die sich ganz in der Nähe des elterlichen Hauses befand. An dem Schulgebäude und späteren Rathaus hängt inzwischen eine Bronzetafel, die an den berühmten Sohn der Ortschaft erinnert. 1951 wurde er anlässlich seines 50. Geburtstages sogar zum Ehrenbürger von Warthausen ernannt.

Nach der Schule arbeitete Karl Arnold ein halbes Jahr lang auf einem größeren Bauernhof. Frühmorgens um halb fünf Uhr stand er auf und musste die Kühe melken. Anschließend hieß es, den Stall auszumisten, und dann ging es hinaus aufs Feld. Die Arbeit, so berichtete er später, habe ihm nicht geschadet. Doch er habe damals eingesehen, dass man, um ein „echter Bauer" sein zu können, vor allem Geld brauchte – „und dieses Geld hatte ich nicht". 1916, zwei Jahre nach Ausbruch des Ersten Weltkriegs, trat Arnold in Biberach eine Lehre als Schuhmacher an. Die Gesellenprüfung bestand er mit der Note „gut". Als Gesellenstück fertigte er ein Paar Damenschnürstiefel. Damals fand er Anschluss beim Katholischen Gesellenverein und den Windhorstbunden, der Jugendorganisation der Zentrumspartei. Auf Vermittlung des einflussreichen Zentrumspolitikers Matthias Erzberger, der den Wahlkreis 16 (Biberach-Leutkirch-Waldsee-Wangen) im Reichstag vertrat, konnte Arnold 1920/21 die Soziale Hochschule Leohaus in München besuchen, die vom Süddeutschen Verband Katholischer Arbeitnehmer getragen wurde. Die Lehrgangsteilnehmer strebten zumeist eine Tätigkeit in den Christlichen Gewerkschaften an.

Um sich beruflich neue Perspektiven zu eröffnen, siedelte Arnold 1921 nach Düsseldorf um und arbeitete dort zunächst in der Geschäftsstelle des Zentralverbandes christlicher Lederarbeiter, der zu den kleinsten Fachschaften des Deutschen Gewerkschaftsbundes (DGB) zählte. Bereits 1924 wurde er in Düsseldorf Kartellsekretär der interkonfessionellen Christlichen Gewerkschaften. Sie bildeten die stärkste Säule des DGB, der in scharfem Gegensatz zu dem als sozialistisch geltenden Allgemeinen Deutschen Gewerkschaftsbund (ADGB) stand. Arnold legte sich häufig mit den Wirtschaftsführern an, denen er vorwarf, „mit aller Zähigkeit an einer unchristlichen Wirtschaftsauffassung festgehalten" zu haben. Die Forderung der Christlichen Gewerkschaften konzentrierte sich auf Mitbestimmung und Mitbesitz der Arbeitnehmer am Betrieb.

Bereits 1926 gelangte Karl Arnold an die Spitze des Düsseldorfer DGB. Für ihn war dies ein großer Vertrauensbeweis und zugleich die Anerkennung für sein sozialpolitisches Engagement. Seine Prägung durch die Gewerkschaftsbewegung hat er niemals vergessen. Ein Zusammengehen des DGB mit dem weitaus größeren ADGB kam auch für ihn damals nicht in Frage, weil der ADGB nicht bereit sei, das christliche Wertesystem anzunehmen. Arnold hielt dagegen: „Für uns steht das ganze Leben unter sittlichen Normen, und der letzte Sinn des Lebens kann nur ein religiöser sein." Parallel zur Gewerkschaftsarbeit engagierte er sich in der Zentrumspartei, der er eigenen Angaben zufolge bereits 1920 beigetreten war. 1925 rückte er in den Düsseldorfer Parteivorstand auf. Nach der Kommunalwahl im November 1929 zog er für das Zentrum in den Rat der Stadt ein. Arnold, der im Oktober 1928 die Düsseldorferin Liesel Joeres heiratete (mit der er vier Kinder bekam), stieg im Laufe der Zeit in das städtische Establishment auf.

1932 veröffentlichte die Düsseldorfer Zentrumspartei einen Aufruf zur Gründung einer Volksfront gegen den Terror von rechts und links. Zu den Unterzeichnern gehörte auch Karl Arnold. Das Jahr 1933 bedeutete für ihn wie für viele Regimekritiker eine Zäsur. Nach der Selbstauflösung der Zentrumspartei verlor er Zug um Zug seine Ämter. Die Zerschlagung der Gewerkschaften durch die Nazis brachte ihn auch existenziell in Bedrängnis. Arnold, der im Jahr der Machtergreifung Vater wurde (der Sohn bekam den Namen Gottfried), musste sich beruflich neu orientieren. Er wurde zunächst Angestellter des Katholischen Kirchensteueramtes, später Vertreter und dann kaufmännischer Leiter und Teilhaber eines Heizungs- und Installationsbetriebs. Die Firma „Halbig und Arnold" belieferte auch Kasernen und Krankenhäuser, sodass Karl Arnold als „unabkömmlich" eingestuft wurde. Das bewahrte ihn davor, Soldat werden zu müssen.

Während der Nazizeit hielt Arnold Kontakt zu Untergrundzirkeln, in denen über eine neue Gesellschaftsordnung nach dem Ende der Hitler-Diktatur debattiert wurde. Das war keineswegs ungefährlich. Doch obwohl Arnold 1944 als ehemaliger Zentrumspolitiker von der Gestapo verhaftet wurde und kurze Zeit im Düsseldorfer Gefängnis Ulmer Höh' saß, kann man ihn nicht zum engeren Widerstandskreis zählen. Seine regimekritische Haltung ist aber von vielen Zeitgenossen bezeugt.

Die „Stunde Null"

1945, in der sogenannten „Stunde Null", konnte Arnold auf die Konzepte zurückgreifen, die er zusammen mit seinen Gesinnungsfreunden in den zurückliegenden Jahren im Untergrund entwickelt hatte. Dazu zählte zunächst die Gründung einer christlichen Partei, die im Gegensatz zum früheren Zentrum nicht mehr katholisch dominiert sein sollte, sondern auch evangelischen Christen eine politische Plattform bot. Im weitgehend zerstörten Düsseldorf, das kurz nach dem Einmarsch der Amerikaner der britischen Besatzungszone zugeordnet wurde, veröffentlichte Arnold unmittelbar nach Einstellung der Kriegshandlungen einen Aufruf „An die Bevölkerung Düsseldorfs": „Wir sind entschlossen, in Sturm und Gewitter, in Not und Entbehrung die Fundamente freizulegen, auf denen ein neues gesellschaftliches und staatliches Leben aufgebaut werden kann."

Aufgerufen wurde zur Bildung einer „politischen Gemeinschaft" mit dem vorläufigen Namen Christliche Volkspartei Deutschlands. Für die Christliche Volkspartei sollten Freiheit, Gerechtigkeit und religiöse Toleranz den höchsten Stellenwert haben. Gefordert wurde eine Wirtschaftsordnung, „die soziale Gerechtigkeit und verantwortungsvolle Mitbestimmung aller die Wirtschaft tragenden Gruppen gewährleistet". Arnolds Handschrift ist in diesem frühen Parteiprogramm unverkennbar. Auch in anderen Städten kam es zu ähnlichen Neugründungen, wobei häufig die Bezeichnung Christlich-Demokratische Partei (CDP) gewählt wurde. Erst Ende 1945 setzte sich Christlich-Demokratische Union (CDU) als Parteiname durch.

Karl Arnold, der 1945 zum Düsseldorfer CDP-Vorsitzenden gewählt wurde, drängte den früheren Zentrumspolitiker und langjährigen Kölner Oberbürgermeister Konrad Adenauer

(1917 bis 1933), sich ebenfalls für die neue konfessionsübergreifende Partei zu engagieren. Doch schon bald trübte sich das beiderseitige Verhältnis erheblich. Der Grund lag vor allem darin, dass sich Arnold damals für einen „christlichen Sozialismus" als Mittelweg zwischen Kapitalismus und Sozialismus einsetzte, während Adenauer als Exponent des konservativen Parteiflügels andere Wege gehen wollte. „Mit dem Wort Sozialismus gewinnen wir fünf Menschen, und zwanzig laufen weg", meinte er sarkastisch.

Es ist bezeichnend für Arnold, dass er um ein vernünftiges Verhältnis zu den anderen Parteien – insbesondere SPD und KPD – bemüht war, auch wenn er deren Ansichten nicht immer teilte. Toleranz war für ihn angesichts der gewaltigen Aufbauarbeit ein Gebot der Stunde: „So wie uns die Not gemeinsam ist, wird auch die Arbeit der Parteien auf langen Wegstrecken gemeinsam sein müssen." Arnold setzte sich gleich nach dem Krieg für die Schaffung einer Einheitsgewerkschaft ein. Er war zutiefst davon überzeugt, dass die Zersplitterung der Gewerkschaftsbewegung Hitlers Aufstieg begünstigt hatte. Doch die Briten bremsten den Elan der Deutschen. In ihrer Zone sollte der Aufbau behutsam von unten nach oben erfolgen. Anfang Dezember 1945 wurde Karl Arnold an die Spitze der Düsseldorfer Gewerkschaftsbewegung gewählt, aber erst geraume Zeit später konnte die Einheitsgewerkschaft, der Deutsche Gewerkschaftsbund (DGB), gegründet werden. Zum DGB-Vorsitzenden Hans Böckler hatte Arnold ein ausgezeichnetes Verhältnis.

Die Sympathie, die Arnold bei seinen politischen Gegnern genoss, wurde besonders augenfällig, als er am 29. Januar 1946 von dem damals noch ernannten Stadtrat mit 51 von 54 Stimmen (bei drei Enthaltungen) zum Oberbürgermeister von Düsseldorf gewählt wurde. Auf Betreiben der Briten war zuvor die Gemeindeordnung revidiert worden: Fortan gab es an der Stadtspitze eine strikte Trennung zwischen dem Amt des (Ober-)Bürgermeisters und dem des (Ober-)Stadtdirektors als Chef der Verwaltung. Als erste Amtshandlung bat Arnold darum, angesichts der großen Not den ihm zustehenden „Ehrensold" von

750 auf 500 Mark zu reduzieren. Eine Geste, die ebenso angenehm auffiel wie sein tatkräftiges Zupacken, als es galt, Schutt und Trümmer mit Schaufel und Lore wegzuräumen.

Allmählich kam auch das Pressewesen wieder in Schwung. Auf Vermittlung des renommierten Verlegers Anton Betz, der 1933 von den Nazis verhaftet worden war, bekam Karl Arnold zusammen mit weiteren Vertrauenspersonen eine Lizenz für die Herausgabe der Rheinischen Post, die sich im Untertitel „Zeitung für christliche Kultur und Politik" nannte und damit deutlich machte, mit welcher Parteirichtung sie sympathisierte. Am 2. März 1946 erschien die erste Ausgabe. „Wir wollen nicht die äußere Welt reformieren, ohne gleichzeitig den Geist und die Seele zu erneuern", schrieb Arnold in seinem Grußwort an die Leser. Die Zeitung konnte wegen der Papierknappheit zunächst nur zwei Mal pro Woche mit einem Umfang von lediglich vier Seiten erscheinen. Arnold selbst wurde in der Rheinischen Post 1946 folgendermaßen charakterisiert: „Seine Stärke: Blick ins Große, prophetische Sicht ... Genialer Taktiker, mitreißende Redegewalt, dabei phrasenlos, trotz faszinierender Farbigkeit. Bei allem Optimismus absolut illusionslos. Seine Schwäche: übertriebene persönliche Anspruchslosigkeit. Unfairen politischen Gegnern gegenüber von geradezu aufregender Nachsicht und gutmütigem Wohlwollen."

Das „Unternehmen Hochzeit"

Mitte 1946 entwickelten die Briten ein Projekt mit dem Tarnnamen „Unternehmen Hochzeit" („operation marriage"). Dabei ging es um die Zusammenlegung des nördlichen Teils der Rheinprovinz mit Westfalen. Im Juli 1946 gab London die Bildung Nordrhein-Westfalens bekannt; Düsseldorf sollte Hauptstadt des neuen „Bindestrich-Landes" werden. Oberbürgermeister Arnold reagierte zurückhaltend. „Diese Tatsache erfordert die zusätzliche Bereitstellung von Wohn- und Verwaltungsräumen", so sein karger Kommentar. Doch bei den Besatzungsbehörden genoss Arnold ein hohes Ansehen. Er war „ein Typ, der den Briten lag", so der damalige Düsseldorfer Oberstadtdirektor Walter Hensel, der mit Arnold während der Hitler-Diktatur engen Kontakt gehabt hatte. Karl Arnold war von hagerer Gestalt. Unverwechselbar: Sein scharfes Profil mit der hohen Stirn, den starken Backenknochen und der hervorspringenden Nase. Auf Victor Gollancz wirkte er wie ein Asket. Dem britischen Verleger und Humanisten imponierte es, dass Arnold jede Hilfe für sich ablehnte, obwohl er häufig Kontakt mit den britischen Behörden hatte. Im US-Magazin Newsweek erschien Ende 1946 eine Reportage, in der es hieß: „Arnold gehört nicht zum vertrauten Typus des wimmernden Deutschen, aber er sagte bitter: ‚Wo weder Hoffnung noch Brot ist, muss eine Nation zugrunde gehen.' "

Die Briten ordneten für die Übergangszeit bis zur ersten Landtagswahl ein aus allen politischen Parteien gebildetes Kabinett unter Führung des früheren Zentrumspolitikers und damals noch parteilosen Oberpräsidenten von Westfalen, Rudolf Amelunxen, an. Arnold, so der britische Regionalkommissar William Asbury in seinem Memorandum vom 1. August 1946, sollte stellvertretender Ministerpräsident und Innenminister werden. Doch CDU-Chef Konrad Adenauer legte sich quer, weil er gegen Arnold und dessen „christlichen Sozialismus" tiefes Misstrauen hegte. An der Regierung Amelunxen beteiligte sich die CDU zunächst nicht.

Am 2. Oktober 1946 trat im Düsseldorfer Opernhaus der (ernannte) Landtag zu seiner konstituierenden Sitzung zusammen. Die Briten hatten die Stärke der einzelnen Parteien anhand der Wahlergebnisse von 1932 geschätzt und der SPD 71 Sitze zugewiesen, der CDU 66, KPD 34, Zentrum 18, FDP neun und Unabhängige zwei Sitze. Die Sitzverteilung wurde schon wenig später zugunsten der CDU verändert, nachdem sie bei der Kommunalwahl am 13. Oktober mit 48,5 Prozent deutlich besser als die SPD (31,1 Prozent) abgeschnitten hatte. Auch in der Landeshauptstadt Düsseldorf trug die CDU mit Karl Arnold an der Spitze den Sieg davon und errang 47,2 Prozent.

In der Sitzung des neugewählten Stadtrats am 26. Oktober wurde Oberbürgermeister Arnold einmütig wiedergewählt.

Nach dieser Wahl drängten die Briten auf eine Beteiligung der CDU an der Landesregierung. Karl Arnold konnte sich der uneingeschränkten Unterstützung des Arbeitnehmerflügels der Union sicher sein und wurde trotz aller Einwände Adenauers stellvertretender Regierungschef im zweiten Kabinett Amelunxen. Allerdings nur für wenige Monate, denn die ersten freien Landtagswahlen zeichneten sich ab. Am 20. April 1947 konnten die Bürger an Rhein und Ruhr ihre Stimme abgeben. An der Wahl beteiligten sich immerhin 67,3 Prozent der Stimmberechtigten. Mit 37,6 Prozent wurde die CDU stärkste Partei vor der SPD (32 Prozent) und hatte somit Anspruch auf den Posten des Regierungschefs. Das löste ein erbittertes Tauziehen hinter den Kulissen aus. Adenauer versuchte, Arnold zu verhindern, wollte ihn auf das Amt des Landtagspräsidenten wegloben und brachte Alternativkandidaten ins Spiel. Doch am Ende konnte sich Karl Arnold durchsetzen. Am 17. Juni 1947 wurde er vom Düsseldorfer Landtag zum Ministerpräsidenten des Landes Nordrhein-Westfalen gewählt. Er sollte dieses Amt fast neun Jahre lang bekleiden.

Am Kabinettstisch von Karl Arnold saßen außer der CDU auch Vertreter von SPD, KPD und Zentrum, nicht jedoch der FDP, weil sie die Sozialisierungspläne der anderen Parteien ablehnte. Die Ressortverteilung sah so aus: Innenminister wurde Walter Menzel (SPD), Finanzminister: Heinrich Weitz (CDU), Wirtschaftsminister: Erik Nölting (SPD), Verkehr: Heinz Renner (KPD), Ernährung, Landwirtschaft und Forsten: Heinrich Lübke (CDU), Arbeit: August Halbfell (SPD), Soziales: Rudolf Amelunxen (inzwischen Mitglied der Zentrumspartei), Kultus: Heinrich Konen (CDU), Justiz: Gustav Heinemann (CDU), Wiederaufbau: Hugo Paul (KPD). Die meisten Bürger nahmen die Regierungsbildung nur am Rande zur Kenntnis. Auf ihnen lasteten überschwer die Alltagssorgen. Aufgebrachte Menschen protestierten in zum Teil gewalttätigen „Hunger-Demonstrationen“ gegen die knappe Kalorien-Zuteilung durch die britischen Besatzungsbehörden. Auch Arnold sah sich zu scharfen Protesten genötigt.

Die Sozialisierungsfrage

Einer der ersten großen Reformansätze der Düsseldorfer Landesregierung galt der Sozialisierung der Großbetriebe. Schon 1945 hatte Arnold gegenüber der britischen Militärregierung deutlich gemacht, dass die CDU entschlossen sei, „die großen Monopol- und Konzernbetriebe aufzulösen“. Auf britischer Seite dürfte dies mit Genugtuung vernommen worden sein, hatte in London doch nach dem Krieg die Labour-Partei, die eine durchgreifende Wirtschaftsreform vornehmen wollte, die Regierungsverantwortung übernommen. Ähnlich wie die SPD machte sich auch der linke Flügel der CDU für eine Überführung von Bergbau sowie Eisen- und Stahlindustrie in Gemeineigentum stark, während die KPD auf Verstaatlichung pochte. Für Arnold war die Sozialisierungsfrage nach eigenen Worten von „allergrößter Bedeutung“, um zu einer gerechteren Wirtschaftsordnung zu gelangen.

Nachdem die CDU der britischen Zone Anfang Februar 1947 ihr linkslastiges „Ahlener Programm“ vorgelegt hatte, brachte die CDU-Fraktion einen Monat später ein Bündel von sechs Anträgen zur Sozialisierung in den Landtag ein. Es ging dabei um die Entflechtung der Kartelle in Bergbau sowie in eisenschaffender und chemischer Großindustrie. Gefordert wurde die Einführung gemeinwirtschaftlicher Betriebsformen, wobei für den Bergbau auch der Staatsbetrieb in Frage kommen sollte. Kein privater Aktionär durfte demnach über mehr als zehn Prozent der Stimmen in der Hauptversammlung verfügen, wobei das nicht-private Kapital über die absolute Stimmenmehrheit verfügen sollte. Außerdem sollten die Arbeitnehmer „die ihnen zustehende Vertretung“ in den Aufsichtsräten erhalten. Planung und Lenkung der Wirtschaft sollte den Selbstverwaltungskörperschaften übertragen werden. Diese Anträge trugen nicht nur die Unterschrift von Karl Arnold, sondern auch die des Fraktionsvorsitzenden Konrad Adenauer, der aber wohl nur aus taktischen Gründen mitmachte und insgeheim auf Zeit spielte.

In seiner Regierungserklärung ging Arnold zum Teil noch über die Absichtserklärungen des „Ahlener Programms" der CDU hinaus. Wörtlich sagte er: „Das kapitalistische Wirtschaftssystem hat sich an seinen Gesetzen totgelaufen." Dies zwinge zu einer völligen Neugestaltung der deutschen Wirtschaft. Ziel der Neuordnung in der Grundstoffindustrie – dazu zählten Kohle, stahl- und eisenerzeugende Industrie sowie die Großchemie – sei eine „echte Gemeinwirtschaft". Eine Beteiligung des privaten Großkapitals an den gemeinwirtschaftlichen Unternehmungen komme nicht in Frage. Im Übrigen würden Kriegs- und Naziverbrecher entschädigungslos enteignet, kündigte Arnold an und versprach, dass die Arbeitnehmer an der Betriebs- und Wirtschaftsführung „maßgeblich" beteiligt würden. Vonnöten sei zudem eine durchgreifende Bodenreform, um möglichst viele bäuerliche Existenzen abzusichern.

Dem rechten CDU-Flügel ging Arnolds programmatische Rede allerdings entschieden zu weit. Fraktionschef Adenauer sagte, dass Arnold „mit seiner Regierungserklärung über das, was ich für richtig halte, hinausgegangen ist". Er machte zudem unmissverständlich klar, dass er sich eine andere Regierungskoalition wünschte. „Wir müssen hoffen, dass, wenn sie zu Ende geht, dies über einem Faktum geschieht, das nach außen hin den Zusammenbruch der Koalition rechtfertigt", sagte Adenauer vor der Landtagsfraktion. Auch Angriffe gegen Arnold verkniff er sich nicht. Gereizt erwiderte dieser, er sei „nicht geneigt, andauernde Anwürfe von der eigenen Fraktion entgegenzunehmen. Wenn es einem Teil der Fraktion beliebt, mir das Vertrauen zu entziehen, so mag sie das tun. Vor meinen Wählern werde ich mich zu rechtfertigen wissen."

Arnold war zutiefst davon überzeugt, dass die Zeit für gemeinwirtschaftliche Betriebsformen reif war. Zugleich hoffte er wohl auch, mäßigend auf die Demontageabsichten der Siegermächte einwirken zu können, wenn ihnen signalisiert würde, dass von den Betrieben der einstigen „Waffenschmiede Ruhrgebiet“ keine Gefahr für den Frieden mehr ausgehe. Im Oktober 1947 wurden die endgültigen Demontagelisten für die britische und amerikanische Zone (Bizone) bekannt gegeben. Demnach entfielen von 682 aufgeführten Objekten fast 300 allein auf Nordrhein-Westfalen. Arnold konnte nicht nachvollziehen, wieso auch Betriebe „reiner Friedensfertigungen“ betroffen sein sollten. Unterdessen rang der Wirtschaftsausschuss des Landtags weiter um die Sozialisierungsfrage. Die Diskussionen drehten sich nun hauptsächlich um den Antrag der SPD, wonach das Land Eigentümer des Stein- und Braunkohlebergbaus werden sollte. Die Vorlage erwies sich allerdings als fehlerhaft, sodass die dritte Lesung im Landtag Anfang April 1948 abgebrochen wurde.

Während Arnold in der Rückverweisung an den Ausschuss eine Chance sah, das Reformvorhaben doch noch umzusetzen, winkte Fraktionschef Adenauer ab. Angesichts der Tatsache, dass die Kohlewirtschaft von den Briten kontrolliert werde, sei ein Sozialisierungsgesetz ebenso hilfreich wie „wenn wir durch Gesetz die sechs größten Berge auf dem Mond beschlagnahmen wollten“. In einem Brief an Arnold versuchte er darzulegen, dass die Bedeutung der Sozialisierung für die meisten Bergarbeiter „lange nicht so ist, wie Sie es anzunehmen scheinen“. Doch Arnold ließ sich nicht beirren und machte Druck auf das Gesetzgebungsverfahren. Er hoffte weiterhin, auf diese Weise die angekündigte Kontrolle der Ruhrwirtschaft durch die drei Westmächte abwenden oder zumindest abmildern zu können. Anfang August legte er einen Entwurf für ein Rahmengesetz zur Kohle-Sozialisierung vor, den er zusammen mit dem DGB hatte erstellen lassen. Darin wurde die zentrale Frage nach den Eigentumsverhältnissen allerdings noch offen gelassen. Ihm schwebte eine „Selbstverwaltung Kohle“ vor, die die Anlagen zunächst treuhänderisch übernehmen und innerhalb von drei Jahren „echte gemeinwirtschaftliche Betriebe unter Ausschaltung des privaten Großkapitals“ gründen würde.

Arnold rechnete fest damit, dass sein Kompromissvorschlag eine breite Mehrheit im Landtag finden würde. Doch nicht sein Entwurf, sondern jener der SPD setzte sich im Parlament mit den Stimmen von SPD, Zentrum und KPD durch. Das Sozialisierungsgesetz war damit zwar vom Landtag verabschiedet, aber in Kraft trat es dennoch nicht, weil die Briten es auf Druck der Amerikaner kassierten. Da die Kohlenbergwerke zum „nationalen Vermögen" zählten, müsse die Sozialisierungsfrage von einer künftigen deutschen Regierung und nicht von der Landesregierung geregelt werden, lautete die offizielle Begründung. Sie spiegelte den wachsenden Einfluss der Amerikaner wider, die tiefgreifende Wirtschaftsreformen ablehnten und die Briten entsprechend bremsten. Deswegen scheiterte auch das NRW-Gesetz zur Einführung überbetrieblicher Mitbestimmung – ein Reformvorhaben, für das sich Karl Arnold nachhaltig eingesetzt hatte.

Auf dem Weg zur Bundesrepublik

Der Konflikt zwischen Adenauer und dem Parteilinken Karl Arnold eskalierte zu Beginn des Jahres 1948, als Adenauer darauf bestand, die beiden KPD-Minister aus der Landesregierung zu entfernen. Anlass war die massive Kritik der Kommunisten am bizonalen Ausbau. Im Landtag attackierten die Kommunisten auch Arnold heftig, doch der Regierungschef wollte den Streit offenbar nicht auf die Spitze treiben. Um so energischer forderte Adenauer den Ministerpräsidenten auf, sich von den KP-Ministern Hugo Paul und Heinz Renner zu trennen. Widerwillig gab Arnold Anfang Februar nach, allerdings nicht ohne die beiden Kommunisten wissen zu lassen: „Die gegen meinen Willen notwendig gewordene Entscheidung beeinflusst in keiner Weise die Wertschätzung, die ich Ihnen persönlich gegenüber empfinde."

Wenige Wochen später verfasste Arnold ein „Manifest an die deutsche Einheit", das er als „Appell an den Kontrollrat" der Siegermächte bezeichnete. Darin schlug er vor, in ganz Deutschland eine verfassunggebende Nationalversammlung wählen zu lassen, die in einer besatzungsfreien mitteldeutschen Stadt ihre Beratungen aufnehmen sollte. Trotz der sich abzeichnenden Weststaatsbildung hielt Arnold offenbar eine gesamtdeutsche Lösung noch für möglich. Er war aber realistisch genug, um schließlich einzusehen, dass diese nicht auf einen Schlag zu haben war. Deutschland habe drei Jahre nach dem Krieg Anspruch auf verfassungsmäßige Zustände, hielt er den Kritikern der Westlösung entgegen. Wenn es nicht möglich sei, alle Deutschen „auf dem ersten Anhieb" zur Wahl einer Verfassunggebenden Versammlung aufzurufen, dann müsse eben jetzt „ein Anfang gemacht werden, um die Einigung Deutschlands einzuleiten".

Im Bonner Zoologischen Museum Alexander Koenig eröffnete der nordrhein-westfälische Ministerpräsident am 1. September 1948 den Parlamentarischen Rat, der das Grundgesetz für den künftigen westdeutschen Staat ausarbeiten sollte. Arnold hatte schon bei den Vorverhandlungen der Westmächte mit den Länderchefs erfolgreich darauf gedrungen, statt des Begriffs „Verfassung" die Bezeichnung „Grundgesetz" zu verwenden, um den vorläufigen Charakter der Weststaatsbildung zu unterstreichen. Den Abgeordneten des Parlamentarischen Rates legte er in seiner Eröffnungsrede eindringlich ans Herz, bei jedem Wort, „das Sie in das Grundgesetz schreiben", darauf zu achten, „ob es einer sachlichen Kritik aus gesamtdeutscher Schau standhalten kann".

Obwohl ihm bundespolitische Ambitionen nachgesagt wurden, verschrieb sich Arnold in der Folgezeit ganz der Landespolitik. Er wollte dabei das Gewicht des Landes „in der künftigen Bundespolitik zur Geltung" bringen, wie er im Vorfeld der ersten Bundestagswahl (14. August 1949) ankündigte. Schon bei der Regierungsbildung versuchte er zum Ärger Adenauers kräftig mitzumischen. Als Chef einer Großen Koalition in Düsseldorf favorisierte er auch auf Bundesebene ein Bündnis aus Union und SPD. Er wurde dabei publizistisch nachhaltig von der Rheinischen Post unterstützt. Doch Adenauer trickste den Düsseldorfer Regierungschef aus, indem er am 21. August 1949 in seinem Haus in Rhöndorf im Beisein wichtiger Unionspolitiker vollendete Tatsachen schuf. Arnold reagierte betroffen und revanchierte sich auf seine Weise. Obwohl Adenauer dem bayerischen Ministerpräsidenten Hans Ehard (CSU) den Posten des Bundesratspräsidenten zugesprochen hatte, verschaffte sich Arnold mit Hilfe der SPD-regierten Länder eine eigene Mehrheit bei der Wahl des Bundesratspräsidenten am 7. September. Das Verhältnis zwischen Adenauer und Arnold sank auf einen Tiefpunkt.

„Europäer deutscher Staatsangehörigkeit"

Noch bevor sich die Bundesrepublik Deutschland konstituierte, profilierte sich der nordrhein-westfälische Ministerpräsident auch als Europapolitiker. Beherzt setzte sich Arnold für die Belange der Grenzlandbewohner ein. Hintergrund war die Forderung der Niederlande und Belgiens nach territorialen „Korrekturen". Ihre Ansprüche betrafen zunächst rund 2000 Quadratkilometer Fläche mit etwa 125 000 Einwohnern. Später reduzierten sich die Forderungen auf nur noch 135 Quadratkilometer und 13 500 Einwohner. Als am 4. März 1949 in den Landkreisen Rees, Monschau und Aachen Sperrzonen von der britischen Besatzungsmacht errichtet wurden, setzte Arnold alle Hebel in Bewegung, um den Vollzug zu stoppen. Er attackierte das Vorhaben der beiden Nachbarstaaten als Verstoß gegen den europäischen Einigungsgedanken und appellierte an Den Haag und Brüssel, auf ihre Pläne zu verzichten. Außerdem wandte er sich Hilfe suchend an den britischen Außenminister Ernest Bevin. In einer Blitzaktion, die hohe Wellen schlug, fuhr er schließlich direkt nach Den Haag, um einen Stimmungsumschwung herbeizuführen. Doch von Außenminister Dirk Ulko Stikker wurde er wenig freundlich empfangen. Allerdings fielen die Grenzkorrekturen der Niederlande letztlich mit einer Fläche von 70 Quadratkilometern deutlich glimpflicher aus als von Arnold befürchtet worden war.

Zu Beginn des Jahres 1949 machte der NRW-Regierungschef – die Bundesrepublik gab es noch nicht – ein weiteres Mal als „Außenpolitiker" von sich reden. Anlass war die Bekanntgabe des Ruhrstatuts der drei Westmächte am 28. Dezember 1948, in der die Gründung einer Internationalen Ruhrbehörde zur Kontrolle der deutschen Kohle- und Stahlproduktion angekündigt wurde. In seiner Neujahrsansprache machte Arnold den Gegenvorschlag, einen völkerrechtlichen Zweckverband zwischen Deutschland, Frankreich, Belgien und Luxemburg zu gründen. Auch wenn Arnold, der sich als „Europäer deutscher Staatsangehörigkeit" verstand, für seinen Vorschlag vom Ausland zunächst kritisiert wurde, gewann der Gedanke einer internationalen Zusammenarbeit im Montanbereich zunehmend an Gewicht und mündete in einem entsprechenden Vorstoß des französischen Außenministers Robert Schuman. Die Gründung der Europäischen Gemeinschaft für Kohle und Stahl (EGKS) besiegelte 1953 das Ende der Ruhrbehörde und war für Karl Arnold eine große Genugtuung.

1950 erhielt das Land Nordrhein-Westfalen endlich eine Verfassung. Die Vorbereitungen waren zwar schon Jahre zuvor angelaufen, doch die Verhandlungen scheiterten an den unterschiedlichen Vorstellungen der Parteien. Hauptstreitpunkte waren die Sozialisierung und die Schulpolitik. CDU und Zentrum traten für die Bekenntnisschule und das Elternrecht ein, während SPD und FDP die Gemeinschaftsschule verfassungsrechtlich verankern wollten. Nachdem der Parlamentarische Rat seine Arbeit zur Schaffung des Grundgesetzes aufgenommen hatte, wurden in Düsseldorf die Verfassungsberatungen weitgehend auf Eis gelegt. Anfang November 1949 übergab Regierungschef Arnold seinem ebenso verblüfften wie verärgerten Innenminister Walter Menzel (SPD) einen eigenen Verfassungsentwurf, in dem die einklassige Volksschule als geordneter Schulbetrieb vorgesehen war. Bergbau und Großindustrie mit monopolartigem Charakter wären demnach „in Gemeineigentum zu überführen, wenn es das Gemeinwohl erfordert". Arnolds Entwurf sah auch die Bildung eines Staatsrates vor, der das – zeitlich befristete – Recht haben sollte, einem vom Landtag abgelehnten Gesetzentwurf der Regierung Grünes Licht zu geben. Die 30 Mitglieder dieses Gremiums sollten von den Landschaftsverbänden entsandt werden, die es damals aber noch nicht gab. Arnold wollte damit nach eigenem Bekunden den „gesetzgeberischen Kontakt zwischen Landtag und der kommunalen Selbstverwaltung" institutionalisieren.

Bei der Abstimmung im Landtag über die einzelnen Verfassungsartikel fiel der Staatsrat jedoch durch. In Sachen Sozialisierung der Grundstoffindustrie entschied sich eine Mehrheit dafür, dass Großbetriebe in Gemeineigentum überführt werden sollten. Während Arnold alles in allem das Verfassungswerk würdigte, sprach der SPD-Abgeordnete Heinz Kühn von einem „Dokument der sozialen Unzulänglichkeit, des staatspolitischen Föderalismus' und des konfessionellen Separatismus'". Bei der Gesamtabstimmung am 6. Juni 1950 votierten CDU und Zentrum für das Verfassungswerk, während die anderen Fraktionen dagegen stimmten. Karl Arnold hatte immerhin sein Ziel erreicht, dem Land eine demokratische Verfassung zu geben, die, wie er sagte, den Willen zum Ausdruck bringt, „die Politik dieses Landes in echtem christlichen und sozialen Geist zu führen".

Die NRW-Verfassung wurde den Bürgern anlässlich der Landtagswahl vom 18. Juni 1950 zur Abstimmung vorgelegt. 57 Prozent sprachen sich dafür aus, während CDU und Zentrum als verfassungtragende Parteien zusammen lediglich 44,4 Prozent erhielten (CDU 36,9, Zentrum 7,5 Prozent). Aufgrund ihrer 15 Überhangmandate hätte die Union nun eine Regierung allein mit dem Zentrum bilden können. Doch Karl Arnold wollte die Große Koalition mit der Linken fortsetzen und hatte sich bereits vor der Wahl mit führenden Sozialdemokraten darüber abgesprochen. Adenauer bestand indes auf einem bürgerlichen Kabinett in Nordrhein-Westfalen. Arnold legte sich quer und konterte, er wisse durchaus, dass es für die Bundesregierung

„bequemer wäre, wenn der Bundesrat ein getreues Spiegelbild der Mehrheitsverhältnisse im Bundestag wäre. Dann aber würden wir des Vorteils verlustig gehen, der sich aus der Vielgestaltigkeit der sozialen und wirtschaftlichen Verhältnisse in den Ländern“ ergebe.

Was in der Öffentlichkeit damals nicht bekannt war: Arnold musste sich Mitte 1950 ehrverletzender Angriffe auch aus den Reihen der Union erwehren. Angeblich existierten Fotos, die ihn kompromittierten. Die Affäre landete vor dem Ehrengericht der Partei und stellte sich später als übles Schmierentheater mit gekauften Zeugen heraus. Doch die dadurch ausgelöste Welle von Spekulationen traf Arnold arg. Nach Einschätzung eines einflussreichen CDU-Politikers habe die vermeintliche Affäre durchaus im Sinne Adenauers gelegen.

Auf Drängen Adenauers, der seit Mai 1950 vorläufiger Vorsitzender der CDU-Bundespartei war, sprach sich die CDU-Landtagsfraktion für ein Bündnis mit FDP und Zentrum aus. Nach längerem Tauziehen wurde Arnold schließlich von CDU, Zentrum und FDP zum Ministerpräsidenten gewählt. Dennoch unternahm er anschließend einen erneuten Versuch, die SPD ins Boot zu holen, um eine „Regierung der nationalen Konzentration“ zu bilden. Er weigerte sich strikt, ein Bündnis mit der FDP einzugehen, weil er sie für reaktionär und nazistisch unterwandert hielt. Statt dessen präsentierte er am 1. August 1950 zunächst ein reines CDU-Übergangskabinett und löste damit erheblichen Wirbel aus. Arnold sei überfordert, hieß es. Adenauer warf ihm sogar Täuschung vor. Angesichts des anhaltenden Drucks entschloss sich Arnold zu einer Minimallösung und koalierte mit dem Zentrum. Die Regierungsmehrheit (109 von 215 Sitzen) war zwar knapp – aber sie hatte für die Dauer der zweiten Legislaturperiode Bestand.

Das „soziale Gewissen“

In seiner Regierungserklärung vom 21. September 1950 formulierte Karl Arnold den später immer wieder zitierten Anspruch „Nordrhein-Westfalen will und wird das soziale Gewissen der Bundesrepublik sein“. Er bekräftigte, dass Nordrhein-Westfalen auf die Bundespolitik zur Neuordnung der Eigentumsverhältnisse in der Grundstoffindustrie und zur gesetzlichen Regelung der Mitbestimmung einwirken werde. Darüber hinaus sprach er eine Fülle von Aufgaben an, die in den nächsten Jahren zu bewältigen seien. So etwa die Schaffung einer Landespolizei, das Schulgesetz, die Steigerung der Lebensmittelproduktion sowie die Verbesserung des Wohnungs- und des Krankenhauswesens.

Nach der schwierigen Phase des Wiederaufbaus in den Jahren 1947 bis 1950 stand in der zweiten Legislaturperiode die innere Ausgestaltung im Mittelpunkt der Landespolitik. So wurden beispielsweise 1953 die beiden Landschaftsverbände gegründet. Arnold bestand darauf, dass die Verwaltung vereinfacht und der Vorschriftenwirrwarr beseitigt würden. Auch personell müsse der Verwaltungsapparat entschlackt werden. Arnold verwies dabei auf den, wie er sagte, alten Erfahrungssatz, „dass ein untauglicher Bürokrat sogar dann, wenn er mit vollem Gehalt spazieren geht, billiger ist, als wenn er weiter arbeitet und damit die Verwaltung und seine Mitmenschen finanziell schädigt“. Besonderes Augenmerk richtete er auf die Elektrifizierung wichtiger Eisenbahnstrecken in Nordrhein-Westfalen. Er rechnete mit einem großen Einsparpotenzial beim Steinkohleverbrauch und erwartete von der Elektrifizierung starke wirtschaftliche Impulse. Anfang 1951 beriet das Kabinett über seinen Vorstoß, die Strecke von Hamm über Essen, Duisburg, Köln nach Remagen zu elektrifizieren. Nordrhein-Westfalen wollte der Bundesbahn dafür ein zinsloses Darlehen gewähren. Doch die Mühlen mahlten langsam. Erst 1957 konnte der erste elektrifizierte Streckenabschnitt zwischen Düsseldorf und Hamm in Betrieb genommen werden.

1952 verabschiedete der Landtag das Schulneuordnungsgesetz, mit dem Bekenntnis- und Gemeinschaftsschulen festgeschrieben wurden. Arnold sagte dazu später: „Die Bekenntnisschule erfüllt ihre Erziehungs- und Unterrichtsaufgaben im Geist des Bekenntnisses; die Gemeinschaftsschule auf der Grundlage der gemeinsamen christlichen Bildungs- und Kulturwerte." Die Unterrichtung von Kindern und jungen Leuten ohne Anlehnung an die Werte des Christentums war für den Katholiken Karl Arnold kaum denkbar. Zeitgenossen berichten von seiner tiefen Religiosität. Als er mit seinem späteren Staatssekretär Hans Mohr bei einer Autofahrt nach Hamburg an eine Unfallstelle kam, an der eine Frau tot neben ihrem zertrümmerten Fahrzeug lag, soll Arnold zu Mohr gesagt haben: „Wir wollen für die Tote ein stilles Vaterunser beten."

Gegen Ende der zweiten Legislaturperiode nahm auch das Gesetz zur Bildung des Westdeutschen Rundfunks (WDR) die parlamentarische Hürde. Für Arnold erfüllte sich damit ein langgehegter Wunsch nach einem eigenen Landessender. Bis dieser 1956 seinen Betrieb aufnehmen konnte, hatte der Nordwestdeutsche Rundfunk (NWDR) das Sendemonopol auch für Nordrhein-Westfalen inne. Vor der Landtagswahl 1954 beschenkte Arnold Hunderte von Jugend- und Altersheimen mit einem Fernsehapparat. Das Geld stammte zwar aus Überschüssen des NWDR, aber gleichwohl wurde die Aktion in der regierungskritischen Presse als „billige Eigenpropaganda" abgetan.

Auch wenn es im Laufe der 1950er Jahre in der CDU still wurde um die Überführung von Großbetrieben der Grundstoffindustrie in Gemeineigentum (Artikel 27 der Landesverfassung), blieb Arnold doch der auf sozialen Wandel drängende Stachel seiner Partei. Wie in seiner Regierungserklärung 1950 angekündigt, schaltete er sich massiv in die Politik der Bundespolitik ein. Als der Streit um die Montanmitbestimmung eskalierte, sagte er den Vertretern des DGB: „Sie dürfen versichert sein, dass der Gewerkschafter Arnold bei Ihnen sein wird." Mitbestimmung sei kein lästiges Dazwischenreden, sondern „die große innere Bereitschaft der Millionen Werktätigen, an den fundamentalen Lebens- und Zukunftsfragen des deutschen Volkes gleichrangig mitzuarbeiten".

Mit der Verabschiedung des Montanmitbestimmungsgesetzes am 10. April 1951 durch den Bundestag erfüllte sich eine Kernforderung des christlichen Sozialpolitikers Karl Arnold. Auf anderem Terrain ging sein Kampf um Neuerungen weiter. Das geltende Steuersystem, so fürchtete er, könnte dazu führen, dass „die Reichen reicher und die Armen ärmer" würden. Vor diesem Hintergrund entwickelte er seinen „Zwei-Pfennig-Plan", den er 1951 auf dem CDU-Bundesparteitag erläuterte. Demnach sollten die Stundenlöhne um zwei Pfennig erhöht werden, wobei der Mehrverdienst an eine Investitions-Zentralkasse abgeführt würde. Voraussetzung sei, dass auch die Arbeitnehmer ihrerseits zwei Pfennig darin einzahlen, sodass insgesamt vier Pfennig pro Stunde und Arbeitnehmer zusammenkämen. Die Mittel sollten für Investitionszwecke eingesetzt werden und durch eine attraktive Verzinsung die Vermögensbildung in Arbeitnehmerhand beschleunigen.

Aus der dritten Landtagswahl in Nordrhein-Westfalen am 27. Juni 1954 ging die CDU mit 41,3 Prozent abermals als stärkste Kraft hervor, während die SPD (34,5 Prozent) erneut auf den zweiten Platz verwiesen wurde. Die Kommunisten blieben unter der Fünf-Prozent-Hürde und schafften seither nie mehr den Sprung in den Landtag. Wie 1950 drängte Adenauer zur Koalition mit der FDP, doch Arnold nahm zunächst Kontakte zur SPD auf. Seine Forderung nach einer gemeinsam getragenen Außenpolitik wies die SPD jedoch entschieden zurück. Später, bei seiner Abwahl, musste er sich von den Sozialdemokraten den Vorwurf gefallen lassen, eine gemeinsame Regierungsbildung sei 1954 nicht aus landes-, sondern ausschließlich aus bundespolitischen Gründen gescheitert. Da CDU und Zentrum im Landtag zusammen nur über 99 von 200 Sitzen verfügten, blieb Arnold dieses Mal nichts anderes übrig, als die FDP in sein drittes Kabinett einzubeziehen. FDP-Landeschef Friedrich Middelhauve wurde Wirtschafts- und Verkehrsminister, und Willi Weyer übernahm das neue Wiederaufbauministerium. Der Zentrumspolitiker Rudolf Amelunxen blieb Justizminister. In Arnolds Regierungserklärung war zwar keine Rede mehr von Sozialisierung oder dem „Ahlener Programm“, doch konnte er sich, wie er einräumte, ein „offenes Wort“ nicht verkneifen: Als Regierungschef werde er „an dem bisherigen sozialen Kurs kompromisslos festhalten“.

Arnold, der die Wiederaufrüstung als „harte nationale Notwehrpflicht“ ansah, begleitete als Vorsitzender des Auswärtigen Ausschusses des Bundesrates Bundeskanzler Adenauer im September 1955 bei dessen spektakulärer Reise nach Moskau. Wie er anschließend berichtete, habe er – als im Kreml die Verhandlungen zu scheitern drohten – dem Ersten Sekretär des Zentralkomitees der KPdSU, Nikita Chruschtschow, „unmissverständlich und mit letztem Ernst“ vor Augen geführt, dass es keine diplomatischen Beziehungen ohne Freilassung der deutschen Kriegsgefangenen geben könne. Eine halbe Stunde später habe ihm Chruschtschow dann die Mitteilung gemacht: „Wir haben uns mit dem Bundeskanzler geeinigt.“

„Eine Schlacht im falschen Saal“

Die CDU/CSU-Bundestagsfraktion legte gegen Jahresende den Entwurf für ein neues Bundestagswahlrecht vor, das – wenn es tatsächlich eingeführt worden wäre – die kleineren Parteien stark benachteiligt hätte. Kein Wunder, dass auch die nordrhein-westfälische FDP Sturm gegen das sogenannte „Grabenwahlrecht“ lief und schließlich mit der Aufkündigung aller Regierungsbündnisse in den Ländern drohte. An vorderster Stelle stand dabei das bevölkerungsreichste Bundesland Nordrhein-Westfalen. Adenauer, der die FDP im Bund stärker an die Kandare nehmen wollte, verhielt sich zunächst abwartend, doch plötzlich bekam die Entwicklung in Düsseldorf eine Eigendynamik. Druck machten vor allen die „Jungtürken“ in der FDP, zu denen auch der Bundestagsabgeordnete und spätere Bundespräsident Walter Scheel sowie Landesgeschäftsführer Wolfgang Döring gehörten.

Sie wollten dem Bundeskanzler mit dem Umsturz in Düsseldorf einen kräftigen Denkzettel erteilen und zugleich frischen Wind in der Deutschlandpolitik anmahnen. Noch während Middelhauve mit Adenauer verhandelte, beschloss die FDP-Landtagsfraktion eine Koalition mit SPD und Zentrum.

Am 16. Februar brachten SPD und FDP den konstruktiven Misstrauensantrag in den Landtag ein, mit dem SPD-Fraktionschef Fritz Steinhoff zum neuen Ministerpräsidenten gewählt werden sollte. Arnold unternahm einen letzten Versuch, die Zügel in die Hand zu bekommen. Er schlug vor, das Parlament aufzulösen und Neuwahlen anzuberaumen. Für ihn stand fest, dass in Düsseldorf eine „Schlacht in einem falschen Saal" ausgetragen werde. Doch die SPD meinte nur, Arnold bekomme jetzt die Quittung dafür, dass sie 1950 und 1954 bei der Regierungsbildung ausgebootet worden sei. SPD und FDP hatten zusammen 101 von 200 Stimmen im Landtag, während CDU und Zentrumspartei nur auf 99 Sitze kamen. Rein rechnerisch war für Karl Arnold demnach die Niederlage vorgezeichnet.

Am 20. Februar 1956, als über den Misstrauensantrag abgestimmt wurde, war im Düsseldorfer Landtag die Atmosphäre zum Zerreißen gespannt. Für Arnold kam es auf jede Stimme an. Deswegen war sogar der schwerkranke CDU-Abgeordnete Franz Luster-Haggeney aus Westfalen auf einer Trage in den Plenarsaal gebracht worden, während die FDP ihrem am Knie verletzten Abgeordneten Viktor Hoven einen Liegestuhl besorgt hatte. Einzig FDP-Landeschef und Wirtschaftsminister Friedrich Middelhauve fehlte bei der Abstimmung, da er nach der Rücknahme des „Grabenwahl-Entwurfs" die geplante Abwahl für falsch hielt.

Somit stand es rein rechnerisch nur noch 100 zu 99 gegen Arnold. Bei der namentlichen Abstimmung gab ein Abgeordneter nach dem anderen seinen Zettel ab. Der spätere NRW-Ministerpräsident Franz Meyers (CDU) beschreibt in seinen Erinnerungen die entscheidende Szene im Landtag: „Unter den Stimmzählern befand sich auch die FDP-Abgeordnete Liselotte Funcke. Plötzlich riss sie lachend die Hände hoch, lief vom

Zähltisch weg und drückte Steinhoff, der auf seinem Abgeordnetensitz saß, beide Hände. Das war das Zeichen zu einem allgemeinen Tumult." Kaum hatte Landtagspräsident Gockeln das Ergebnis verkündet, brandete Beifall auf. „Leichenblass und fast ein wenig wankend" (Meyers) verließ Karl Arnold die Regierungsbank, gratulierte vor dem Blitzlichtgewitter der Fotografen seinem Herausforderer und verließ den Plenarsaal durch eine Hintertür. Das Ergebnis wirkte wie ein Donnerhall: Von den 199 abgegebenen Stimmen entfielen 102 auf die Abwahl Arnolds. 96 Abgeordnete sprachen sich dagegen aus, ein Parlamentarier hatte sich enthalten. Mit einem solch eindeutigen Votum hatte kaum jemand gerechnet. Unmittelbar nach der Abstimmung wurde Steinhoff als neuer NRW-Regierungschef vereidigt. Der Machtwechsel in Düsseldorf hatte zur Folge, dass die Bundesregierung ihre Zweidrittel-Mehrheit im Bundesrat verlor.

Auf zu neuen Ufern

Arnold soll unter seiner Abwahl arg gelitten haben. Von einem Magenleiden war die Rede, aber auch von starken Ischiasschmerzen. Ein Lichtblick für ihn war im März die Auszeichnung mit der Ehrendoktorwürde durch die Technische Hochschule Aachen. Bereits ein Jahr zuvor war er aufgrund seiner Verdienste um die Förderung der Wissenschaft zum Ehrensenator der Universität Bonn ernannt worden. Ab dem Frühjahr 1956 machte Arnold wieder politisch von sich reden. Er richtete ein gemeinsames Präsidium für die beiden CDU-Verbände Rheinland und Westfalen ein, dessen Vorsitz er übernahm. Zum Geschäftsführer ernannte er seinen Adlatus Rainer Barzel. Auf dem 6. Bundesparteitag der CDU im April 1956 wurde Arnold zu einem der nunmehr vier stellvertretenden CDU-Bundesvorsitzenden gewählt. Adenauer hatte bis zuletzt versucht, die Wahl zu hintertreiben, doch die NRW-CDU bestand darauf, dass es nach dem Düsseldorfer Umsturz ein klares Bekenntnis der Bundespartei zu Karl Arnold geben müsse. Nach Arnolds Wahl grummelte der Kanzler, der Parteitag sei von der NRW-CDU überrumpelt worden. Das hinderte ihn allerdings nicht daran, Arnold im Oktober das Amt des stellvertretenden Regierungschefs in Bonn anzubieten. Offenbar wollte er den Ex-Ministerpräsidenten, der sich in der Rheinischen Post kritisch mit der Innen- und Außenpolitik der Bundesregierung auseinandersetzte, in die Kabinettsdisziplin einbeziehen.

Arnolds eigentliches Ziel war die Rückeroberung der Macht in Düsseldorf bei der Landtagswahl 1958. Dazu wollte er sich auf Bundesebene weiter profilieren – ohne in die Abhängigkeit des Kanzlers zu geraten. Zur Bundestagswahl 1957 kandidierte er im Wahlkreis 62 (Geilenkirchen-Erkelenz-Jülich), wobei er gleich hinter Adenauer auf Platz zwei der Landesliste abgesichert war. Arnold, inzwischen auch Vorsitzender der Christlich-Demokratischen Arbeitnehmerschaft (CDA) Nordrhein-Westfalens, griff in seinen Wahlkampfreden die Sozialdemokraten scharf an. Es sei ein Irrtum anzunehmen, man brauche nur die SPD „ans Ruder lassen, und schon würden die Preise sinken, die Löhne steigen, seien Wiedervereinigung und Weltfrieden da". Die SPD habe alle wichtigen außenpolitischen Entscheidungen verworfen. Was solle man von einer Partei halten, „die, nur um an die Macht zu kommen, bereit ist, diesen gefährlichen Weg der fortwährenden Negation zu gehen?" Von Sozialisierung, wie sie von der SPD weiterhin programmatisch gefordert wurde, hielt Arnold inzwischen nichts mehr: „Erfahrung, Erkenntnis und Einsicht weisen neue Wege." Er unterstrich stattdessen die Bedeutung von Miteigentum am Betrieb und der Privatisierung von staatlichem Industrievermögen über stimmberechtigte Volksaktien.

Rückeroberung der Macht

Am 20. Februar 1957, ein Jahr nach der für ihn bitteren Abwahl, knöpfte sich Arnold in einer Wahlkampfrede in Bielefeld noch einmal die „Düsseldorfer Regierungssturz-Husaren" vor und bezeichnete sie als „bedenkenlose Techniker der Macht". Er warnte zugleich vor den Versuchen der FDP, mit den „sowjetzonalen Statisten Moskaus" ins Gespräch zu kommen. Aufmerksamen Zuhörern fiel auf, dass es Arnold in seiner langen Rede schaffte, nicht ein einziges Mal den Namen des Bundeskanzlers zu erwähnen. Bei der Bundestagswahl am 15. September 1957, bei der die Unionsparteien mit 50,2 Prozent die absolute Mehrheit errangen, bekam Arnold in seinem Wahlkreis 72 Prozent der Stimmen. Im Bundestag wurde er sogleich zu einem der fünf stellvertretenden Vorsitzenden der Unionsfraktion und zum Sprecher ihrer Arbeitnehmergruppe gewählt. Als er im Mai 1958 auch noch als Nachfolger von Jakob Kaiser den Vorsitz der bundesdeutschen CDA übernahm, wurde spekuliert, Arnold wende sich von der Landespolitik ab. Doch dem widersprach er energisch. Er engagiere sich deshalb in Bonn, weil die Landtagswahlen nur gewonnen werden könnten, wenn die Bundespolitik „klar und verständlich, einheitlich und sozial" ausgerichtet sei.

Arnold schonte sich nicht. Er bewältigte eine Fülle von Terminen, trank viel Kaffee und rauchte stark. Am 27. Juni 1958 sprach er auf einer Wahlkampfveranstaltung in Minden. Erst tief in der Nacht kehrte er nach Hause zurück. Nach einem halbstündigen Gespräch mit seinem Sohn Gottfried, in dem sich Arnold sehr optimistisch über die Stimmung im Land äußerte, ging man zu Bett. Sein Vater habe sich keineswegs unwohl gefühlt, sondern sei temperamentvoll und zuversichtlich wie immer gewesen, berichtete der Sohn. Doch schon wenige Stunden später erlitt der Vater einen Herzinfarkt. Er hatte Atemnot und starke Schmerzen. Der herbeigerufene Arzt verabreichte ihm Injektionen. Arnold rang mit dem Tod. Am Abend des 29. Juni verlor er diesen Kampf. „Habt ihr mich auch überall entschuldigt?", sollen seine letzten Worte gewesen sein.

100 000 Menschen säumten am 3. Juli 1958 die Straßen vom Landtag zum Düsseldorfer Südfriedhof. Sie alle nahmen Abschied von einem herausragenden Politiker, der wesentlich zum Wiederaufbau nach dem Krieg beigetragen hatte und stets für eine Politik des sozialen Ausgleichs eingetreten war. Auch Bundeskanzler Konrad Adenauer nahm an der feierlichen Beisetzung teil. Josef Gockeln, Arnolds Weggefährte seit den 1920er Jahren und zum Teil auch dessen Konkurrent, sagte in seiner Trauerrede, der Tod habe tiefe Erschütterung ausgelöst. Die Macht des Schicksals habe es vermocht, „dass Freund und Gegner sich schweigend die Hand reichen können". Die CDU schickte keinen neuen Kandidaten mehr in die Endrunde des Wahlkampfs, sondern ergänzte ihre Plakate um das Versprechen: „In seinem Geiste arbeiten wir weiter." Bei der Landtagswahl am 6. Juli 1958 gaben 50,5 Prozent der Wähler an Rhein und Ruhr ihre Stimme der Partei von Karl Arnold.

Würdigung

Nordrhein-Westfalens erster gewählter Ministerpräsident bestimmte fast neun Jahr lang die politische Richtung im Land. Es war die Zeit des Neubeginns nach dem Krieg unter schwierigsten äußeren Bedingungen. Mit Augenmaß und unerschütterlichem Willen versuchte Karl Arnold, den Bürgern an Rhein und Ruhr eine neue Perspektive zu geben. Der christlich geprägte Sozialpolitiker wollte für die Menschen da sein. Zeitgenossen bescheinigen ihm große Ausstrahlung und heben seine Ehrlichkeit und Geradlinigkeit hervor. Der CDU-Politiker aus Schwaben, der in den 1920er Jahren nach Düsseldorf gekommen war, war nicht das, was man unter einer rheinischen Frohnatur versteht. Er war eher ernst und besonnen, konnte vor allem zuhören und moderieren. Die Notwendigkeit zur Zusammenarbeit mit anderen Parteien stand für ihn außer Frage. Große Aufgaben konnten aus seiner Sicht nur im Zusammenwirken der Parteien angegangen werden. Deswegen machte sich Arnold in Nordrhein-Westfalen für eine Große Koalition stark. Auch das brachte den „linken" CDU-Politiker in Gegensatz zum konservativen Parteiflügel um Konrad Adenauer.

Der von SPD und FDP betriebene Sturz hat Arnolds landespolitisches Wirken abrupt beendet. Die Beweggründe der FDP-Rebellen („Jungtürken") waren eindeutig bundespolitischer Art. Insofern sprach Arnold zu Recht von einer Schlacht in einem falschen Saal. Auch wenn er sich nach seiner Abwahl sehr stark der Bundespolitik zuwandte, verlor er „sein" Nordrhein-Westfalen nicht aus dem Blick. 1958 hätte er das sozialliberale Düsseldorfer Bündnis gern aus dem Sattel gehoben, und man darf mit einiger Berechtigung vermuten, dass ihm dies auch gelungen wäre. Doch Arnold war es nicht vergönnt, den Wahltag zu erleben. Er wurde nur 57 Jahre alt.

Dr. Detlev Hüwel

Literaturhinweise

Bavendamm, Dirk: Von Arnold zu Steinhoff. In: Walter Först (Hrsg.): Politik und Raum. Köln, Berlin 1977.

Hüttenberger, Peter: Arnold, Nordrhein-Westfalen und die Gründung der Bundesrepublik Deutschland. In: Rheinische Vierteljahresblätter, Band 33, 1969.

Hüwel, Detlev: Karl Arnold. Eine politische Biographie. Wuppertal 1980.

Hüwel, Detlev/Rosorius, Jürgen (Hrsg.): Der Politiker Karl Arnold. Ministerpräsident und Sozialreformer. Düsseldorf, 1982.

Schriftenreihe des Landtags Nordrhein-Westfalen, Band 13: Karl Arnold. Nordrhein-Westfalens Ministerpräsident 1947-1956. Düsseldorf 2001.

Fritz Steinhoff (1897–1969)

Geboren am **23. November 1897** in Wickede, Kreis Dortmund;

1919	Eintritt in die SPD;
1923–1926	Studium an der Hochschule für Politik in Berlin;
1928–1933	SPD-Parteisekretär und unbesoldeter Stadtrat in Hagen;
1938–1941	Verbüßung einer Zuchthausstrafe wegen Hochverrats;
1944–1945	Häftling im KZ Sachsenhausen;
1946–1961	Mitglied des Landtags von Nordrhein-Westfalen;
1946–1957	Oberbürgermeister von Hagen;
1949–1950	Minister für Wiederaufbau in Nordrhein-Westfalen;
1954–1956	Vorsitzender der SPD-Fraktion im Landtag von NRW;
1956–1958	Ministerpräsident des Landes Nordrhein-Westfalen;
1961–1969	Mitglied des Deutschen Bundestages;
1963–1964	Oberbürgermeister von Hagen;
1967	Ehrenbürger von Hagen.

Gestorben am **22. Oktober 1969** in Hagen.

Der Name Fritz Steinhoff ist heute aus dem öffentlichen Bewusstsein des Landes Nordrhein-Westfalen so gut wie verschwunden. Die Jahre zwischen der Gründung des Landes und der Bildung der sozialliberalen Koalition unter Heinz Kühn (1966) erscheinen im Rückblick durchgängig von christdemokratischen Ministerpräsidenten geprägt. Nur wenige wissen noch, dass es dazwischen ein sozialliberales Intermezzo gegeben hat, nämlich die 29 Monate währende Amtszeit von Fritz Steinhoff. Dabei sind die Umstände, unter denen es im Februar 1956 zur Bildung einer ersten Koalition zwischen SPD und FDP (unter Einschluss des katholischen Zentrums) kam, höchst bemerkenswert. Zum ersten Mal kam es durch ein konstruktives Misstrauensvotum zum Regierungswechsel in Düsseldorf. Die Hintergründe waren freilich bundespolitisch bestimmt und hatten mit dem Land Nordrhein-Westfalen nur wenig zu tun. Anders als 1966, bei der Bildung der zweiten sozialliberalen Koalition unter Heinz Kühn, hatte der Machtwechsel des Jahres 1956 keine Signalwirkung für den Bund und blieb eine Fußnote der nordrhein-westfälischen Geschichte.

Entsprechend spärlich sind die Forschungen, die seither der Person Steinhoffs gewidmet sind. Als einziger der nordrhein-westfälischen Ministerpräsidenten hat er bislang keine umfassende biografische Würdigung gefunden. Gleichwohl lohnt eine Beschäftigung mit der Person Steinhoffs, steht sie doch prototypisch für die Sozialdemokratie jener Jahre, die noch weitgehend von Männern geprägt wurde, die ihre ersten politischen Erfahrungen in der Zeit der Weimarer Republik gemacht hatten. Ihnen haftete zumeist noch jener „Stallgeruch“ an, der damals als unverzichtbares Merkmal eines aufrechten Sozialdemokraten galt. Proletarische Herkunft, autodidaktische Bildung und Verfolgung während der NS-Zeit – das waren die Elemente, die in den meisten Lebensläufen der SPD-Politiker auftauchten. Erst mit Heinz Kühn und mehr noch mit Johannes Rau, betraten Akteure die sozialdemokratische Bühne, deren Leben durch andere Erfahrungen geprägt war.

Der Weg in die Politik

Fritz Steinhoff wurde am 23. November 1897 in Wickede bei Dortmund geboren. Sein Leben lang hat er sich stolz dazu bekannt, ein „Westfälinger“ zu sein, mit allen Ecken und Kanten, die diesem Menschenschlag eigen sind. Tatsächlich blieb Steinhoff bis zum Amtsantritt von Wolfgang Clement der einzige nordrhein-westfälische Ministerpräsident aus dem Landesteil Westfalen. Der Vater war Bergmann, gehörte also zu jener Berufsgruppe, die sich seit jeher durch einen Nimbus auszeichnete, der nicht zuletzt der Gefährlichkeit ihrer Arbeit geschuldet war. Bei allem Stolz, der den Bergleuten eigen ist, darf man nicht vergessen, dass ihr Leben durch materielle Entbehrung gekennzeichnet war. In ganz besonderem Maße gilt dies für Steinhoffs Vater, der wegen einer Augenerkrankung keine Akkordarbeit leisten konnte und damit auch nicht die entsprechenden Prämien erhielt. Weniger als 130 Mark besaß die dreizehnköpfige Familie Steinhoff zum monatlichen Lebensunterhalt, was deutlich unterhalb der Armutsgrenze lag. Schon früh mussten die Kinder mithelfen, die Haushaltskasse aufzubessern. „Fritzken“, wie man ihn in der Familie nannte, verdingte sich neben der Volksschule als Knecht bei einem Bauern.

Als es um die Berufswahl ging, war Steinhoffs Weg vorherbestimmt: Etwas anderes als Bergmann konnte der Sohn eines Bergmanns damals kaum werden. So begann Fritz Steinhoff im Alter von 16 Jahren mit der Arbeit auf der Zeche. Lediglich unterbrochen durch die Zeit des Ersten Weltkriegs, der ihn zwischen 1917 und 1919 als Marinesoldat sah, hat er diesen Beruf bis zur Schließung seines „Pütt“ im Jahre 1923 ausgeübt. Während seiner Zeit bei der Marine und hier vor allem während der Novemberrevolution des Jahres 1918 ist Steinhoff nach eigener Aussage erstmals mit der Ideenwelt der Sozialdemokratie in Berührung gekommen und bald darauf (1919) auch in die SPD eingetreten. Steinhoff wählte bewusst den eher zum rechten Parteiflügel zählenden Hofgeismarer Kreis zur politischen Heimat. Auch wenn sich diese Gruppierung unter anderem durch einen stark romantisch-nationalen Zug auszeichnete, in die viele Elemente der Bündischen Jugend einflossen, wird hier schon der spätere Pragmatiker Fritz Steinhoff erkennbar.

Zu den ersten Bildungserfahrungen, die Steinhoff in dieser Zeit machte, zählt ein sechsmonatiger Aufenthalt in der Heimvolkshochschule Dreißigacker in der Nähe von Meiningen im Jahre 1921. Es folgte ein Jahr später, vermittelt durch den Verband der Bergarbeiter Deutschlands, ein zweisemestriges Studium an der Akademie für Arbeit in Frankfurt, an der damals unter anderem Erik Nölting lehrte, später Steinhoffs Kollege im Düsseldorfer Kabinett. Die Akademie war 1921 von den Gewerkschaften gegründet worden, die sie – zusammen mit der Universität Frankfurt – auch trugen.

Nachdem Steinhoff 1923 arbeitslos geworden war, weil seine Zeche in Massen bei Unna geschlossen wurde, ging er bis 1926 nach Berlin, um an der dortigen Deutschen Hochschule für Politik seine bisherigen Studien auf einer höheren Ebene fortzusetzen. Es müssen für ihn entbehrungsreiche Jahre gewesen sein, in denen er sich mit Gelegenheitsarbeiten über Wasser hielt. Seine bescheidene materielle Situation wurde indes mehr als kompensiert durch die Qualität der Vorlesungen, die er in Berlin hörte. An der Hochschule lehrten damals so bekannte Professoren wie Theodor Heuss, dessen Veranstaltungen auch Steinhoff besuchte und der, wie er später berichtete, einen tiefen Eindruck bei ihm hinterließ. Er nutzte seine Zeit aber auch zum Besuch zahlreicher Reichstagssitzungen, was sein bislang eher theoretisches Politikverständnis ins Praktische wenden half.

Die Jahre des Studiums haben Steinhoff in die Lage versetzt, intellektuell anspruchsvollere Tätigkeiten auszuüben. Die erste Stellung, die er nach seinem Berlin-Aufenthalt annahm, war die eines Volontärs bei der Westfälischen Allgemeinen Zeitung, einem der SPD gehörenden Blatt in Dortmund. Nach dem Krieg wurde er dann Mitherausgeber des Nachfolgeorgans Westfälische Rundschau. Die Sozialdemokratie des Ruhrgebiets blieb in den Zwanziger Jahren des vergangenen Jahrhunderts zumeist hinter den reichsweit erzielten Wahlergebnissen der

Partei zurück. Zum einen blieb ein nicht unerheblicher Teil der Arbeiterschaft dem katholischen Milieu verhaftet und tendierte von daher zum Zentrum. Zum anderen war es die KPD, die im linken Teil des politischen Spektrums besonders stark vertreten und in vielen Städten am Ende der Weimarer Republik zur meistgewählten Partei geworden war.

Durch das Volontariat empfahl sich Fritz Steinhoff für weitere Aufgaben innerhalb der SPD, die ihn 1928 zum hauptamtlichen Parteifunktionär und aktiven Politiker werden ließen. Sein maßgebliches Engagement galt dabei der Kommunalpolitik, der er sich zeitlebens besonders verbunden fühlen sollte. Nach einem kurzen Zwischenspiel als Parteisekretär für die Unterbezirke Hagen-Schwelm und Lüdenscheid-Altena führte ihn sein Weg schließlich nach Hagen, wo er dank seines organisatorischen Geschicks den Aufstieg der SPD zur stärksten politischen Kraft mit gestalten half. In Hagen hat er nicht nur seine politische, sondern auch seine persönliche Heimat gefunden.

Nach der Kommunalwahl 1929 übernahm er das Amt eines Stadtrats für Sportjugendpflege und Stadtgärtnereien, das er – unbesoldet – bis zum Machtantritt der Nationalsozialisten bekleidete. Bezahlt wurde er weiterhin von der SPD, für die er als Parteisekretär tätig war. In dieser Eigenschaft sah er seine Hauptaufgabe in der Bekämpfung der Radikalen von links und rechts. Noch im Februar 1933 organisierte er eine Demonstration gegen das neue Regime, an der sich mehr als 3.000 Menschen beteiligten, was ihm bei den Nationalsozialisten selbstverständlich einen Platz auf ihrer Schwarzen Liste sicherte.

Widerstand und Verfolgung

Wenig später erlebte Fritz Steinhoff am eigenen Leib, was es bedeutete, als Sozialdemokrat in der „neuen Zeit“ angekommen zu sein. Natürlich hatte er sofort nach dem Machtantritt der NSDAP sein Mandat als Stadtrat verloren. Die Partei war nach dem Reichstagsbrand verboten und in die Illegalität gedrängt worden. Im Mai wurde er zum ersten Mal verhaftet und kam für drei Tage in „Schutzhaft“, wie die zynische Bezeichnung lautete. Was andere vielleicht zum Anlass genommen hätten, sich aller oppositioneller Betätigung künftig zu enthalten, läutete für Steinhoff den Beginn einer langjährigen Untergrundarbeit für seine Partei ein – auch um den Preis schwerer persönlicher Nachteile bis hin zur Gefahr für das eigene Leben.

Dabei teilte Fritz Steinhoff dieses Leben seit November 1925 mit seiner Ehefrau Käthe, die aus Iserlohn stammte. Nicht zum ersten Mal in seinem Leben musste Steinhoff die Erfahrung materieller Entbehrung machen. Tätigkeiten als Handelsvertreter brachten ihm nur ein kärgliches Einkommen ein und auch das Herd- und Ofenreinigungsgeschäft, das er im Jahre 1937 eröffnete, warf nur wenig Gewinn ab. Sein Hauptaugenmerk galt ohnehin der illegalen Parteiarbeit, die ihm schon 1934 eine Anklage wegen Hochverrats eintrug. Da es damals jedoch noch eine halbwegs unabhängige Justiz gab, wurde Steinhoff wegen fehlender Beweise bald wieder aus der Untersuchungshaft entlassen.

Weit gravierender waren die Folgen einer erneuten Verhaftung im Jahre 1938, abermals unter dem Vorwurf des Hochverrats. Steinhoff hatte unter anderem an der Verbreitung von Schriften der Parteiführung mitgewirkt, die sich im Exil in Prag befand. Wie damals üblich, blieb es auch in seinem Fall nicht bei bloßen Verhören, sondern es kam zu schweren Misshandlungen durch die Gestapo, ehe ihm und sechs Mitangeklagten der Prozess vor dem Oberlandesgericht Hamm gemacht wurde. Wegen „Vorbereitung eines hochverräterischen Unternehmens“ wurde er zu drei Jahren Zuchthaus verurteilt, die er bis Anfang 1941 absaß.

Nach der Haftentlassung fand der völlig Mittellose eine Anstellung als Hilfsarbeiter bei einer Firma in Iserlohn, der Heimatstadt seiner Frau. Der Betrieb gehörte einem Gegner der Nationalsozialisten. Etwas mehr als drei Jahre konnte sich Steinhoff, wenngleich unter erbärmlichen persönlichen Umständen, seiner Freiheit erfreuen, dann wurde er im Zusammenhang mit der nach dem 20. Juli 1944 einsetzenden großen Verfolgungswelle abermals inhaftiert. Ohne Gerichtsverfahren und Urteil wurde Steinhoff ins Konzentrationslager Sachsenhausen eingeliefert, wo schon seit 1937 sein Parteigenosse Fritz Henßler einsaß, den er während seiner Arbeit für die Allgemeine Westfälische Volkszeitung kennen gelernt hatte. Beider politische Wege sollten sich nach 1945 noch mehrfach kreuzen.

War die KZ-Haft an sich schon eine für die meisten Häftlinge tief traumatisierende Erfahrung, so geriet Steinhoff gegen Ende des Krieges in unmittelbare Lebensgefahr. Beim Anrücken der Roten Armee begann die SS, das Lager zu evakuieren, und trieb die Häftlinge in einem brutalen Marsch Richtung Norden. Obschon gesundheitlich schwer angeschlagen und körperlich ausgezehrt, überlebte er den Todesmarsch. Steinhoff und Henßler wurden Anfang Mai 1945 von amerikanischen Truppen in Mecklenburg befreit. Die während der Zuchthaus- und Lagerzeit erlittenen gesundheitlichen Schäden blieben jedoch Steinhoffs ständige Begleiter.

Neubeginn in der Kommunalpolitik

Die Leidenschaft für die Politik, die in den 1920er Jahren entfacht worden war, blieb für Steinhoff Triebfeder seines Lebens. Nach seiner Befreiung hatte es ihn zunächst abermals nach Iserlohn verschlagen, wo ihm seine alte Firma eine Beschäftigung anbot. Aber Steinhoff zog es nach eigenen Worten vor, „mich dem politischen Wiederaufbau zur Verfügung zu stellen“. Nach Lage der Dinge konnte sein Betätigungsfeld nur in Hagen liegen, in der Stadt, in der er seine wichtigsten politischen Erfahrungen gesammelt hatte und die nun weitgehend in Trümmern lag. Auf Drängen seiner Parteifreunde stellte sich Steinhoff im Januar 1946 der Wahl zum Hagener Oberbürgermeister, die er mit einer überzeugenden Mehrheit für sich entscheiden konnte. Noch freilich bedurfte es der Zustimmung der britischen Militärregierung, ehe er dieses Amt antreten durfte. Als NS-Verfolgter und überdies als Mann mit kommunalpolitischer Erfahrung war es allerdings nicht schwer, die Briten von seiner persönlichen Integrität und seiner fachlichen Eignung zu überzeugen.

Die erste Amtszeit Steinhoffs als Oberbürgermeister (1946 bis 1957) fiel ziemlich genau zusammen mit dem Wiederaufbau der Stadt, der ganz wesentlich als sein Werk zu betrachten ist. Dabei erwies sich nicht zum ersten Mal Steinhoffs Geschick, in informellen Gesprächen – nicht selten bei Bier und Korn – Unterstützung für seine Politik zu erlangen, ehe sie Gegenstand offizieller Beratungen wurde. Seine unverkennbar westfälische Art hat ihm sicherlich mehr als einmal geholfen, das Vertrauen seines Gegenübers zu gewinnen. Wie groß seine Reputation unter den Hagenern war, wird daran ersichtlich, dass der Stadtrat ihn nach der Kommunalwahl im Herbst 1946 erneut und einstimmig zum Oberbürgermeister wählte, obwohl die CDU aus der Wahl als stärkste Partei hervorgegangen war. Das ungleich wichtigere Amt des Oberstadtdirektors, der nach der von den Briten verordneten neuen Kommunalverfassung des Landes Nordrhein-Westfalen als Leiter der Verwaltung der eigentliche starke Mann in der Stadt war, blieb freilich der CDU vorbehalten.

Dass Steinhoff auch für die Anhänger von CDU und FDP konsensfähig war, hing mit der Tatsache zusammen, dass er ein nüchterner, pragmatischer Politiker war, der Sachinteressen mehr als einmal über Parteiinteressen stellte. Für ihn war stets entscheidend, „was dabei herauskommt, ob der Versuch sich eben gelohnt hat“. Die Wertschätzung, die Steinhoff auch außerhalb seiner Heimatstadt genoss, zeigt sich nicht zuletzt in der Tatsache, dass er 1950 zum Vorsitzenden des nordrhein-westfälischen Städtetages gewählt wurde, gewissermaßen also der Erste unter Gleichen in den Reihen der Bürgermeister war. Dieses Amt war ein Bindeglied zwischen seinem kommunalen und seinem landespolitischen Engagement, denn neben seiner Tätigkeit in Hagen war Steinhoff von Beginn an auch in der Landespolitik aktiv. So gehörte er 1945 nicht nur zu denjenigen, die die SPD wieder begründeten, sondern war auch seit dessen

Konstituierung im August 1946 Mitglied des nordrhein-westfälischen Landtags. Das Mandat behielt er bis 1961, dem Jahr, in dem er in den Deutschen Bundestag einzog.

Auf Landesebene begegneten sich Steinhoff und Fritz Henßler wieder. Henßler war nicht nur Fraktionsvorsitzender der SPD im nordrhein-westfälischen Landtag, sondern gleichzeitig auch Vorsitzender des mächtigen SPD-Bezirks Westliches Westfalen. Diese Doppelstellung verschaffte ihm eine solide Machtbasis, denn die Partei besaß zum damaligen Zeitpunkt neben den vier Bezirken noch keinen Landesverband. Zum zweiten Bezirksvorsitzenden wurde 1946 Fritz Steinhoff gewählt, der damit in eine politische Schlüsselposition gelangte und nach dem Tod Henßlers Ende 1953 diesem in beiden Ämtern nachfolgte. Persönliche Beziehungen spielten auch über die Parteigrenzen hinweg eine wichtige Rolle. Als Beispiel sei genannt, dass Willi Weyer, Finanzminister und stellvertretender Ministerpräsident im Kabinett Steinhoff, zuvor Bürgermeister von Hagen gewesen war. Die sich aus der gemeinsamen kommunalen Arbeit ergebende Vertrautheit hat das Zusammenwirken der beiden sehr unterschiedlichen Charaktere erheblich erleichtert.

Der Landespolitiker

Erste Kabinettserfahrung konnte Steinhoff seit 1948 sammeln, als er im Dezember zum geschäftsführenden Minister für Wiederaufbau im Range eines Ministerialdirektors ernannt wurde. Der eigentliche Amtsinhaber Ernst Gnoß (SPD) war zu diesem Zeitpunkt schwer erkrankt und verstarb im März des folgenden Jahres. Steinhoff avancierte bis zum Ende der Legislaturperiode im Juli 1950 zum Wiederaufbauminister. Obwohl ihm in dieser Funktion nur eine knapp zwanzigmonatige Amtszeit beschieden war, lässt sich Steinhoffs Bilanz durchaus sehen. Er schuf unter anderem die dringend erforderlichen gesetzlichen Grundlagen für den Wiederaufbau, die den Städten und Gemeinden künftig eine unbürokratische Neuordnung der Flächennutzung erlaubten. In seiner Amtszeit wurden 125.000 Wohnungen neu errichtet und die Finanzierung von 60.000 weiteren sichergestellt.

Angesichts der Zerstörungen des Zweiten Weltkrieges und der Notwendigkeit zur Schaffung von Wohnraum, war das Wiederaufbauministerium von höchster Bedeutung. Der Trümmerberg umfasste nicht weniger als 120 Millionen Kubikmeter. Für die 4,2 Millionen Haushalte im Lande gab es nur 2,7 Millionen Wohnungen. Rein rechnerisch mussten sich fünf Menschen eine Wohnung oder 1,3 Personen einen Raum teilen, wobei im Einzelnen starke regionale Abweichungen von diesen Zahlen zu berücksichtigen sind. Zu den unzähligen obdachlos gewordenen Menschen kamen noch einmal Hunderttausende von Flüchtlingen und Heimatvertriebenen, die alle eine menschenwürdige Unterkunft finden mussten. Steinhoff führte erfolgreich den Kurs seiner Amtsvorgänger fort, indem er der Sicherung der Grundversorgung gegenüber rein marktwirtschaftlichen Vorstellungen den Vorzug gab.

Durch seine herausgehobenen Funktionen in der Landespolitik war es nicht weiter verwunderlich, dass sich Steinhoff in zunehmendem Maße die Wertschätzung der SPD-Landtagsfraktion erwarb und aus dem Schatten von Männern wie Erik Nölting, Fritz Henßler und Walter Menzel herauszutreten begann. Seine einstigen Lehrer und Mentoren wurden nun Kollegen, so beispielsweise Professor Dr. Erik Nölting, bei dem Steinhoff 1922 an der Frankfurter Akademie der Arbeit studiert hatte, und der nun als nordrhein-westfälischer Wirtschaftsminister mit ihm am Kabinettstisch saß. Dennoch lässt sich nicht verkennen, dass sich die SPD-Fraktion zu diesem Zeitpunkt in einer tiefen Krise befand. Die Landtagswahl des Jahres 1950 hatte abermals die CDU für sich entscheiden können. Zudem hatte sich eine Mehrheit der Wähler bei der zeitgleich stattfindenden Volksabstimmung für die Annahme der Landesverfassung ausgesprochen, die in dieser Form von der SPD (wie auch von FDP und KPD) abgelehnt wurde. Hinzu kam der Verlust von Führungspersonal. 1953 starben Erik Nölting und Fritz Henßler. Heinz Kühn, Werner Jacobi und Walter Menzel wechselten in die Bundespolitik.

Zudem verhinderten die hierarchischen Strukturen an der Fraktionsspitze das Nachrücken von Jüngeren.

Gleichwohl war dies die Stunde von Fritz Steinhoff, der dem 1953 verstorbenen Fritz Henßler Ende 1953 als Fraktionschef und Vorsitzender des SPD-Bezirks Westliches Westfalen folgte. In dieser neuen Funktion war Steinhoff auch der Spitzenkandidat der SPD bei den Landtagswahlen des Jahres 1954. Das Ergebnis fiel allerdings für ihn und seine Partei enttäuschend aus. Zwar hatte man den Stimmenanteil gegenüber 1950 um 2,2 Prozent steigern können und kam auf insgesamt 34,5 Prozent, doch die CDU hatte zu Lasten der kleineren Parteien noch stärker zugelegt und erzielte 41,3 Prozent. Der Wahlausgang war also lediglich ein Achtungserfolg für Fritz Steinhoff.

Das gute Abschneiden der CDU hatte sich schon zuvor angekündigt, denn bei den Bundestagswahlen des Jahres 1953 konnte die Partei bereits mit 45,2 Prozent der abgegebenen Stimmen einen klaren Wahlsieg einfahren. Auch die Hamburger Bürgerschaftswahlen waren zugunsten der CDU ausgegangen. Die Partei verfügte damit sogar vorübergehend über eine Zwei-Drittel-Mehrheit im Bundesrat. Zwar hatte es vor der Wahl von Seiten der CDU keine Aussagen über mögliche Koalitionen gegeben, doch schien es angesichts dieser Ausgangslage eher unwahrscheinlich, dass es zu einer Neuauflage der Großen Koalition der Jahre 1946 bis 1950 kommen würde. Aber auch eine Fortführung der CDU-Zentrums-Koalition, die es zusammen auf 99 Mandate brachte, wäre nur als Minderheitsregierung unter Tolerierung durch SPD und/oder FDP denkbar gewesen. Rein rechnerisch wäre auch eine Koalition von SPD und FDP machbar gewesen, die es zusammen auf eine knappe Mehrheit von 101 der 200 Sitze im Düsseldorfer Landtag brachten, doch waren die Differenzen zwischen den beiden Parteien, vor allem auf dem Gebiet der Wirtschaftspolitik, damals noch unüberbrückbar.

Die Lösung der Koalitionsfrage wurde schließlich durch die FDP herbeigeführt, die in Verhandlungen mit Arnold erkennen ließ, unter bestimmten Voraussetzungen zum Eintritt in eine

Koalition mit der CDU bereit zu sein. Das war eine überraschende Wendung, denn noch im Wahlkampf hatten die Vertreter der FDP die Regierung Arnold heftig attackiert, wie auch umgekehrt Arnold nicht mit Vorwürfen gegen die Liberalen gegeizt hatte. Zwar fanden zeitgleich Gespräche zwischen Arnold und Steinhoff statt, denn der Arbeitnehmerflügel innerhalb der nordrhein-westfälischen CDU favorisierte ein Bündnis mit den Sozialdemokraten, letztlich waren es dann aber bundespolitische Erwägungen, die eine Große Koalition illusorisch werden ließen.

Die neue Landesregierung, die am 27. Juli 1954 vereidigt wurde, setzte sich aus sechs Ministern der CDU, drei der FDP und einem des Zentrums zusammen. Sie konnte sich überdies auf eine bequeme parlamentarische Mehrheit stützen, denn CDU, FDP und Zentrum verfügten zusammen über 124 Sitze, gegenüber nur 76 für die SPD. Die SPD-Fraktion im Düsseldorfer Landtag und ihr Vorsitzender Fritz Steinhoff mussten sich also in das Unvermeidliche fügen und sich auf weitere vier Jahre in der Opposition einrichten, die sie nun allein bildete, weil die KPD bei der Wahl an der Fünf-Prozent-Hürde gescheitert war. Keiner der Abgeordneten, auch nicht der Fraktionsvorsitzende, konnte zu diesem Zeitpunkt ahnen, welche Wendung die Dinge innerhalb der nächsten knapp zwei Jahre nehmen würden.

Der Coup von Düsseldorf

Am 20. Februar 1956 melden die Nachrichtenagenturen eine Sensation aus dem Düsseldorfer Ständehaus: Ministerpräsident Karl Arnold wurde durch ein konstruktives Misstrauensvotum des nordrhein-westfälischen Landtags gestürzt, zu seinem Nachfolger wählten die Abgeordneten mit 102 zu 96 Stimmen den bisherigen SPD-Fraktionsvorsitzenden Fritz Steinhoff. Damit hatten SPD und FDP, die zusammen den Misstrauensantrag gestellt hatten, sogar eine Stimme mehr erhalten, als ihre beiden Fraktionen zusammen an Mandaten zählten. Und dass, obwohl die CDU alle Reserven mobilisiert und einen ihrer Abgeordneten, der schwer erkrankt war, auf einer Trage in den Plenarsaal gebracht hatte.

Über den Coup des Jahres 1956, der – erstmals in der Bundesrepublik – zur Bildung einer sozialliberalen Koalition führte, ist seither viel geschrieben worden. Auch einige der damals Beteiligten, so der FDP-Politiker Wolfgang Döring, haben sich schriftlich über die Vorgänge geäußert. Tenor fast aller Beiträge ist, dass der Machtwechsel in Nordrhein-Westfalen nicht durch das aktive Zutun von Steinhoff oder der SPD-Fraktion herbeigeführt worden ist. Sie waren gewissermaßen nur die Nutznießer von Vorgängen, die in erster Linie bundespolitisch bestimmt gewesen sind.

In den Augen Konrad Adenauers war die FDP zu einem Ärgernis geworden. Der Juniorpartner seiner Bonner Koalition vertrat immer offensiver Positionen, die der Politik des Bundeskanzlers zuwiderliefen. Diese betrafen vor allem die Westintegration und den Beitritt der Bundesrepublik zur NATO, den die damals noch überwiegend nationalliberal geprägte FDP nicht mehr vorbehaltlos akzeptierte. Ähnlich wie auf Seiten der SPD war man auch in der FDP davon überzeugt, das vorrangige Ziel deutscher Politik müsse die Wiedervereinigung sein. Adenauer reagierte auf diese Vorstöße des Juniorpartners mit der Drohung, die FDP aus der Koalition auszuschließen und Neuwahlen anzustreben. Mehr noch, er und die CDU dachten laut über eine Wahlrechtsänderung nach. Anstelle des bislang praktizierten Verhältniswahlrechts sollte künftig das Mehrheitswahlrecht zur Anwendung kommen, was nach Lage der Dinge der CDU die absolute Mehrheit beschert hätte, während der FDP der Sprung in den Bundestag gar nicht erst gelungen wäre. Dieses „Grabenwahlrecht“ hätte in der Bundesrepublik auf unabsehbare Zeit zu einem Zweiparteiensystem geführt, bei dem allein CDU und SPD als politisch gestaltende Kräfte übrig geblieben wären.

Auch wenn es den Vertretern der Bundes-FDP letztlich gelang, Adenauer von diesem Vorhaben abzubringen und den Koalitionsfrieden wenigstens oberflächlich wieder herzustellen, gab es in der nordrhein-westfälischen FDP eine Reihe von Männern, die den Zeitpunkt einer grundlegenden Neuorientierung ihrer Partei für gekommen sahen. Diesen „Jungtürken" ging es vor allem darum, ihre Partei aus dem nationalliberalen Fahrwasser herauszubringen und ihr neue Wählerschichten in der Mitte zu erschließen. Ein Zusammengehen mit der SPD auf Landesebene schien ihnen das geeignete Vehikel, um die Unabhängigkeit der Partei unter Beweis zu stellen.

Das Zusammengehen mit der SPD, 1954 noch undenkbar, war wohl nur möglich, weil die auf Seiten der FDP beteiligten Akteure über gute persönliche Kontakte zu einzelnen Sozialdemokraten, darunter auch zu Fritz Steinhoff, verfügten. Eine Schlüsselrolle fiel dem Hagener Landtagsabgeordneten Willi Weyer zu. Er und Steinhoff kannten sich seit 1948, dem Jahr, in dem der junge Weyer erstmals in den Rat der Stadt Hagen gewählt worden war. Steinhoff war in diesen Jahren so etwas wie ein Mentor Weyers. Beide verband eine vertrauensvolle Zusammenarbeit, die sich vor allem in den Jahren bewährte, in denen Weyer zweiter Bürgermeister der Stadt Hagen und damit Steinhoffs Stellvertreter war.

Die Verhandlungen zwischen SPD und FDP begannen Ende Januar 1956. Beteiligt waren daran neben Willi Weyer noch Wolfgang Döring, Walter Scheel, Wolfram Dorn und Liselotte Funcke – auch sie eine Hagenerin. Nur der Landesvorsitzende der Partei, Friedrich Middelhauve, der dem Kabinett Arnold als Wirtschaftsminister angehörte, blieb abseits. Middelhauve sah sich in seiner Rolle als stellvertretender Ministerpräsident Arnold gegenüber zu besonderer Loyalität verpflichtet. Außerdem hatte er in längeren Unterredungen mit Adenauer den Eindruck gewonnen, dass der Bundeskanzler in der Wahlrechtsfrage einlenken und seine Angriffe auf die FDP einstellen würde. Der Abstimmung über das Misstrauensvotum blieb Middelhauve fern, was er dem Ministerpräsidenten zuvor angekündigt hatte. Schon am 13. Februar war er als Landesvorsitzender der FDP zurückgetreten.

Bereits wenige Tage nach seiner Wahl zum Ministerpräsidenten stellte Steinhoff sein neues Kabinett vor. Dessen Zusammensetzung muss nach heutigen politischen Maßstäben überraschen: Ihm gehörten, einschließlich Steinhoffs, fünf Minister der SPD und vier der FDP an. Nie wieder in der Geschichte der Bundesrepublik hat der kleinere Partner mehr Gewicht in einer Koalition gehabt. Zudem fielen der FDP auch die Schlüsselressorts Finanzen und Wirtschaft zu. Für das Zentrum blieb Rudolf Amelunxen, wie schon in der vorherigen Regierung, Justizminister. Es war dies übrigens das letzte Mal, dass die Zentrumspartei auf Landesebene eine Rolle spielte. Anlässlich der Landtagswahl des Jahres 1958 kam sie auf gerade einmal 1,1 Prozent der abgegebenen Stimmen und versank damit in der Bedeutungslosigkeit.

Auffällig ist die landsmannschaftliche Zusammensetzung des Kabinetts: Sieben Westfalen standen nur drei Rheinländer gegenüber. Das mag Zufall gewesen sein, dürfte aber die interne Zusammenarbeit angesichts der ausgeprägt westfälischen Art des Ministerpräsidenten zweifellos gefördert haben. Kein Zufall war es hingegen, dass Willi Weyer dem Kabinett als Finanzminister und Stellvertreter Steinhoffs angehörte, stellt man die langjährige kommunalpolitische Zusammenarbeit zwischen ihm und Steinhoff in Rechnung. Es ist ein auffälliges Kennzeichen dieses Kabinetts, dass die überwiegende Zahl der (sozialdemokratischen) Minister zuvor kommunalpolitisch aktiv gewesen ist. Damit hatte ihre Laufbahn einen ganz ähnlichen Verlauf genommen wie diejenige Steinhoffs. Der Aufstieg der nordrhein-westfälischen SPD zur dominierenden politischen Kraft im Land erfolgte also über die Kommunen.

Die Regierung Steinhoff

Das Echo auf die Düsseldorfer Vorgänge war im In- und Ausland verheerend. Für einen großen Teil der öffentlichen und veröffentlichten Meinung war die SPD nach wie vor eine Klassenkampfpartei, zudem kirchenfeindlich und kulturlos. Eine britische Zeitung ging – in völliger Verkennung des politischen Systems in der Bundesrepublik – sogar so weit, ein deutsch-sowjetisches Bündnis heraufziehen zu sehen. Kurz: Der Untergang des Abendlandes schien unmittelbar bevorzustehen. Um dem entgegenzutreten, wählte Steinhoff in seiner Regierungserklärung vom 29. Februar 1956 bewusst moderate Worte, um das Programm seines Kabinetts zu skizzieren. Dem aufmerksamen Zuhörer fiel dabei auf, dass sich die Zielsetzungen des sozialliberalen Kabinetts nur in Nuancen von denen der Regierung Arnold unterschieden. Von klassenkämpferischen Parolen findet sich keine Spur. Stattdessen die Absicht, auf sozialpolitischem Gebiet Verbesserungen herbeizuführen, beispielsweise beim Wohnungsbau. Betont wurde ferner die Absicht, die kommunale Selbstverwaltung zu stärken, indem der finanzielle Spielraum für Städte und Gemeinden erweitert werden sollte. Ein starker Akzent der Ausführungen lag auf den Bereichen Wissenschaft und Forschung sowie auf der Kunstförderung. Gerade auf diesen Feldern, so stellt es sich rückblickend dar, hat die Regierung Steinhoff dauerhafte Spuren hinterlassen.

Alles in allem ein Programm, das zwar sozialdemokratische Züge trug, aber weit davon entfernt war, das bestehende politische und gesellschaftliche System in Frage zu stellen. Das wäre auch, selbst wenn es in Steinhoffs Absicht gelegen hätte, schwer möglich gewesen. Die FDP hätte dies niemals zugelassen. Die Koalitionsbildung war zudem keine Liebesheirat gewesen, sondern, wie Steinhoff in der Regierungserklärung nüchtern anmerkte, „eine im Staatsinteresse eingegangene Arbeitsgemeinschaft“. Man wolle „Wege suchen und finden, auf denen die Koalition gemeinsam positive Arbeit für Gesetzgebung und Verwaltung leisten kann“. Auch auf die zum Teil hysterischen

Befürchtungen, die neue Regierung könnte die Weichen für eine prosowjetische deutsche Außenpolitik stellen, ging Steinhoff ein. Völlig zu Recht stellte er klar, dass es nicht die Aufgabe einer Landesregierung sei, Außenpolitik zu treiben. Die „Verbundenheit des deutschen Volkes mit den freien Völkern des Westens" sei durch ihn und seine Regierung jedenfalls nicht gefährdet.

Bei der Beantwortung der Frage, welche der Ziele das Kabinett während seiner Amtszeit verwirklichte, wird man stets in Rechnung stellen müssen, dass die Ministerpräsidentschaft Steinhoffs nicht einmal zweieinhalb Jahre währte. Angesichts der völlig unterschiedlichen Partner, die sich zusammengefunden hatten, musste zunächst einmal ausgelotet werden, auf welchen Politikfeldern überhaupt Gemeinsamkeiten bestanden, die man zur Grundlage der künftigen Regierungsarbeit machen konnte. Schnell wurde klar, dass dies nicht der Bereich der Wirtschafts- und Sozialpolitik sein würde, auch wenn gerade letztere zentraler Bestandteil der Regierungserklärung gewesen war. Hier beschränkte sich die Koalition auf Bereiche, die zwar der Verbesserung der Lebensbedingungen dienten, aber weit davon entfernt waren, die sozialpolitische Landschaft grundlegend zu verändern. Erwähnt sei in diesem Zusammenhang vor allem der Wohnungsbau, der eine massive Förderung erfuhr. In den Jahren 1956 und 1957 wurden insgesamt 358.000 Wohnungen neu gebaut, wovon ein erheblicher Teil für die steigende Zahl von Flüchtlingen aus der DDR vorgesehen war. Auf diesem Sektor hatten ja auch Steinhoff und Weyer, die beide zuvor Wiederaufbauminister gewesen waren, die größten Erfahrungen.

Nennenswerte Gelder wurden für die Jugendarbeit locker gemacht, beispielsweise für die Errichtung von Freizeitheimen und Sportstätten. Auch neue Bildungsangebote gab es, zudem wurde die soziale Lage der Studenten verbessert. Furore machte die Regierung jedoch auf einem Sektor, auf dem man ihr gerade keine Kompetenzen zugetraut hätte, nämlich im Bereich der Kirchenpolitik. Dies gilt auch und gerade im Hinblick auf die katholische Kirche, deren Repräsentanten die Bildung der Koalition mit offenem Missfallen betrachtet und kommentiert hatten. Von einem „Kulturkampfkabinett“ war hier die Rede, von „gottlosen Sozialdemokraten“ und Ähnlichem. Die Abgeordneten des Zentrums wurden massiv unter Druck gesetzt, damit sie sich der Koalition verweigern sollten. In so mancher Predigt wurde bereits vor einem „Neuheidentum“ gewarnt, dessen Geist die Werte des Katholizismus aushöhle.

Tatsächlich waren von den SPD-Parlamentariern viele konfessionell ungebunden, die anderen überwiegend evangelisch. Auch Steinhoff, obschon katholisch getauft, gehörte keiner Religionsgemeinschaft mehr an. Eine besondere Nähe zur (katholischen) Kirche wird man der damaligen SPD weder auf Bundes- noch auf Landesebene bescheinigen wollen. Das Monopol aufs Christliche hatte diejenige Partei, die das „C“ im Namen trug. Und doch hätte man bei genauem Hinsehen erkennen können, dass sich die Haltung der SPD gegenüber den Kirchen nach dem Krieg allmählich verändert hatte. Am deutlichsten wird dies am Beispiel der Schulpolitik und hier vor allem bei der Frage, ob die christliche Bekenntnisschule – zumindest im Bereich der Volksschule – der Regelfall sein sollte. Noch anlässlich der Debatten um die Landesverfassung im Jahre 1950 war es die darin verankerte Konfessionsschule, die maßgeblich zur ablehnenden Haltung der SPD geführt hatte. Unter diesen Umständen hätte man erwarten können, dass das Schulgesetz von 1952, in dem die Vorgaben der Landesverfassung umgesetzt worden waren, Gegenstand von Veränderungsbestrebungen werden würde. Doch nichts dergleichen geschah. Im Gegenteil beeilte sich Steinhoff zu versichern: „Die Landesregierung wird nichts unternehmen, um eine Änderung der Grundlage des am 8. April 1952 beschlossenen Schulgesetzes herbeizuführen.“

Einklang mit der Kirche

Auf dem Deutschen Katholikentag vom August 1956 in Köln betonte Steinhoff noch einmal ausdrücklich: „Ich bejahe die große volkserzieherische Idee der Kirchen." Damit hatte er de facto eine Garantieerklärung für die konfessionelle Volksschule abgegeben, die in dieser Form bis 1968 bestehen blieb. Es mögen wahlstrategische Gründe gewesen sein, die Steinhoff dazu bewogen, den Kampf um die laizistische Schule – seit langer Zeit ein zentrales Anliegen der Sozialdemokratie – nicht wieder aufzunehmen. In einem überwiegend katholisch geprägten Land wie Nordrhein-Westfalen musste es im Interesse der SPD liegen, auch für die katholische Wählerschaft attraktiv zu werden. Einmal mehr zeigt sich hier der Pragmatiker Steinhoff. Er musste – auch wenn ihm das von manchen als Opportunismus ausgelegt wurde – der Tatsache Rechnung tragen, dass die Gesellschaft nach wie vor stark konfessionell geprägt war.

In diesem Kontext ist zu verstehen, dass es während der Amtszeit Steinhoffs 1957 zur Gründung des Ruhrbistums Essen kam, das den speziellen seelsorgerischen Bedürfnissen des katholischen Bevölkerungsteils in diesem industriellen Ballungsraum entgegenkommen sollte. Auch mit den Evangelischen Kirchen des Rheinlands, Westfalens und Lippes wurden Verträge geschlossen, die im Wesentlichen die Bestimmungen des Preußischen Staatskirchenvertrags von 1931 bestätigten, in dem den Kirchen eine weitgehende Autonomie bei der Regelung ihrer eigenen Angelegenheiten eingeräumt worden war. Das Verhältnis zwischen Staat und Kirche darf im Lande Nordrhein-Westfalen seither als entspannt gelten.

Dauerhafte Meriten erwarb sich die Regierung Steinhoff auf dem Gebiet der Forschungsförderung. Hier ist in erster Linie die Atomforschung gemeint, die damals – unbelastet von jedweder Diskussion um die Sicherheit dieser Energieform – in Gang kam. Es entbehrt aus heutiger Sicht nicht einer gewissen Schizophrenie, dass die SPD einerseits vehement gegen eine atomare Aufrüstung der Bundeswehr kämpfte und sich in der

„Anti-Atomtod-Bewegung“ profilierte, andererseits aber eine glühende Verfechterin der friedlichen Nutzung der Kernenergie war. Gerade für Steinhoff war dies erstaunlich. Als ehemaliger Bergmann hätte man eher vermuten können, dass er sich für die Steinkohle als Energieträger stark gemacht hätte. Ohnehin bestand damals noch keine Veranlassung, über eine Alternative zur Steinkohle als Energieträger nachzudenken. Die Zeit der Regierung Steinhoff markiert im Gegenteil den Höhepunkt des Ruhrbergbaus, wie überhaupt das Ruhrgebiet damals noch unbestritten das wirtschaftlich-industrielle Herz der Bundesrepublik war. Zu Zechenstilllegungen kam es erst unter Steinhoffs Nachfolger Franz Meyers. Auch Umweltaspekte spielten noch keine entscheidende Rolle. Vom „blauen Himmel über der Ruhr“, den Willy Brandt wenige Jahre später fordern sollte, war man noch weit entfernt.

Mehrere Aspekte kamen hier zusammen, die einer unverkennbaren Technikeuphorie den Weg ebneten. Da ist zum einen die Tatsache, dass die SPD sich seit ihren Anfängen als besonders technikgläubig dargestellt hatte. Technischer Fortschritt, so das sozialdemokratische Credo, entlaste den Menschen von schwerer Arbeit, führe zu mehr Sicherheit und generell zu einer Verbesserung der Lebensqualität. Daraus resultierte eine aus heutiger Perspektive erstaunlich naiv erscheinende Technikgläubigkeit der Sozialdemokraten. Diese erhielt neuen Aufschwung durch den sogenannten „Sputnikschock“ des Jahres 1957. Am 4. Oktober hatte die Sowjetunion ihren ersten Satelliten ins All geschickt. Das „Piep, piep“ seiner Funksignale wurde nicht allein in den USA als Hinweis darauf begriffen, dass der Westen gegenüber der UdSSR in einen bedenklichen wissenschaftlich-technischen Rückstand geraten sei, den es unter Aufbietung aller verfügbarer Ressourcen wettzumachen gelte. Was lag da näher, als auch in Nordrhein-Westfalen verstärkte Anstrengungen in der Forschungsförderung zu unternehmen, zumal in diesem reichen Land alle Rahmenbedingungen für eine erfolgreiche Umsetzung gegeben waren.

Es fehlte nur noch der Initiator, derjenige, der über eine Vision verfügte, die sich politisch umsetzen ließ. Diese Rolle spielte in Nordrhein-Westfalen Leo Brandt, ein von jedweder Technik besessener Mann, der in der Vergangenheit durch zahlreiche Projekte auf diesem Feld hervorgetreten war. Dass er außerdem noch aktiver Sozialdemokrat war, erleichterte ihm natürlich den Zugang zu Steinhoff und anderen Mitgliedern des Kabinetts, dem er als Staatssekretär im Ministerium für Wirtschaft und Verkehr angehörte. Als einer der ersten sah Brandt eine baldige Verknappung der fossilen Brennstoffe voraus. Nur die Kernenergie, so seine Überzeugung, sei in der Lage, einen Ausweg aus der absehbaren Energiekrise zu weisen. Schon bei Karl Arnold hatte Brandt ein offenes Ohr für seine Pläne gefunden, was unter anderem im Jahre 1953 zur Einrichtung des ersten deutschen Lehrstuhls für Kernphysik an der Universität Bonn geführt hatte. Leo Brandt übernahm im gleichen Jahr auch den Vorsitz der neu gegründeten Gesellschaft zur Förderung der kernphysikalischen Forschungen, die künftig als Motor der weiteren Entwicklung fungierte. Alles deutete darauf hin, dass Nordrhein-Westfalen innerhalb der Bundesrepublik eine Vorreiterrolle in der Atomforschung spielen würde. Es fehlte nur noch eine geeignete Institution, die diese Forschung koordinieren und vorantreiben konnte.

Es war der Regierung Steinhoff beschieden, diese Einrichtung in Gestalt der Kernforschungsanlage (KfA) zu schaffen, deren Gründung im Juni 1956 erfolgte. Anfänglich hatte man als Standort Köln-Königsforst ins Auge gefasst, doch schließlich wurde die Anlage in Jülich errichtet, wo sie sich bis heute befindet. Als besonders weitsichtig muss es angesehen werden, dass die Trägerschaft dieses Instituts nicht der Industrie, sondern den Universitäten Bonn, Köln und Münster übertragen wurde. Die KfA Jülich ist bis auf den heutigen Tag mit der Regierung Steinhoff verbunden, auch wenn die Grundlagen hierfür schon unter der Vorgängerregierung gelegt worden waren.

Steinhoff war begeistert von der Vorstellung, sein Land an der Spitze des technischen Fortschritts marschieren zu sehen, doch er vergaß darüber nicht diejenigen, die diesen Fortschritt künftig mitgestalten sollten: die Studenten. Vielleicht waren es die Erfahrungen materieller Entbehrungen, die er während seiner eigenen Studienjahre in den zwanziger Jahren gemacht hatte, die ihn dazu bewogen, auch den Lebensbedingungen der Studenten sein Augenmerk zu schenken. So erhöhte er nicht nur die Zahl der Stipendien, die das Land an besonders begabte Studierende vergab, sondern drängte auch auf eine bundeseinheitliche Regelung der Studienförderung. Aus dieser Initiative ist schließlich das so genannte „Honnefer Modell", der Vorläufer des BAföG hervorgegangen.

Der Wahlverlierer

So reibungslos die Regierung Steinhoff-Weyer dem Anschein nach arbeitete, gab es doch im Inneren ein nie überwundenes Misstrauen hinsichtlich der wahren Absichten des jeweiligen Partners. Schon die Verteilung der Ministerressorts gab dieser Haltung Ausdruck, denn sie beinhaltete eine wechselseitige Kontrolle. Dass der FDP das Finanz- und das Wirtschaftsressort zufiel, bedeutete, dass die Sozialdemokraten auf diesen Politikfeldern keine Möglichkeit zu sozialistischen Experimenten haben würden. Umgekehrt war die Übernahme des Sozial- und des Wiederaufbauministeriums durch die SPD schon dadurch präjudiziert, dass bei den damit verbundenen Aufgaben sozialdemokratische Kernkompetenzen gefragt waren.

Bei allen Leistungen, die der Regierung Steinhoff gutgeschrieben werden können, ergibt sich doch in der Rückschau kein sozialliberales Gesamtprofil. Dies ist auch dem Unvermögen Steinhoffs geschuldet, der Koalition den Charakter eines Projektes zu geben, das für die Bundesrepublik hätte wegweisend sein können. Der Preis des Pragmatismus ist der Mangel an Visionen. Dieser Befund gilt übrigens für Steinhoff in gleichem Maße wie für Willi Weyer. Auch Letzterer war nicht in der Lage, der Düsseldorfer Koalition eine sich selbst tragende Legitimation zu geben. Stets blieb erkennbar, dass es bundespolitische Erwägungen gewesen waren, aus denen heraus dieses Bündnis zustande kam.

Für den 6. Juli 1958 waren die regulären Landtagswahlen in Nordrhein-Westfalen angesetzt. Spitzenkandidaten von SPD und CDU waren Fritz Steinhoff und Karl Arnold. Eine Woche vor dem Wahltag starb Arnold überraschend an einem Herzinfarkt. Die SPD bot daraufhin den Christdemokraten eine Verschiebung des Urnengangs an, um diesen Gelegenheit zu geben, einen neuen Spitzenkandidaten zu präsentieren, doch offenkundig war die CDU ihres Wahlsieges so gewiss, dass sie dieses Angebot ablehnte. Zu Optimismus hatte sie auch allen Anlass, da Konrad Adenauer die Bundestagswahl im Vorjahr mit absoluter Mehrheit für sich und seine Partei entschieden hatte. Die FDP hingegen war von den Wählern für ihren Düsseldorfer Coup mit erdrutschartigen Verlusten bestraft worden.

Gleiches wiederholte sich in Nordrhein-Westfalen. Obwohl die SPD ihren Stimmenanteil erhöhen konnte (von 34,5 Prozent auf 39,2 Prozent), gelang es dem weithin unbekannten Ersatzkandidaten der CDU, Franz Meyers, mit 50,2 Prozent die absolute Mehrheit zu erringen. Die FDP verlor gegenüber 1954 4,4 Prozent der Stimmen und kam auf nur mehr 7,1 Prozent, was einen Verlust von zehn Mandaten bedeutete. Sie erhielt damit von ihrer nach wie vor mehrheitlich nationalliberal gesinnten Anhängerschaft die Quittung für den Sturz der Regierung Arnold. Der Stimmenverlust der FDP entsprach im Übrigen genau den Zugewinnen, welche die SPD zu verzeichnen hatte. Für Steinhoff war der Wahlausgang einerseits enttäuschend, weil er das Amt des Ministerpräsidenten an Franz Meyers verloren hatte, andererseits verband sich damit die persönliche Genugtuung, das beste Wahlergebnis der SPD nach dem Krieg eingefahren zu haben.

Steinhoff übernahm wie selbstverständlich den Vorsitz der oppositionellen SPD-Fraktion im Düsseldorfer Landtag. Aber es sollte sich bald zeigen, dass er nicht der Mann war, um seiner Fraktion wegweisende Impulse zu geben. Er war in dieser Funktion eher Verwalter denn Gestalter, zu sehr konsensorientiert als offensiv. Außerdem fehlten unter den Abgeordneten vorerst noch jene jungen Kräfte, die für einen Aufbruch standen, sieht man einmal von dem jungen Johannes Rau ab, der 1958 erstmals in den Landtag einzog. Der Kölner Historiker Dieter Düding attestiert der SPD-Fraktion nach 1958 „Provinzialisierung" und „Mittelmaß", woran Steinhoff ein gerüttelt Maß an Mitverantwortung gehabt habe.

Steinhoff hat damals wohl selbst den Eindruck gewonnen, dass seine Karriere in der Landespolitik ihren Zenit überschritten hatte, und dass er kaum damit rechnen könne, noch einmal das Amt des Ministerpräsidenten zu erlangen. Sein politisches Engagement verlagerte sich deshalb mehr und mehr auf die Ebene der Bundespartei, der er schon seit längerem als Vorstandsmitglied angehörte. Bei der Bundestagswahl 1961 errang er in Hagen, wo er nach wie vor große Sympathie genoss, ein Direktmandat, was aufgrund eines Unvereinbarkeitsbeschlusses seiner Partei zugleich den Verlust seines Landtagsmandats mit sich brachte. In Bonn hat Steinhoff jedoch nie so richtig reüssieren können. Weder wurde er in den Fraktionsvorstand gewählt, noch war er als Vorsitzender eines wichtigen Ausschusses präsent. Er war und blieb das, was man gerne einen „Hinterbänkler" nennt. Ob er die politische Neuorientierung, die seine Partei 1959 mit dem Godesberger Programm vollzog, innerlich bejaht hat, lässt sich nur schwer beurteilen. An der Entstehung dieses Grundsatzpapiers war er jedenfalls erkennbar nicht beteiligt.

Sein Ausscheiden aus dem Landtag geschah 1961 allein aus Gründen der Parteiräson. Wäre es nach Steinhoff gegangen, so hätte er Landtags- und Bundestagsmandat gerne gemeinsam wahrgenommen. Vom nahen Bonn aus beobachtete er die Düsseldorfer Vorgänge nach wie vor genau und lauerte auf eine mögliche Chance zum Comeback. Eine solche schien sich anlässlich der Landtagswahlen des Jahres 1962 zu eröffnen, als es um die Kür des Spitzenkandidaten der SPD ging. In völliger Verkennung des seit seinem Ausscheiden aus dem Landtag in der Fraktion eingetretenen Stimmungswandels, rechnete er sich gute Chancen aus, doch noch einmal das Zugpferd für seine Partei spielen zu können. Schließlich war er als Vorsitzender des SPD-Bezirks Westliches Westfalen innerhalb der Landespartei nach wie vor ein einflussreicher Mann. Aber da gab es noch einen anderen Anwärter auf die Spitzenkandidatur, den von Steinhoff ungeliebten Fritz Kassmann, der unterdessen sein Nachfolger als Fraktionschef der SPD geworden war. Tatsächlich wurde in einer Kampfabstimmung Kassmann und nicht Steinhoff auf dem Landesparteitag 1962 von den Delegierten zum Spitzenkandidat gekürt, obschon Letzterer sich seiner Sache ganz sicher gewesen war. Das Votum für Kassmann fiel zwar mit elf Stimmen Vorsprung denkbar knapp aus, doch hatten nicht einmal alle Delegierten aus seinem eigenen Bezirk für Steinhoff gestimmt.

Fritz Steinhoffs landespolitische Rolle war ausgespielt. Zwar wurde er im Jahr darauf noch einmal zum Vorsitzenden seines Bezirks gewählt, doch zeigte das knappe Ergebnis, dass ihm auch hier die Basis wegbrach. 1965 kandidierte er dann nicht mehr für den Bezirksvorsitz. Da sein Bundestagsmandat offensichtlich kein „abendfüllendes Programm" für Fritz Steinhoff war, betätigte er sich daneben wieder auf jenem Feld, auf dem seine politische Karriere begonnen hatte: der Kommunalpolitik. Sein Amt als Hagener Oberbürgermeister hatte er zwar 1956 niedergelegt, doch behielt er auch während seiner Zeit als Ministerpräsident ein Ratsmandat. 1963 trat er noch einmal als Oberbürgermeisterkandidat in Hagen an und wurde – nicht nur mit den Stimmen der SPD – in dieses Amt gewählt, gab es aber bereits ein Jahr später aus gesundheitlichen Gründen wieder auf. Wie sehr ihn seine Hagener, auch über die Parteigrenzen hinweg, schätzten, erwies sich angesichts der Verleihung der Ehrenbürgerwürde 1967. Zu dieser Zeit ließen Steinhoffs körperliche Kräfte immer stärker nach. Er litt nach wie vor an den Folgen jener Misshandlungen, die er im Zuchthaus und im KZ erlitten hatte. Steinhoff starb am 22. Oktober 1969 in Hagen, wo er auch seine letzte Ruhe fand. Seit 1989 erinnert ein Denkmal vor dem Hagener Rathaus an den bedeutenden Sohn der Stadt.

Epilog

Die Ministerpräsidentschaft Fritz Steinhoffs ist rückblickend betrachtet Episode geblieben. Dauerhafte Spuren haben die zweieinhalb Jahre sozialliberaler Regierung kaum hinterlassen. SPD und FDP waren sich im Grunde zu fremd, als dass aus der Koalition eine konstruktive Partnerschaft hätte werden können. Bei aller persönlicher Sympathie, wie sie etwa das Verhältnis zwischen Steinhoff und Weyer kennzeichnete, blieben die programmatischen Unterschiede doch unüberwindbar. Beide Parteien befanden sich in einem Häutungsprozess, der erst einige Jahre später abgeschlossen sein sollte. Für die SPD bedeutete das Godesberger Programm von 1959 den Aufbruch zu neuen Ufern, während die FDP endgültig erst anlässlich des Regierungswechsels 1969 während der Regierung Brandt-Scheel ihren nationalliberalen Ballast abwarf. Vorbereitet worden war die erste sozialliberale Koalition auf Bundesebene freilich in Düsseldorf, wo sich Heinz Kühn mit Hilfe der Freidemokraten im Dezember 1966 zum Ministerpräsidenten wählen ließ und die folgenden Jahre einer Koalition aus SPD und FDP vorstand. Eine solche Signalwirkung konnte von den Ereignissen des Jahres 1956 noch nicht ausgehen.

Welche Rolle Steinhoff bei alledem gespielt hat, lässt sich nur näherungsweise erfassen. Es fehlen von seiner Seite Aussagen, die seine Einschätzung der neu geschaffenen Konstellation beleuchten würden. Abermals sei hier auf seinen pragmatischen Grundzug zu verweisen, der ihn die sich plötzlich eröffnende Chance ergreifen ließ, ohne über weitergehende Perspektiven nachzudenken. Als Parteisoldat, der er ohne Zweifel war, erfüllte er die ihm zugedachte Aufgabe. Offen bleibt, ob er sie aus vollem Herzen bejahte. Damit soll nicht gesagt werden, dass er als Regierungschef nicht reüssiert hätte. Die Bilanz seiner Ministerpräsidentschaft kann sich angesichts der beschränkten Handlungsmöglichkeiten der Koalition durchaus sehen lassen. Es fehlt ihr aber das übergreifende Moment, das durch eine ausgeprägte sozialliberale Handschrift möglich gewesen wäre.

Steinhoff war ein Mann der Kommunalpolitik. Seine Stärke lag nicht auf der großen Bühne, sondern im persönlichen Gespräch im kleinen Kreis, wie er es als Oberbürgermeister von Hagen praktiziert hatte. Bis zu einem gewissen Grade ließ sich diese Form der politischen Kommunikation auch in Düsseldorf umsetzen, nicht zuletzt, weil er eine Reihe von Vertrauten um sich geschart hatte. Sie versagte aber in dem Augenblick, in dem die Landes- mit der Bundespolitik verquickt wurde, wie dies spätestens anlässlich der Landtagswahl des Jahres 1958 der Fall war, den die SPD zum Plebiszit über die Außen- und Verteidigungspolitik Adenauers machen wollte. Offenbar haben dies auch die Wähler so gesehen und der Regierung Steinhoff-Weyer kein zweites Mandat mehr erteilt. Die Farblosigkeit, die er während seiner Bonner Abgeordnetenzeit an den Tag legte, kam also nicht von ungefähr. Seinem Naturell nach blieb Steinhoff immer Oberbürgermeister, gleich welches Amt er auch bekleiden mochte.

Fritz Steinhoff verkörperte als einer der letzten Spitzenpolitiker jenen Typus des Sozialdemokraten, den die Partei vor allem während der Weimarer Republik hervorgebracht hatte. Staatstragend und loyal, jeder klassenkämpferischen Rhetorik abhold, sahen sie sich als Protagonisten, die den politischen Karren zu ziehen hatten, gleichwie die Umstände auch sein mochten. Keiner hat dies besser ausgedrückt als Heinz Kühn, der während der Trauerfeier für Fritz Steinhoff sagte: „Sein Schicksal hat ihn immer in die Bewährungsprobe schwerer Zeiten gestellt. Er war der Baumeister unseres Landes, nicht einer von jenen Architekten, denen es um glanzvolle Fassaden geht, sondern Kärrner in der Bauhütte eines humanen, freien, sozialen Staatswesens."

Prof. Dr. Jörg Engelbrecht

Literaturhinweise

Bierbach, Wolf: Fritz Steinhoff, in: Walter Först (Hrsg.), Aus dreißig Jahren. Rheinisch-Westfälische Politiker-Porträts. Köln 1979, S. 250-272.

Hösel, Sebastian: Fritz Steinhoff (1897-1969). Vom Bergmann zum Ministerpräsidenten – Skizze einer politischen Biografie. In: Geschichte im Westen H.1, Jg. 2004. S. 117-126.

Keinemann, Friedrich: Fritz Steinhoff, Oberbürgermeister von Hagen und nordrhein-westfälischer Ministerpräsident. Umrisse einer politischen Biographie. Hagen 1975.

Franz Meyers (1908–2002)

Am **31. Juli 1908** in Mönchengladbach geboren;

1927	Abitur in Mönchengladbach, anschließend Jurastudium in Freiburg und Köln;
1933	Promotion zum Dr. jur. an der Universität Köln;
1940–1945	Kriegsdienst an der Ostfront, zuletzt Hauptmann d.R.;
1948	Eintritt in die CDU;
1950–1970	Mitglied des Landtags Nordrhein-Westfalen;
1952	Oberbürgermeister von Mönchengladbach;
1952–1956	Innenminister von Nordrhein-Westfalen;
1956–1960	Geschäftsführendes Bundesvorstandsmitglied der CDU, in dieser Funktion 1956/57 Leiter des Bundestagswahlkampfs der CDU;
1958–1966	Ministerpräsident von Nordrhein-Westfalen;
1960/61	Präsident des Bundesrates.

Am **27. Januar 2002** in Mönchengladbach gestorben.

Franz Meyers gehörte einer Politikergeneration an, die ihre Sozialisation im Dritten Reich erfahren hatte und für die Krieg, Zusammenbruch und Wiederaufbau prägende Erlebnisse waren. Im Nachkriegsdeutschland machte er eine steile politische Karriere, die ihn innerhalb eines Jahrzehnts von bescheidenen Anfängen in der Mönchengladbacher Kommunalpolitik im Jahre 1948 bis in das Amt des nordrhein-westfälischen Ministerpräsidenten im Sommer 1958 führte. Wer war dieser Mann, der in den 50er und 60er Jahren des 20. Jahrhunderts nordrhein-westfälische und bundesdeutsche Politik maßgeblich mitgestaltet hat? Worauf kam es ihm an? Und was bleibt von ihm in Erinnerung?

Familiärer Hintergrund und prägende Einflüsse

Dass Franz Josef Heinrich Georg Meyers – so sein vollständiger Geburtsname – in den 1950er und 1960er Jahren zur politischen Elite in Deutschland zählen würde, war nicht zu erwarten, als er am 31. Juli 1908 als erster Sohn des berittenen Polizeibeamten Franz Josef Meyers und seiner Ehefrau Emma, geborene Havenstein, in Mönchengladbach am linken Niederrhein zur Welt kam. Der familiäre Hintergrund war völlig unpolitisch. Der politische Systemwechsel von 1918/19 berührte seinen Vater nur insofern, als für ihn wichtig war, dass ihm der Staat auch weiterhin ein geregeltes Einkommen garantierte.

Die familiären Wurzeln von Franz Meyers reichten von den Niederlanden über das Rheinland und Westfalen bis nach Pommern, weshalb er auch zu sagen pflegte, dass sich in seiner Person „die Vielfalt der norddeutschen Tiefebene“ vereinige. Dabei hat sich die rheinische Wesensart eindeutig durchgesetzt. So kann es nicht überraschen, dass in der Erinnerung politischer Weggefährten Meyers den typischen Rheinländer verkörpert. Er selbst sagte einmal über sich, „immer großzügig, ungezwungen und, auch in scheinbar aussichtslosen Lagen, zuversichtlich“ gewesen zu sein. Für seine politische Karriere war diese rheinische Lebensart von großer Bedeutung. Diese Fröhlichkeit und Geselligkeit, seine Offenheit und sein Optimismus, seine Fähigkeit, auf Menschen aller Bevölkerungsschichten zugehen zu können, machten ihn beim Wahlvolk populär und unter den Journalisten beliebt.

Neben dem Rheinland ist es der Katholizismus gewesen, der Franz Meyers entscheidend geprägt hat. Er war mit seinem ganzen Wesen in der katholischen Weltanschauung verwurzelt, ohne deshalb klerikal zu sein. Im Gegenteil, in seiner Person verbanden sich Rheinland und Katholizismus, sie ließen ihn zu einem typischen Vertreter des toleranten „rheinischen Katholizismus“ werden.

Zu seiner starken Beeinflussung durch den Katholizismus hat auch das katholisch dominierte Umfeld in Mönchengladbach beigetragen. Eine Vielzahl katholischer Vereine und Verbände bestimmten hier das gesellschaftliche Leben. Der Volksverein für das katholische Deutschland, die mit 800.000 Mitgliedern stärkste Organisation der Katholiken im wilhelminischen Deutschland, hatte in der Stadt am Niederrhein seinen Sitz. Wie selbstverständlich schloss sich Meyers während der Schulzeit der katholischen Jugendbewegung an, der er wichtige Glaubenserfahrungen verdankte, denn „die Schönheiten des katholischen Glaubens wurden mir erst durch die Jugendbewegung erschlossen“.

Neben der Jugendbewegung ist Meyers durch die Ausbildung am Stiftisch-Humanistischen Gymnasium seiner Heimatstadt geformt worden. Hier wurde unter anderem seine Begeisterung für das Theater und für die Bildende Kunst geweckt, was sich Jahrzehnte später in einer aktiven staatlichen Kunstförderungspolitik während seiner Ministerpräsidentschaft niederschlagen sollte.

Student, Rechtsanwalt und Kriegsdienst

Im März 1927 legte Franz Meyers am Stiftisch-Humanistischen Gymnasium in Mönchengladbach die Abiturprüfung ab. Das Abiturzeugnis enthielt den Schlussvermerk: „Franz Meyers will Jura studieren." Das berufliche Ziel stand auch bereits fest: Rheinischer Oberbürgermeister. Was für ihn das Amt so erstrebenswert machte, waren dessen aus seiner Machtfülle resultierenden Gestaltungsmöglichkeiten im kommunalen Bereich. Die herausgehobene Stellung des Rheinischen Oberbürgermeisters innerhalb der Kommunalpolitik basierte auf der Rheinischen Städteordnung von 1856, die für die Rheinprovinz im Wesentlichen bis zum Erlass der nationalsozialistischen Gemeindeverfassungsgesetze Gültigkeit behielt. Der Rheinische Oberbürgermeister war in allen drei Phasen des kommunalen Entscheidungsprozesses präsent und dominierend: in der Vorbereitungsphase, in der Ratsphase als Ratifikationsphase und in der Ausführungsphase mit ihren Ermessensspielräumen. Für Franz Meyers war der Rheinische Oberbürgermeister „der fast unbeschränkte Gebieter seines Gemeinwesens".

Die beste fachliche Voraussetzung für dieses kommunale Spitzenamt war eine juristische Ausbildung. Folgerichtig studierte Meyers an den Universitäten Freiburg im Breisgau und Köln Jura. Er legte beide juristischen Staatsprüfungen ab und wurde mit einer Arbeit aus dem Staatsrecht zum Doktor der Jurisprudenz promoviert. Die mündliche Doktorprüfung fand am 20. Januar 1933 statt und damit nur zehn Tage vor der Ernennung Hitlers zum Reichskanzler. Auch für Franz Meyers blieb der 30. Januar 1933 nicht ohne Folgen. Da er es ablehnte, Mitglied der NSDAP zu werden, war für ihn der Eintritt in den Staatsdienst ausgeschlossen und damit die Verwirklichung seines Jugendtraums, Rheinischer Oberbürgermeister zu werden, nicht möglich. Stattdessen ließ er sich als Rechtsanwalt in seiner Heimatstadt nieder. Seine ablehnende Haltung gegenüber dem Nationalsozialismus entsprach der mehrheitlichen Einstellung der überwiegend katholischen Bevölkerung im Raum Mönchengladbach-Rheydt.

Meyers schaffte es, sich unter den schwierigen Bedingungen des Nationalsozialismus beruflich und privat einzurichten. Als Versicherungsjurist kam er rasch zu Wohlstand und Ansehen. Zum sozialen Aufstieg des Polizistensohnes trug auch seine Heirat mit Alberte Mertens bei, die aus einer hochangesehenen Kölner Arztfamilie stammte. Ihr Vater war führendes Mitglied der Zentrum-Partei im Kölner Raum gewesen, der sie selbst 1933 bis zur Zwangsauflösung der Partei für wenige Monate angehörte. Die promovierte Juristin, die Meyers während des Studiums in Köln kennen gelernt hatte, war politisch sehr interessiert. Sie entwickelte sich zu einer klugen Ratgeberin ihres Mannes, dessen politische Karriere sie nach Kräften förderte. Ein Grund war die ungewollte Kinderlosigkeit ihrer Ehe und die damit einhergehende Befürchtung, es käme für ihren Mann möglicherweise der Zeitpunkt, an dem er sich fragen würde, wofür er ein Leben lang gearbeitet habe.

Von 1940 bis Kriegsende erlebte Meyers den Zweiten Weltkrieg vornehmlich in Russland bei der bespannten Artillerie einer schlesischen Einheit. Nur dank glücklicher Umstände entkam er zwei Mal dem Tod. Diese Erfahrung hat ihn für seinen weiteren Lebensweg geprägt, ließ ihn nach 1945 bewusster leben, Probleme des Alltags gelassener sehen. So pflegte er als Ministerpräsident in schwierigen politischen Situationen zu sagen, dass denjenigen, der einmal bis zur Wolga geritten sei und zurück, nichts mehr erschüttern könne.

„Nicht meckern, mitmachen – Herr Meyers!“

Nach Kriegsende kehrte er nach Mönchengladbach zurück, wo für ihn zunächst der Aufbau einer beruflichen Existenz im Vordergrund stand. Zusammen mit Peter Nonnenmühlen, der sich an führender Stelle in der Kommunalpolitik von Mönchengladbach engagierte und 1948 das Amt des Oberbürgermeisters übernahm, baute sich Meyers eine neue Anwaltspraxis auf. Nonnenmühlen war es schließlich, der seinen Sozius aufforderte, selbst politisch aktiv zu werden, statt nur über die politische Entwicklung in den ersten Nachkriegsjahren zu klagen – ein Appell, der nicht folgenlos blieb.

1948 trat Meyers der CDU bei. Jahre später ging er auf einem Parteikongress in Freiburg im Breisgau der Frage nach, was die Idee der Christlichen Demokratie ausmacht, und warum er in der CDU seine politische Heimat fand. Im Mittelpunkt dieser Idee stehe der Mensch, der moralisch verantwortlich sei gegenüber Gott und politisch verantwortlich gegenüber der Gemeinschaft. Deshalb richte sich die Sorge der Christlichen Demokraten ebenso auf den einzelnen Menschen wie auf die menschliche Gemeinschaft und die staatliche Gemeinschaft als Ganzes, also nicht auf das Interesse einer bestimmten Klasse oder auf das Anliegen einer Gruppe, was Parteien der Christlichen Demokratie grundsätzlich von den Parteien des Sozialismus und des Liberalismus unterscheide. Daraus erwachse der Anspruch christdemokratischer Parteien, keine Klientel- oder Interessen-, sondern Volksparteien zu sein. Unter diesem Gesichtspunkt werde auch verständlich, „weshalb wir deutschen christlichen Demokraten das Wort Union im Namen unserer Partei für eine vortreffliche Sache halten, weil es nämlich das, was die christliche Demokratie will, die Überwindung des gesellschaftlichen Antagonismus durch die Integration in der christlichen Überzeugung, besonders gut bezeichnet".

Franz Meyers trat 1948 nicht nur der CDU bei, sondern wurde auch im selben Jahr Sachkundiger Bürger im Kultur- und im Bauausschuss des Rates der Stadt Mönchengladbach. Politik war für ihn damit aber noch nicht zum Lebensinhalt geworden. Er war ganz im Sinne von Max Weber „nebenberuflicher Politiker", der mit seiner Tätigkeit „weder materiell noch ideell in erster Linie" seinen Lebensunterhalt bestritt. Der entscheidende Schritt zum hauptberuflichen Politiker folgte zwei Jahre später.

Im Frühjahr 1950 trugen ihm führende Vertreter der CDU Mönchengladbachs die Kandidatur für den Landtag von Nordrhein-Westfalen an. Meyers folgte ihrer Argumentation, er könne als kinderlos verheirateter, freiberuflich tätiger Jurist eine Kandidatur nicht ablehnen. Als katholischer Akademiker fühlte er sich geradezu verpflichtet, sich mit all seinen Kräften „dafür einzusetzen, dass die Form des modernen demokratischen Staates mit christlichem Geist erfüllt wird".

Bei der Landtagswahl vom 18. Juni 1950 wurde Meyers direkt in den Landtag gewählt. Schnell konnte sich der Parlamentsneuling in Szene setzen. Der versierte Jurist fiel als guter Debattenredner auf, der messerscharf argumentieren konnte. Im Oktober 1951 übernahm er den Vorsitz im Landtagsausschuss zur Beratung der Gemeinde-, Amts- und Kreisordnung. Als Ausschussvorsitzender zeichnete er sich durch eine straffe, zielgerichtete Verhandlungsführung aus, was im Landtag fraktionsübergreifend Anerkennung fand. Durch seine Arbeit als Vorsitzender dieses wichtigen Ausschusses war er nicht länger ein unbeschriebenes Blatt in der nordrhein-westfälischen Landespolitik und hatte sich für weitere politische Aufgaben empfohlen.

Am 5. März 1952 wählte ihn der Stadtrat von Mönchengladbach mit 32 Stimmen bei acht Enthaltungen zum neuen Stadtoberhaupt als Nachfolger des wenige Wochen zuvor verstorbenen Oberbürgermeisters Peter Nonnenmühlen. Er übte dieses Ehrenamt noch nicht einmal 100 Tage aus, als seine noch junge politische Karriere im Juni 1952 mit der Berufung zum Innenminister von Nordrhein-Westfalen ihren vorläufigen Höhepunkt erreichte.

Innenminister von Nordrhein-Westfalen

Bereits in seinem ersten Amtsjahr als Innenminister bewies Meyers großes Durchsetzungsvermögen und Entscheidungsfreude, als er mit der Neuorganisation des Polizeiwesens, der Landkreisordnung und der Landschaftsverbandsordnung drei große Gesetzgebungswerke durch den Landtag brachte. Auch erlangte er in diesem Amt bundesweite Bekanntheit. Seine Rede im Bundesrat im Juli 1954 gegen die Speiseeisverordnung des Bundesinnenministers, die sich gegen den bürokratischen Perfektionismus wandte, machte ihn ebenso über die Grenzen Nordrhein-Westfalens hinaus populär wie die Verfolgung von Kriminellen, die in den Herbstnächten des Jahres 1954 die nordrhein-westfälischen Autobahnen im Großraum Köln-Düsseldorf heimsuchten.

Bei der Verfolgung der sogenannten Autobahngangster profilierte sich Meyers als „schwarzer Sheriff", als unbeugsamer Verteidiger der öffentlichen Sicherheit und Ordnung. In einer Rundfunkansprache versicherte er der Bevölkerung, „dass ich fest entschlossen bin, diesem ganzen Gangsterunwesen schnell und energisch ein Ende zu machen, und damit die Schuldigen einer Strafe zuzuführen, die ihnen für alle Zeiten das Handwerk legt". Entsprechend ordnete er besondere polizeiliche Maßnahmen an. Die Autofahrer forderte er auf, „jedes Anhaltezeichen der Polizei, vor allem auch während der Nacht, unverzüglich zu befolgen. Die Polizei ist angewiesen, andernfalls sofort von der Schusswaffe Gebrauch zu machen." Als Folge bekam Meyers den berühmt-berüchtigten Spitznamen „Pistolen-Franz".

Die Tagesarbeit als Innenminister wurde vor allem bestimmt durch die Beschäftigung mit der Verwaltungsreform, dem großen landespolitischen Thema in der ersten Hälfte der 1950er Jahre. Die Durchführung einer umfassenden Verwaltungsreform erforderte Tatkraft und vor allem einen langen Atem angesichts großer Widerstände auf allen politischen Ebenen. Meyers wurde nicht müde, Aufklärungsarbeit zu leisten und der Öffentlichkeit zu erklären, dass es sich bei der Verwaltungsreform um eine organisatorische, eine sachliche, eine personelle, eine territoriale und eine Büroreform handelte.

Zu den Erfolgen, die er auf seine Habenseite verbuchte, gehörten die konsequente Aufgabenverlagerung von der Mittelinstanz auf die unteren Verwaltungsebenen, eine Personalreform, die zur Verschlankung des Innenministeriums führte, sowie eine Erlassüberprüfungsaktion, bei der im Geschäftsbereich seines Ministeriums von 11.000 überprüften Erlassen 8.500 überholte oder gegenstandslos gewordene Erlasse aufgehoben wurden. Dagegen stieß er mit seinen Plänen für eine territoriale Neuordnung der staatlichen Mittelinstanz auf erhebliche Widerstände. Die Verwirklichung seines Vorschlags zur Reduzierung der Zahl der staatlichen Mittelbehörden von sechs auf drei Bezirksregierungen hätte einen weit reichenden Eingriff in Besitzstände bedeutet. Trotz aller Widerstände verfolgte Meyers das Ziel einer tiefgreifenden territorialen Verwaltungsreform, konnte diese Arbeit aber nicht beenden, da im Februar 1956 die Regierung Arnold stürzte und er seinen Ministersessel räumen musste.

„Herr Meyers, kümmern Sie sich etwas um die Wahl"

Nach dem Verlust des Regierungsamtes in Düsseldorf wechselte Meyers auf die politische Bühne in Bonn. Adenauer ernannte den „Macher" Meyers zum Generalmanager der CDU für die Bundestagswahl 1957. Mit dem Aufbau einer schlagkräftigen Parteiorganisation konnte er die in ihn gesetzten Erwartungen erfüllen. Bei der Gestaltung der CDU-Kampagne für diese Wahl beschritt er neue Wege, indem er Werbeagenturen engagierte und mit Meinungsforschungsinstituten zusammenarbeitete. Als verantwortlicher Wahlkampfmanager konnte er auf eine sehr gut organisierte Kampagne verweisen. Der Wahlslogan „Keine Experimente" war als zentrale politische Botschaft ein Volltreffer. Dieser Slogan und die Person Adenauers stellten eine ideale Verbindung dar, stand doch der Bundeskanzler für die erfolgreiche Regierungsarbeit auf dem Feld der Außen-, Wirtschafts- und Sozialpolitik, deren Fortsetzung im Interesse der auf Besitzstandswahrung bedachten Bevölkerungsmehrheit liegen musste.

Bei der dritten Wahl zum Deutschen Bundestag am 15. September 1957 errangen die Unionsparteien einen triumphalen Wahlsieg. Sie vereinigten 50,2 Prozent der Wählerstimmen auf sich – ein bis dahin noch nie erzieltes Ergebnis in der deutschen Geschichte bei Wahlen zum Reichs- oder Bundestag. Doch Meyers machte sich in Bonn nicht nur als erfolgreicher Wahlkampfmanager einen Namen. In der zweiten Hälfte der 1950er Jahre profilierte er sich auch als Parteireformer, der die CDU fit machen wollte für die Zeit nach Adenauer. Eindringlich mahnte er eine Reform der Parteiführung an, da die Struktur der Führungsspitze so sehr auf „die einmalige Leistungsfähigkeit und Autorität" des Vorsitzenden Adenauer zugeschnitten und so eng mit seiner Person verknüpft sei, dass dieses Amt von keinem Nachfolger ausgefüllt werden könne. Deshalb brauche die Partei „eine bewegliche, schnell verfügbare, kompetente und in ihrer Autorität begründete politische Führung". Dabei dachte er an einen „engeren Vorstand", der sich mit allen politischen Sachentscheidungen befassen sollte, die auf die Partei zukämen, die für sie von Bedeutung seien und von ihr nach außen vertreten werden müssten. Diese Gedanken über einen „engeren Vorstand" wurden in den 1960er Jahren in der Einrichtung eines Präsidiums der CDU Deutschlands verwirklicht.

Der Reformer Meyers sah zugleich die Notwendigkeit, die programmatische Arbeit der Partei voranzutreiben. Auf dem Bundesparteitag 1958 in Kiel bezeichnete er „die Schaffung eines staats- und gesellschaftspolitischen Leitbildes, das der deutschen Öffentlichkeit, aber auch uns selbst die Möglichkeit gibt, die Christlich Demokratische Union zu definieren", als vorrangiges Ziel. Später konkretisierte er dieses Ziel in der Forderung nach Erarbeitung eines Grundsatzprogramms für die CDU Deutschlands, das erst 1978 auf dem Bundesparteitag in Ludwigshafen verabschiedet werden sollte.

Nach dem überaus erfolgreichen Verlauf der Bundestagswahl von 1957 schien Meyers eine Karriere in der Bundespolitik bevorzustehen. Als gewählter Abgeordneter des Wahlkreises Aachen-Stadt saß er im Bundestag. Doch bereits ein Jahr später kehrte er nach Düsseldorf zurück, wo ihm nach dem CDU-Sieg bei der Landtagswahl und dem unerwarteten Tod des Spitzenkandidaten Karl Arnold die Ministerpräsidentschaft zufiel.

Im Sog der Bundestagswahl von 1957 erzielte die CDU bei der nordrhein-westfälischen Landtagswahl vom 6. Juli 1958 mit einem Stimmenanteil von 50,5 Prozent einen deutlichen Wahlsieg, womit das zweijährige Zwischenspiel einer sozial-liberalen Landesregierung unter Beteiligung des Zentrums endete.

Die Rückkehr nach Düsseldorf

Eine Woche vor dem Wahlgang war Karl Arnold nach einem Herzinfarkt verstorben, so dass die CDU-Landtagsfraktion einen neuen Kandidaten für das Amt des Regierungschefs küren musste. In einer Kampfabstimmung setzte sich Meyers deutlich gegen seine Mitbewerber durch. Das Votum überraschte nicht, auch wenn es sich bei Landtagspräsident Josef Gockeln, dem Vorsitzenden der CDU-Landtagsfraktion, Wilhelm Johnen, und Josef Hermann Dufhues, der an die Spitze des mächtigen CDU-Landesverbandes Westfalen-Lippe strebte, um drei namhafte Mitbewerber handelte. Meyers' erfolgreiche Tätigkeit als Innenminister war noch in Erinnerung. Zudem stand er in dem Ruf eines erfolgreichen Wahlkampfmanagers, der Adenauers Sieg bei der Bundestagswahl 1957 organisiert hatte.

Am 21. Juli 1958 wählte ihn der Landtag mit 103 Stimmen bei 94 Enthaltungen zum neuen Ministerpräsenten. Damit kehrte Meyers zurück in die nordrhein-westfälische Landespolitik. Dass er sich für die Ministerpräsidentschaft in Düsseldorf entschied und gegen ein Amt in Bonn – in der Bundeshauptstadt wurde er als Nachfolger Adenauers im CDU-Parteivorsitz gehandelt –, ist vor allem damit zu erklären, dass er erkennen musste, dass ihm für eine Spitzenposition in der Bundespartei die Hausmacht fehlte. Zu Adenauer versachlichten sich nach 1958 die Beziehungen, da Meyers zu den „Landesfürsten" zählte, die „bei aller Loyalität gegenüber ihrer Partei nicht bereit waren, Parteidisziplin um jeden Preis zu üben" (Roman Herzog). Als Ministerpräsident stellte er somit die Interessen Nordrhein-Westfalens über die Anliegen seiner Partei.

Um seine vielen Verpflichtungen in seinem neuen Amt möglichst reibungslos miteinander verbinden zu können, war seine Arbeitsweise durch einen genauen täglichen Arbeitsablauf geprägt. Sein Arbeitstag begann um 8.30 Uhr mit je drei Vorträgen von 15 Minuten Dauer des Landespressechefs, des Chefs der Staatskanzlei und des Persönlichen Referenten, so dass die Zeit ab 9.30 Uhr für ein erstes Aktenstudium, Besuche, Teilnahme an Parlaments-, Fraktions- und Gremiensitzungen sowie für die zahlreichen auswärtigen Termine frei war. Dies alles war natürlich nur reibungslos abzuwickeln, wenn die Arbeit in der Staatskanzlei, die der Weisungsbefugnis Meyers‘ unterstand, straff koordiniert und er von jeder unnötigen Kleinarbeit entlastet war.

Die Zuständigkeiten und politische Verantwortung innerhalb der Staatskanzlei regelte er unmittelbar nach seiner Wahl zum Ministerpräsidenten. Den Mitarbeitern der Staatskanzlei erklärte er: „Sie stehen mir für die sachliche, rechtliche und haushaltsmäßige Korrektheit dessen, was in diesem Hause zu tun ist. Politik aber macht hier nur einer, und das bin ich!“ In dieser Erklärung zeichnete Meyers ein Bild von der Funktion des Beamten und seiner Aufgaben, das vergleichbar ist mit dem von Max Weber beschriebenen „echten Beamten“, dessen originäre Aufgabe darin besteht, zu verwalten und nicht Politik zu betreiben.

Auch in seiner Eigenschaft als Kabinettschef zog Meyers eine scharfe Trennlinie zwischen der Politik und Beamtenschaft hinsichtlich ihrer Verantwortung und Zuständigkeiten. So beschränkte er als Vorsitzender des Kabinetts die Teilnahme an den Kabinettssitzungen auf die Landesminister, wodurch während der Ministerpräsidentschaft von Franz Meyers neben dem Chef der Staatskanzlei als Protokollführer und dem Landespressechef nur die Minister an den Kabinettssitzungen teilnehmen durften. Diese Regelung schloss allerdings nicht aus, dass zu einem bestimmten Tagesordnungspunkt ein Staatssekretär herangezogen wurde. Grundsätzlich galt aber, dass sich ein Landesminister nur von einem Kabinettskollegen vertreten lassen konnte und seine Ressortanliegen eigenständig vortragen musste – ohne die Möglichkeit, sich auf die Einflüsterungen seines Staatssekretärs stützen zu können, was von jedem Landesminister fundierte Sachkenntnis verlangte.

Kaum genutzte Richtlinienkompetenz

In seiner Eigenschaft als Kabinettschef war Meyers auch Inhaber der Richtlinienkompetenz, deren Ausübung in der Regierungspraxis von der politischen Gesamtkonstellation abhängt. Ist der Ministerpräsident Chef einer Alleinregierung oder steht er einer Koalitionsregierung vor? Wie sieht die personelle Zusammensetzung seines Kabinetts aus? Sitzen am Kabinettstisch politische Schwergewichte, die sich auf eine Hausmacht innerhalb der Partei oder in Verbänden stützen können? Die Ausübung der Richtlinienkompetenz hängt nicht zuletzt von der Person des Ministerpräsidenten selbst ab. Meyers trat als Kabinettschef bestimmt auf, pflegte aber keinen autoritären Führungsstil. Schon gar nicht unternahm er den Versuch, in den Geschäftsbereich eines Kabinettsmitglieds hineinzuregieren. Während seiner Amtszeit war die Handlungsfreiheit der einzelnen Minister groß, dafür erwartete er aber auch, dass sie entsprechende Leistungen vorzeigten.

Von der Richtlinienkompetenz machte Meyers sparsamst Gebrauch. In den Kabinettsprotokollen seiner Ministerpräsidentschaft lässt sich nur ein einziger Beschluss finden, der in eindeutiger Wahrnehmung der Richtlinienkompetenz gefasst wurde. Dabei handelte es sich um einen außerhalb der eigentlichen Tagesordnung gefassten Beschluss, der die Einstellung von nicht näher beschriebenen Bauvorhaben betraf.

Da die nordrhein-westfälische Landesverfassung das Amt eines Staatspräsidenten nicht kennt, waren ihm neben den Amtspflichten eines Ressort- sowie eines Kabinettschefs auch die Funktionen übertragen, die üblicherweise ein Staatschef in einem parlamentarischen Regierungssystem ausübt. Das Land bei Besuchen ausländischer Staatsoberhäupter wie bei offiziellen Reisen ins Ausland zu repräsentieren, empfand Meyers nie als lästige Pflichtübung. Die Rolle des Staatschefs zählte für ihn zweifellos zu den angenehmeren Seiten des Ministerpräsidenten-Daseins. Die Akribie, mit der Besuche wie die des französischen Staatspräsidenten Charles de Gaulle 1962 und der britischen Königin 1965 vorbereitet wurden, unterstreicht den aus seiner Sicht hohen Stellenwert der Repräsentation.

Sein Hang zur Repräsentation spiegelte sich auch in den sogenannten Bereisungen wider, die den Ministerpräsidenten Franz Meyers und seine Frau Alberte in die damals 95 Landkreise und kreisfreien Städte Nordrhein-Westfalens führten. Während dieser aufwendig gestalteten und deshalb auch in der Öffentlichkeit mit manch ironisch-spöttischer Anmerkung versehenen Besuche im Land – in der Westfälischen Rundschau wurden sie mit unverkennbarer Ironie als „die landesväterlichen Besuche in Stadt und Land mit Gattin, Gefolge und viel polizeilichem Blaulicht" beschrieben – erschien er als barocker Landesfürst, der Hof hielt. Darüber ging das eigentliche Ziel, das Meyers mit diesen Bereisungen verband, verloren, „bei den Menschen in den einzelnen Landesteilen Nordrhein-Westfalens das Gefühl der Zugehörigkeit zu diesem großen Bundesland zu stärken".

Bemühungen um ein Landesbewusstsein

Die Bemühungen zur Stiftung eines nordrhein-westfälischen Landesbewusstseins zählten zu den bedeutendsten politischen Initiativen von Franz Meyers während seiner Ministerpräsidentschaft. Er war der Überzeugung, dass Nordrhein-Westfalen als nach Bevölkerungsdichte und Wirtschaftskraft wichtigster Gliedstaat der Bundesrepublik Deutschland nur bestehen könne, wenn es ein ausgeprägtes Zusammengehörigkeitsgefühl seiner Bevölkerung, also von Rheinländern und Westfalen, gebe. Im Zentrum seiner Überlegungen stand der Versuch, mit Hilfe staatlicher Symbole ein besonderes Landesbewusstsein zu schaffen.

Für Meyers spiegelte sich in dem dreigeteilten Landeswappen mit Rhein, westfälischem Ross und lippischer Rose die fehlende Einheit Nordrhein-Westfalens wider. Aus diesem Grund beabsichtigte er ein großes Landeswappen einzuführen, das heraldische Bezüge zu den staatlichen Vorgängern der im geltenden (kleinen) Landeswappen dargestellten Landschaften herstellte. Dabei sollte mit der Schaffung eines großen Landeswappens das kleine Landeswappen mit Rhein, westfälischem Ross und lippischer Rose nicht verschwinden, Meyers wollte es sogar zum „Herzstück" des erweiterten großen Landeswappens machen. Der Entwurf eines großen Landeswappens für das Land Nordrhein-Westfalen zeigte die Wappen des Kurfürstentums Köln, der Fürstbistümer Münster, Paderborn und Minden, der Herzogtümer Berg, Jülich, Kleve und Geldern sowie der Grafschaft Mark und Ravensberg, die um das offizielle (kleine) Landeswappen angeordnet waren. Über dem Schild wurden in einer goldenen, zackenlosen Krone die Wappen der drei ehemaligen Reichsstädte Aachen, Köln und Dortmund geführt. Eine rotsilberne Wappendecke an der rechten Seite und eine grünsilberne an der linken Seite, die rheinischen und westfälischen Farben symbolisierend, bildete den Rahmen.

Die Stiftung eines Landesordens, eines „Ehrenzeichens für Verdienste um das Land Nordrhein-Westfalen", war das zweite große Vorhaben zur Hebung des Landesbewusstseins. Nach den Vorstellungen von Meyers sollte der Landesorden etwas Besonderes darstellen, weshalb er prüfen ließ, „ob es im territorialen Bereich des Landes Nordrhein-Westfalen in früherer Zeit einmal einen Orden gegeben hatte, der sich von den üblichen Ordenskreuzen in der Form des Malteser- bzw. Johanniterkreuzes unterschied". Bei der Suche nach einem entsprechenden Orden stieß man in der Staatskanzlei auf den Antoniusorden der Herzöge von Kleve, der im Hochmittelalter gestiftet worden war und die äußere Form eines großen „T" besaß. Aus dem Antoniusorden der Herzöge von Kleve in Verbindung mit dem Malteserkreuz entstand der Entwurf eines Landesordens. Zwischen die vier Arme des Malteserkreuzes wurde jeweils das

T-Kreuz des Antoniusordens gesetzt. Eine unmittelbare Verbindung zu Nordrhein-Westfalen als dem Land von Kohle und Stahl ergab sich dadurch, dass das Malteserkreuz aus schwarzem Eisen und das Antoniuskreuz aus hellpoliertem Stahl gestaltet werden sollte.

Diese Pläne zur Stiftung eines besonderen Landesbewusstseins stießen in der Öffentlichkeit allerdings auf Unverständnis. Die Ablehnung war nahezu einhellig, und in der Presse wurden sie mit Spott überzogen. Die Westfälische Rundschau erinnerte Meyers daran, dass er „Ministerpräsident eines modernen Industrielandes ist und nicht der Fürst eines Kleinstaates, für den noch Bedeutung haben mochte, seinem Wappen neue Verzierungen beizufügen". Die Welt mahnte, „Nordrhein-Westfalen sollte nicht in die Geistesverfassung der Familie Neureich verfallen, die sich mit antiken Möbeln einrichtet und sich eine Madonna aus dem Mittelalter in ihre Empfangshalle stellt, um zu beweisen, dass man schließlich auch Kultur hat". Die Düsseldorfer Nachrichten schließlich leiteten ihren Bericht über die Vorhaben von Meyers mit folgenden Sätzen ein: „Das neue Landeswappen ist schön bunt. Als Glanzbild in den unteren Klassen der Volksschule verteilt, könnte es deshalb schnell zum vielbegehrten Sammelschlager werden."

Auch die Reaktionen im Landtag waren negativ. Die SPD hielt die Pläne von Meyers für „Spielereien", und die FDP riet dem Ministerpräsidenten, „die Finger von der heraldischen Scheußlichkeit eines großen Staatswappens" zu lassen. Selbst in seiner eigenen Landtagsfraktion musste er sich die Frage gefallen lassen, ob es wirklich nötig sei, „zur Glorifizierung unserer Staatshoheit und Landesherrlichkeit auf Reminiszenzen an die alten Duodezfürsten, die einmal in unserem Lande geherrscht haben, zurückzugreifen".

So sehr sich Meyers auch bemühte, um Verständnis zu werben – es gehe um die Wiedererweckung des Bewusstseins, dass das Land Nordrhein-Westfalen eine nicht nur für seinen eigenen Bereich, sondern für ganz Deutschland, ja Westeuropa bedeutungsvolle geschichtliche Vergangenheit besitze und dass diese von den großen Territorien gestaltet worden sei, die bis zum Beginn des 19. Jahrhunderts im Bereich des heutigen Landes Nordrhein-Westfalen bestanden hätten –, mit seinen Plänen zur Einführung eines großen Landeswappens und eines Landesordens scheiterte er. Sie verschwanden „sang- und klanglos in der Versenkung", wie Meyers enttäuscht in seinen Memoiren festgestellt hat.

Eine Erklärung dafür war, dass er mit seinen Wappenplänen hoffnungslos rückständig erschien. In einer Zeit, in der die deutsche Gesellschaft – politisch gesehen – nach Europa aufbrach, trat mit Meyers ein Mann auf, der Traditionslinien zu entwickeln versuchte, deren Wurzeln in der Zeit vor 1803, vor dem Reichsdeputationshauptschluss lagen, in der Zeit des Partikularismus in Deutschland. Auch die Stiftung eines Landesordens erschien den Zeitgenossen als ein Anachronismus. 15 Jahre nach Kriegsende standen viele Deutsche staatlichen Symbolen wie einem Orden reserviert gegenüber, hatten sie doch zwischen 1933 und 1945 erfahren müssen, in welcher Weise die Nationalsozialisten staatliche Symbole im Rahmen ihrer Herrschaftsausübung missbrauchten.

Kunstförderer und Modernisierer

Im Zusammenhang mit den vielfältigen Bemühungen von Meyers zur Hebung des Landesbewusstseins muss auch der von ihm initiierte Ankauf von 88 Gemälden von Paul Klee durch die Landesregierung erwähnt werden, sah er doch in der Klee-Sammlung den Grundstock für eine landeseigene Kunstsammlung, die nach seinen Vorstellungen zu einem „Kristallisationspunkt des Landesbewusstseins in Nordrhein-Westfalen" werden sollte.

Die staatliche Kunstpflege zählte zu den Schwerpunkten der Regierungstätigkeit von Meyers. Das Nachrichtenmagazin Der Spiegel bezeichnete ihn nicht ohne Grund als den „Medici unter den bundesdeutschen Landesfürsten". Als er von dem Angebot eines Schweizer Kunsthändlers erfuhr, 88 Gemälde von Paul

Klee für das Land Nordrhein-Westfalen erwerben zu können, griff er gegen erhebliche Bedenken und Widerstände zu. Den Ankauf dieser einmaligen Gemäldesammlung verstand er als „einen Akt kulturpolitischer Wiedergutmachung" gegenüber einem international bekannten und anerkannten Künstler, der 1933 Deutschland aus politischen Gründen verlassen musste. Heute sind die Auseinandersetzungen, die den Ankauf der Klee-Sammlung und den Aufbau der Kunstsammlung Nordrhein-Westfalen begleiteten, vergessen. Die Kunstsammlung Nordrhein-Westfalen ist „zweifellos eines der glanzvollsten kulturellen Engagements des Landes" (Wolfgang Clement).

Landespolitische Akzente setzte Meyers während seiner Ministerpräsidentschaft auch in der Forschungs- und Hochschulpolitik. Das 1961 errichtete Landesamt für Forschung war das Ergebnis der Bemühungen um eine Neuorganisation der Forschungspolitik in Nordrhein-Westfalen. Auf dem Weg zur Zentralisierung der staatlichen Forschungsförderung bedeutete die Errichtung des Landesamtes für Forschung einen Schritt voran, wenngleich er damit während seiner Amtszeit das Problem der Zersplitterung und der Überschneidung von Zuständigkeiten in der Forschungsförderung des Landes nicht endgültig lösen konnte. Erst am 28. Juli 1970 fand die Zentralisierung der Forschungsförderung mit der Schaffung eines Landesministeriums für Wissenschaft und Forschung einen Abschluss.

In der Hochschulpolitik legte er mit den Beschlüssen über den Bau neuer Universitäten in Bochum, Dortmund und Bielefeld den Grundstein für die Entwicklung des Landes zu einem der bedeutendsten Hochschulstandorte in der Bundesrepublik. Mit der Entscheidung für den Ausbau der nordrhein-westfälischen Hochschullandschaft erwies sich Meyers als Modernisierer – ein Kontrast zu dem Bild, das von ihm im Zusammenhang mit seinen Bemühungen zur Stiftung eines Landesbewusstseins in der Öffentlichkeit entstanden war.

Ein Modernisierer war er auch auf dem Feld des Umweltschutzes. Das Immissionsschutzgesetz von 1962 und die ein Jahr darauf errichtete Landesanstalt für Immissions- und

Bodennutzungsschutz waren wegweisend für die weitere Entwicklung auf dem Gebiet der Umweltschutzpolitik. Meyers gebührt das Verdienst, dass er im April 1960 mit seiner Rede über den „Schutz für Gesundheit und Leben in der industrialisierten Welt“ auf dem CDU-Bundesparteitag in Karlsruhe das Problem der Luftreinhaltung in den Rang einer vordringlichen politischen Aufgabe hob. Bei der Bewältigung dieser Aufgabe wurde er von dem damaligen Arbeits- und Sozialminister Konrad Grundmann tatkräftig unterstützt.

Grundmann gehörte zur Garde junger Minister, die Meyers in seine drei Landeskabinette berief. Den Freiraum, der ihm bei der Zusammenstellung der Ministerliste nach der Berücksichtigung konfessioneller und landsmannschaftlicher Gesichtspunkte blieb, nutzte er nicht nur zur Verjüngung der Landesregierung. Mit dem Würzburger Universitätsprofessor Paul Mikat holte er sich nach der Landtagswahl von 1962 einen politischen Quereinsteiger in seine Regierungsmannschaft. Die Minister Gustav Niermann, Konrad Grundmann, Gerd-Ludwig Lemmer und Paul Mikat, die bei ihrer Ernennung zum Landesminister alle jünger als 40 Jahre alt waren, zählten zu den Aktivposten der Regierungen Meyers. Bei der Auswahl dieser Kabinettsmitglieder hatte Meyers sein „Gespür für gute Leute“ gezeigt.

Das Regieren wird schwieriger

Die Regierungszeit des Ministerpräsidenten Franz Meyers zerfällt in zwei Hälften. Zäsur ist die Landtagswahl von 1962, bei der die CDU ihre absolute Mehrheit verlor, aber die stärkste politische Kraft blieb. Auch die FDP musste größere Stimmenverluste hinnehmen, während die SPD erstmals bei Landtags- oder Bundestagswahlen in Nordrhein-Westfalen die 40-Prozent-Marke überwand. Mit ihrem Votum reagierten die Wähler in Nordrhein-Westfalen auf die bundespolitischen Entwicklungen seit der Bundestagswahl vom September 1961. Das Ergebnis war Ausdruck des Unmuts über die langwierige Regierungsbildung, zur ungeklärten Frage der Nachfolge Adenauers im Partei- und Staatsamt und zum „Umfall" des FDP-Bundesvorsitzenden Erich Mende, der nach der Bundestagswahl seine Partei entgegen der vorherigen Festlegung in eine Regierungskoalition führte, an deren Spitze Adenauer stand.

Für Meyers wurde das Regieren fortan schwieriger, was weniger damit zu tun hatte, dass er zum Weiterregieren eine Koalition mit der FDP bilden musste. Die Zusammenarbeit mit den Freien Demokraten funktionierte sehr gut. Zusammen mit dem FDP-Landesvorsitzenden Willi Weyer, der das Amt des Innenministers übernahm, galt er als Garant dieser Koalition. Dass die Zusammenarbeit zwischen den Koalitionspartnern „einwandfrei" verlief, führte Meyers „zu einem wesentlichen Teil" darauf zurück, dass „sie nicht auf juristischen Abmachungen, sondern auf gutmenschlichen Beziehungen beruht, auf die ich besonders Wert lege".

Probleme bereitete hingegen die eigene Partei. Der selbstbewusst auftretende neue Vorsitzende der CDU-Landtagsfraktion, Wilhelm Lenz, ließ von Anfang an keinen Zweifel daran, dass sich unter seinem Vorsitz die Fraktion nicht mit der Rolle eines Erfüllungsgehilfen der Landesregierung begnügen werde. Im Gegenteil, die Fraktion sollte ein eigenes politisches Gewicht erhalten und unmittelbaren Einfluss auf das Regierungshandeln nehmen können. Ein angespanntes Verhältnis zwischen Meyers und Lenz war die fast zwangsläufige Konsequenz.

Die Gründe für Konflikte zwischen Meyers und der CDU-Landtagsfraktion waren auch beim Ministerpräsidenten zu suchen, der sich nur sehr schwer in eine Gemeinschaft integrieren ließ und der kein Mann der Kooperation war. Meyers war seinem Wesen nach immer eher ein Einzelkämpfer gewesen. Eine Charaktereigenschaft, die mehrfach zutage trat. So etwa 1956 und 1963, als er es ablehnte, für den Vorsitz der rheinischen CDU und damit des mitgliederstärksten CDU-Landesverbandes zu kandidieren. Dabei hatte Meyers während seiner Jugend und seines Studentendaseins die Gemeinschaft in der Jugendbewegung und in der Studentenverbindung – Meyers war Mitglied der KV-Verbindung „Flamberg“ – durchaus zu schätzen gelernt.

Die wachsenden Auseinandersetzungen mit der CDU-Landtagsfraktion mögen ein Grund dafür gewesen sein, dass er sich nach 1962 verstärkt außenpolitischen Fragen zuwandte. Grundsätzlich ergab sich für ihn die Mitwirkung an der Außenpolitik aus der Mitverantwortung der Bundesländer für die Gesamtpolitik der Bundesrepublik Deutschland.

Ein Schwerpunkt der außenpolitischen Aktivitäten von Meyers lag in der Europapolitik, die ihm durch seine langjährige Mitarbeit in der NEI, der Nouvelles Equipes Internationales, dem Zusammenschluss der christlich-demokratischen Parteien Europas, an exponierter Stelle (Vizepräsident) vertraut war. Er war ein überzeugter Anhänger einer Einigung (West-)Europas, die über die wirtschaftliche Integration hinaus eine politische Union zum Ziel hatte. Anfang 1964 entwarf er die Vision eines europäischen Bundesstaates. Die föderative Ordnung der Bundesrepublik Deutschland lag seinen Vorschlägen für einen europäischen Bundesstaat zugrunde. Bereits in seiner Antrittsrede als Präsident des Bundesrates im November 1960 hatte er davon gesprochen, dass „der deutsche Bundesstaat ein Modellfall eines zukünftigen europäischen Bundesstaates“ sein könne. Nach Meyers‘ Vorstellungen sollte eine politische Gemeinschaft geschaffen werden, die Staatscharakter besaß, also völkerrechtsfähig war und grundsätzlich die Gemeinschaft nach außen vertrat. Der eigene Staatscharakter schloss das Vorhandensein legislativer, exekutiver und judikativer Verfassungsorgane ein. Nach dem Vorbild des deutschen Bundesstaates schlug Meyers für das Gesetzgebungsorgan der Gemeinschaft die Bildung von zwei Kammern vor. Dabei dachte er zum einen an ein europäisches Parlament, das unmittelbar von der Bevölkerung aller Mitgliedsstaaten gewählt wurde, zum anderen an eine zweite Kammer, die – vergleichbar mit der Struktur des Deutschen Bundesrates – von den Regierungen der Mitgliedsstaaten bestellt werden sollte.

Die besondere europapolitische Aktivität von Meyers ergab sich nicht zuletzt aus seinem Vorsitz in dem Sonderausschuss „Gemeinsamer Markt und Freihandelszone", den ihm der Bundesrat im Dezember 1962 übertrug. Fortan wirkte er unmittelbar an der Europapolitik des Bundes mit. Seinen wichtigsten Beitrag leistete er in diesem Zusammenhang bei der Ratifizierung des deutsch-französischen Freundschaftsvertrages vom 22. Januar 1963. In Abstimmung mit Außenminister Gerhard Schröder brachte er im Bundesrat einen Entschließungsantrag ein, der schließlich mit einigen redaktionellen Änderungen zur Präambel des Deutsch-Französischen Vertrages erhoben wurde. Erst durch diese Präambel, die dem Vertrag die von de Gaulle angestrebte anti-atlantische Stoßrichtung nahm, gelang es, eine breite Mehrheit für den Deutsch-Französischen Vertrag zu finden.

Die Krise im Steinkohlenbergbau

Seine Ausflüge in die Außenpolitik konnten Meyers nicht davor bewahren, sich den Problemen in Düsseldorf stellen zu müssen. Die Krise im Steinkohlenbergbau überschattete den gesamten Zeitraum seiner Ministerpräsidentschaft. Als er Ende Juli 1958 Fritz Steinhoff im Amt des Regierungschefs von Nordrhein-Westfalen folgte, lagen bereits 8,6 Millionen Tonnen Steinkohle auf Halde, was etwa 20 Tagesförderungen entsprach. Für den neuen Ministerpräsidenten stand fest, dass sich dieses weltweite Problem nicht mit der Verstaatlichung der Kohle lösen lassen konnte. Selbst in Polen und der Sowjetunion gebe es riesige Haldenbestände. Zugleich verwies er darauf, dass die Absatzschwierigkeiten der deutschen Steinkohle nicht saison- oder konjunkturbedingt seien, sondern auf strukturelle Probleme zurückgeführt werden mussten.

Meyers sah sich mit dem grundsätzlichen Problem konfrontiert, dass er aufgrund der Bundeszuständigkeit auf diesem politischen Feld nur über begrenzte Handlungsmöglichkeiten verfügte. Deshalb musste er immer wieder beim Bund und den anderen Bundesländern um Unterstützung für die Steinkohle werben. Verschärfend kam hinzu, dass sich die Bundesregierung im Umgang mit der Bergbaukrise hilflos zeigte. Sie besaß kein schlüssiges Konzept zur Sanierung des Steinkohlenbergbaus.

Als im Verlauf der 1960er Jahre deutlich wurde, dass die von Ludwig Erhard noch als Bundeswirtschaftsminister gegebene Zusage einer Absatzgarantie von jährlich 140 Millionen Tonnen Steinkohle nicht zu halten war, legte Meyers im November 1965 dem neuen Bundeswirtschaftsminister Kurt Schmücker einen Energieplan vor, der als Kernstück die Gründung einer Strukturförderungsgesellschaft unter Beteiligung des Bundes, des Landes und des Bergbaus vorsah. Doch dieser Schritt erfolgte zu spät. Der Energieplan von Meyers ging in den turbulenten Tagen des Jahres 1966, das sowohl in Bonn als auch in Düsseldorf einschneidende politische Veränderungen brachte, unter.

Die Ausgangssituation der CDU für die nordrhein-westfälische Landtagswahl am 10. Juli 1966 war schlecht. Ein anhaltendes Stimmungstief der CDU und der dramatische Ansehensverlust von Bundeskanzler Erhard seit der erfolgreichen Bundestagswahl vom September 1965 ließen bei der zum bundespolitischen Test erklärten Landtagswahl einen Erfolg der SPD erwarten. Zu Beginn des Jahres 1966 warnte Meyers vor der Gefahr, dass die SPD nicht nur die stärkste Partei werde, sondern auch die absolute Mehrheit erringe. Dabei äußerte er die Befürchtung, dass die Sozialdemokraten nach einem Wahlsieg für lange Zeit an der Macht bleiben würden. Wörtlich sagte er: „Wenn wir diese Wahl verlieren, dann werden wir in Nordrhein-Westfalen 30 Jahre Schweden haben“ – ein Vergleich, der ihm einen weiteren Spitznamen einbrachte: „Schweden-Franz“. Mit dieser Aussage zeichnete Meyers das Schreckensbild eines sozialistisch-dirigistischen Wohlfahrtsstaates und spielte zugleich auf die sozialdemokratische Dauerherrschaft in dem skandinavischen Land – in Deutschland nur vergleichbar mit der Alleinherrschaft der CSU in Bayern – an.

Angesichts dieser schwierigen Ausgangslage setzten die Christdemokraten an Rhein und Ruhr ganz auf ihren populären

Ministerpräsidenten. An Beliebtheit und Bedeutung überragte Meyers alle anderen Landespolitiker. 82 Prozent der Bürger Nordrhein-Westfalens kannten ihn, seinen sozialdemokratischen Herausforderer Heinz Kühn hingegen lediglich 44 Prozent. Die Bürger kannten Meyers nicht nur, sondern beurteilten ihn auch als Ministerpräsident positiv. 45 Prozent schätzten ihn als „gut“ oder sogar „sehr gut“ ein, weitere zwölf Prozent gaben ihm die Schulnote „befriedigend“. Die Vergleichswerte für Kühn lauteten 22 Prozent beziehungsweise neun Prozent.

Der Landtagswahlkampf entwickelte sich zu einer Wahlschlacht, in der Meyers und Kühn an die Grenzen ihrer physischen und psychischen Belastbarkeit gelangten. In der heißen Wahlkampfphase von Anfang Juni bis zum Wahltag am 10. Juli 1966 fanden mit Meyers 199 Veranstaltungen – 96 im Rheinland, 103 in Westfalen – statt. Es war der bis dahin teuerste Landtagswahlkampf in der Geschichte der Bundesrepublik Deutschland. Allein schon diese Tatsache unterstrich die außerordentliche, über die Landespolitik hinausgehende Bedeutung der Wahl, aus der die SPD als Sieger hervorging, aber mit einem Stimmenanteil von 49,5 Prozent knapp die absolute Mehrheit verfehlte. Alle Analysen zeigten, dass das Wahlergebnis eine klare Absage an Bundeskanzler Erhard war, die stellvertretend Meyers traf. Die Mehrheit der Bevölkerung traute Erhard, dem Vater des Wirtschaftswunders, offensichtlich nicht mehr zu, die wirtschafts- und finanzpolitischen Probleme zu lösen. Mitte der 1960er Jahre fiel das Wirtschaftswachstum geringer aus und die Preise zogen an. Von einer Krise, wenngleich eine solche Stimmung in der Bevölkerung weit verbreitet war, konnte freilich nicht gesprochen werden. Vielmehr kehrte in der Bundesrepublik mit dem Rückgang der im internationalen Vergleich überdurchschnittlich hohen Wachstumsraten ein Stück wirtschaftlicher Normalität ein.

Meyers, der als Wahlverlierer eigentlich die Konsequenzen ziehen und nicht mehr für das Amt des Ministerpräsidenten kandidieren wollte, setzte seine Regierungskoalition mit der FDP mit der hauchdünnen Mehrheit von 101 zu 99 Stimmen fort. Die Neuauflage der CDU/FDP-Koalition erfolgte allein aus bundespolitischen Gründen. Mit der Fortsetzung der Regierung Meyers in Düsseldorf sollte der angeschlagenen christlich-liberalen Bundesregierung von Ludwig Erhard das politische Überleben gesichert werden. Die knappen Mehrheitsverhältnisse in Düsseldorf erforderten eine starke politische Führung, die Meyers nach dem für ihn enttäuschenden Ausgang der Landtagswahl und dem menschlichen Tiefschlag bei der Ministerpräsidentenwahl, als ihm ein Mitglied der eigenen Landtagsfraktion die Zustimmung versagt hatte, vermissen ließ. Meyers hatte resigniert und ergab sich seinem politischen Schicksal.

Nach dem Bruch der CDU/FDP-Koalition in Bonn Ende Oktober 1966 war die Geschäftsgrundlage für das christlich-liberale Regierungsbündnis in Düsseldorf nicht mehr gegeben. Sowohl im Bund als auch in Nordrhein-Westfalen wurden die Karten neu gemischt. Während es in Bonn zur Bildung einer Großen Koalition unter Kurt Georg Kiesinger kam, wurde in Düsseldorf ein sozial-liberales Bündnis mit dem Sozialdemokraten Heinz Kühn an der Spitze gebildet.

Ministerpräsident a. D.

Nach seiner Abwahl als Ministerpräsident am 8. Dezember 1966 verabschiedete sich Meyers nicht von der politischen Bühne, sondern unternahm 1967 den Versuch eines landespolitischen Comebacks. Er wollte seine Partei 1970 abermals als Spitzenkandidat in den Landtagswahlkampf führen. Doch er scheiterte, weil er seinen Führungsanspruch über die Medien anmeldete, ohne sich vorher in der Partei abgesichert zu haben, und weil ihm die Unterstützung der CDU-Landtagsfraktion fehlte, die ihm verübelte, dass er sich nach dem Regierungssturz mehrere Monate lang von der Fraktionsarbeit ferngehalten hatte.

Statt einen neuen Anlauf auf die Staatskanzlei in Düsseldorf zu nehmen, kehrte Meyers 1970 der aktiven Politik den Rücken. In den Jahren zwischen seiner Abwahl als Ministerpräsident und seinem Abtritt von der politischen Bühne galt sein hauptsächliches Interesse der Diskussion über eine Reform der bundesstaatlichen Finanzbeziehungen, was nicht überraschen konnte, sah er sich doch in der Rolle eines Verteidigers der föderativen Grundordnung der Bundesrepublik Deutschland. Mit Vehemenz wandte er sich gegen „die gründliche und oft bewusste Verkennung des Föderalismus". Als Regierungschef Nordrhein-Westfalens trat er wie kaum ein anderer Ministerpräsident für eine klare Aufgabenabgrenzung zwischen dem Bund und den Ländern ein, insbesondere forderte er den Abbau der Dotationsauflagen des Bundes bei der Finanzierung von Länderaufgaben durch Bundesmittel. Vor diesem Hintergrund war es nur konsequent, dass er in der zweiten Hälfte der 1960er Jahre in der Diskussion über die Finanzverfassungsreform das Institut der Gemeinschaftsaufgaben, das Mischverwaltung, Mischfinanzierung und Mischverantwortung bedeutete, ablehnte. In dem Ausbau der Kooperation zwischen Bund und Ländern sah er keine Lösung bundesstaatlicher Probleme, sondern nur einen Beitrag zur weiteren Aushöhlung der föderativen Grundordnung.

Nach seinem Abschied von der aktiven Politik im Jahre 1970 wurde es sehr ruhig um Franz Meyers. Nur noch zweimal sorgte er öffentlich für Aufmerksamkeit. Zum einen 1975, als er im Rahmen der kommunalen Neuordnung in Mönchengladbach wie schon 1969 in Bonn die Aufgabe eines Regierungskommissars ausübte, und 1979, als er mit Plänen zur Gründung einer „Vierten Partei" als Probelauf einer bundesweiten Ausdehnung der CSU in Verbindung gebracht wurde, von denen er sich aber rasch wieder distanzierte. Im hohen Alter von 93 Jahren starb Franz Meyers am 27. Januar 2002 in seiner Heimatstadt Mönchengladbach.

Würdigung

Die Geschichte des Politikers Franz Meyers ist die Geschichte eines Quereinsteigers, der vergleichsweise spät den Weg in die aktive Politik fand. Er entsprach dem Typ eines Politikers, wie ihn sich Max Weber vorgestellt hat, das heißt, er lebte nicht von, sondern für die Politik, die für ihn erst zum Beruf wurde, nachdem er sich eine berufliche Existenzgrundlage geschaffen hatte, die ihn in wirtschaftlicher Hinsicht von der Politik unabhängig machte.

Das Bewusstsein, materiell nicht auf die Politik angewiesen zu sein, und das Wissen, jederzeit in seine gutgehende Anwaltspraxis in Mönchengladbach zurückkehren zu können (womit er gerne kokettierte), machte ihn in seinem politischen Handeln und Denken unabhängig, was insbesondere für die Deutschland- und Ostpolitik galt, in der er bisweilen Positionen vertrat, die nicht der Mehrheitsmeinung in der CDU entsprachen. So unterstützte er in den 1960er Jahren das von Willy Brandt und Egon Bahr entwickelte Konzept der Politik der kleinen Schritte. Auch mahnte er nachhaltig eine Aussöhnung mit Polen an.

Fragt man nach den Gründen für den raschen politischen Aufstieg von Franz Meyers und damit nach seinem Erfolg, wird man vor allem auf seine Qualitäten als „Macher" verweisen müssen. Qualitäten, die gerade in den 1950er Jahren, in der Phase des Wiederaufbaus, gefragt waren, insofern war er der richtige Mann zur richtigen Zeit und am richtigen Ort, insbesondere von 1952 bis 1956 als nordrhein-westfälischer Innenminister. Wobei der Politiker Franz Meyers auch die Fähigkeit besaß, über den Tellerrand der Tagespolitik hinauszublicken. Dies stellte er bereits in seiner ersten großen Rede als Innenminister im Juni 1952 unter Beweis, in der er sich mit der Verfassungsgerichtsbarkeit im Spannungsfeld zwischen Recht und Politik auseinandersetzte. Mit seiner Warnung vor einer Justifizierung der Politik thematisierte er ein Problem, mit dem sich heute jedes politikwissenschaftliche Proseminar zur Einführung in das politische System der Bundesrepublik Deutschland beschäftigt.

Ob Franz Meyers als Visionär bezeichnet werden kann, darüber mag man streiten. Fest steht aber, dass er mit seinen Bemühungen zur Stiftung eines nordrhein-westfälischen Landesbewusstseins seiner Zeit voraus war. Johannes Rau griff diesen

Gedanken in den 1980er Jahren auf. Der Slogan „Wir in Nordrhein-Westfalen" ist legendär geworden. Anlässlich des 40-jährigen Landesjubiläums im Jahre 1986 wurde ein Landesverdienstorden gestiftet. Und die große Föderalismusreform des Jahres 2006 ist gekennzeichnet durch das Bemühen, zu einer klaren Aufgabenabgrenzung zwischen dem Bund und den Ländern zu kommen.

Franz Meyers zählt zu den herausragenden politischen Persönlichkeiten in der Geschichte Nordrhein-Westfalens, und in seiner Rolle als Wahlkampfleiter für die Bundestagswahl 1957 leistete er einen wesentlichen Beitrag zur Geschichte der Christlich Demokratischen Union Deutschlands. Den Vergleich mit den großen Ministerpräsidenten seiner Zeit, Peter Altmeier, Alfons Goppel, Kurt Georg Kiesinger und Georg August Zinn, braucht er nicht zu scheuen.

Dr. Stefan Marx

Literaturhinweise

Schriften von Franz Meyers

Meyers, Franz: Jugenderinnerungen eines München-Gladbachers. Düsseldorf 1980.

Meyers, Franz: Gez. Dr. Meyers. Summe eines Lebens. Düsseldorf 1982.

Literatur

Harlinghausen, Norbert: Franz Meyers (Kennen Sie eigentlich den?, Band 16). Bonn 1966.

Köhler, Wolfram: Franz Meyers. In: Walter Först (Hrsg.): Aus dreißig Jahren. Rheinisch-Westfälische Politiker-Porträts. Köln – Berlin 1979, S.273-299.

Marx, Stefan: Franz Meyers 1908-2002. Eine politische Biographie (Düsseldorfer Schriften zur Neueren Landesgeschichte und zur Geschichte Nordrhein-Westfalens, Band 65). Essen 2003.

Heinz Kühn (1912–1992)

Am **18. Februar 1912** in Köln geboren;

1930	Eintritt in die SPD;
1931	Abitur und Beginn eines Studiums der Nationalökonomie und Staatswissenschaften an der Universität Köln;
1933–1945	Emigration aus politischen Gründen;
1945	Rückkehr nach Deutschland (Köln);
1946	Redakteur und
1949	Chefredakteur der Rheinischen Zeitung;
1948–1954	NRW-Landtagsabgeordneter;
1953–1963	Bundestagsabgeordneter;
1957–1962	Mitglied der Beratenden Versammlung des Europarates;
1962–1966	Oppositionsführer im NRW-Landtag;
1966–1978	Ministerpräsident von Nordrhein-Westfalen;
1979–1984	Abgeordneter im Europäischen Parlament;
1983–1987	Vorstandsvorsitzender der Friedrich-Ebert-Stiftung.

Am **12. März 1992** in Köln gestorben.

Heinz Kühn ist nicht an der Wiege prophezeit worden, dass er einmal zum Regierungschef eines großen deutschen Landes gewählt würde. Am 18. Februar 1912, an einem Karnevalssonntag, erblickte er in der bescheidenen Mansardenwohnung seiner Eltern im Herzen Kölns das Licht der Welt. Heinz Kühns Vater, Hubert Kühn, war kein geborener Kölner, sondern ein „Imi". Sein Geburtshaus stand in einem kleinen Dorf im Sudetenland, direkt an der Grenze zu Schlesien gelegen. Hubert Kühn erlernte das Tischlerhandwerk, und als wandernder Handwerksgeselle verschlug es den 27-Jährigen – man schrieb das Jahr 1910 – in die pulsierende rheinische Metropole. Hier lernte er die fünf Jahre jüngere, aus einer kleinbürgerlichen Kölner Familie stammende Elisabeth Lauten kennen. 1911 schlossen beide vor dem Kölner Standesbeamten den Bund fürs Leben.

Kindheit und Jugend

Heinz Kühn wurde eine Woche nach seiner Geburt in der Kirche St. Ursula auf den Namen Heinrich Hubert Franz getauft. Der Name Heinz, Kurzform von Heinrich, setzte sich als Rufname durch. Von Widerständen des Vaters gegen den Taufakt ist nichts bekannt, obwohl der sudetendeutsche Handwerker „religiös unmusikalisch" war – so der erwachsene Heinz Kühn über seinen Vater – und sich als Gewerkschafter und Sozialdemokrat innerlich von der katholischen Kirche entfernt hatte.

Überliefert ist, dass einige Jahre später Hubert Kühn die katholische Schulerziehung seines einzigen Kindes missfiel. Als sein Sohn acht Jahre alt war, wollte er ihn von der katholischen Volksschule im rechtsrheinischen Köln-Mülheim, wohin die Eltern verzogen waren, ab- und auf einer „Freien Schule" – wie man in der Weimarer Republik die Volksschule ohne Religionsunterricht nannte – anmelden. Der Versuch scheiterte. Der zum Zwecke der Ummeldung in die Kühn'sche Wohnung gerufene Lehrer der „Freien Schule" wurde Zeuge eines Familienkrieges, in dem der Vater kapitulierte. Denn Mutter und Sohn zogen an einem Strang und wehrten den Rekrutierungsversuch zugunsten der ungeliebten Schule ab. Es wäre aber falsch, in diesem innerfamiliären Spannungsfeld eine negative Kindheitserfahrung zu sehen. Von ihm dürfte vielmehr in weltanschaulichen Fragen eine durchaus sensibilisierende Wirkung ausgegangen sein.

In einer anderen Erziehungsfrage waren sich Hubert und Elisabeth Kühn einig. Die Aufgewecktheit ihres Sohnes veranlasste sie, ihn auf eine weiterführende Schule zu schicken. Sie meldeten ihn nach dem Besuch der vierten Volksschulklasse auf einem Reform-Realgymnasium in Köln-Mülheim an. In den folgenden sechs Jahren blieb der katholische Erziehungseinfluss der Mutter dominant. Das wurde äußerlich daran erkennbar, dass sich Heinz mit zehn Jahren dem Bund Neudeutschland, einer Organisation katholischer Schüler an höheren Schulen, anschloss. In ihm herrschte ein stark ausgebildetes Elitebewusstsein.

Zu Ostern 1928 verließ Kühn das Realgymnasium mit der mittleren Reife. Die drei noch fehlenden Klassen bis zum Abitur konnte er an dieser Schule nicht besuchen, da ihm die Ausbildung im Fach Latein, das Abiturpflichtfach am Realgymnasium war, fehlte. Es kam für ihn nur der Besuch der dreiklassigen Oberstufe einer Oberrealschule in Frage, an der man ohne die Fremdsprache Latein das Abitur ablegen konnte. Er fand diese Schule im rechtsrheinischen Arbeitervorort Köln-Kalk. Nur ein halbes Jahr später tat Kühn einen Schritt, der eine Weichenstellung für sein weiteres Leben war: Der 16-Jährige kehrte dem Bund Neudeutschland den Rücken und trat der Roten-Falken-Gruppe „Liebknecht“, einer jüngeren Abteilung der Sozialistischen Arbeiterjugend, bei, der Jugendorganisation der SPD.

Wodurch ist Kühns Schritt beeinflusst worden? Zum einen durch einen erneuten Wohnungswechsel seiner Eltern. 1926 fanden die Kühns eine Wohnung im linksrheinischen Köln-Mauenheim, in der städtischen Siedlung Grüner Hof, vom Volksmund als „rote Siedlung“ bezeichnet. In ihr wohnten viele Sozialdemokraten, aber auch Kommunisten. Die neue Umgebung blieb nicht ohne Wirkung auf den weltanschaulichen

Wandel des jungen Kühn. Noch höher einzustufen ist der geistig-politische Einfluss des Vaters und der sozialdemokratischen Rheinischen Zeitung, die im Hause Kühn gelesen wurde.

Zwischen Herbst 1928 und Ostern 1931 spielte sich das außerfamiliäre Leben von Kühn vor allem in der Schule und in der Jugendorganisation der SPD ab. In letzterer machte er Karriere. Dazu verhalfen ihm seine beachtliche Beredsamkeit und Belesenheit, sein Organisationstalent und nicht zuletzt seine Energie. Er war nacheinander Mitglied verschiedener Falken-Gruppen. In jeder gab er den Ton an. Schließlich stieg er bis zum führenden Funktionär der Sozialistischen Arbeiterjugend in der Region auf.

Als „Falke" sammelte Kühn nicht nur erste politische Erfahrungen. Hier kam er auch in Kontakt zu Mädchen. Denn es gab in Köln auch schon organisierte „Fälkinnen". Bei gemeinsam unternommenen Freizeiten kamen sich Jungen und Mädchen näher. Kühn lernte in der Jugendorganisation seine spätere Frau Marianne kennen. Marianne Schley wuchs als Adoptivtochter in einer katholischen Arbeiterfamilie in Köln-Nippes auf und befand sich in einer Ausbildung zur Anwalts- und Notariatsgehilfin. Während eines regionalen Falken-Treffens 1929 in Essen begegneten sich Marianne und Heinz das erste Mal. Erst wenige Jahre vor ihrem Tod im Jahr 2005 gab Marianne Kühn den Umstand ihres Kennenlernens preis: Auf dem Essener Hauptbahnhof habe sie Heinz, der dort mit „wehender Mähne" auf und ab stolziert sei, gesichtet. Er sei ihr ziemlich arrogant vorgekommen. Schließlich habe sie sich ein Herz gefasst und ihn mit einer Sicherheitsnadel ins Hinterteil gepiekt. Eine Annährungsmethode, die dem jungen Heinz Kühn offenkundig gefallen haben muss.

Studium und diverse politische Aktivitäten

Ostern 1931 bestand Heinz Kühn sein Abitur an der Städtischen Oberrealschule Köln-Kalk. Er gehörte zu den leistungsstärksten Abiturienten seines Jahrgangs. Überdurchschnittliche Noten erhielt er in den Fächern Geschichte, Erdkunde, Deutsch, Französisch, Englisch und Mathematik. Aufhorchen ließ der Berufswunsch, den der Abiturient äußerte. „Heinz Kühn will Journalist werden", hieß es im Reifezeugnis. Der Vermerk sagt aber nicht alles über seine journalistischen Ambitionen aus. Sie richteten sich ganz auf die Rheinische Zeitung. In ihrer Redaktion wollte er das journalistische Handwerk erlernen und in ihr hoffte er, später einmal Chefredakteur werden zu können. Es war deshalb folgerichtig, dass er eine Art Volontariat bei der Rheinischen Zeitung begann. Kühn hatte ein großes menschliches Vorbild: Wilhelm Sollmann, den Kölner Reichstagsabgeordneten und Chefredakteur der Zeitung. Obwohl Sollmann als rechter Sozialdemokrat galt, und der junge Kühn, der 1930, im Alter von 18 Jahren, der SPD beitrat, sich deren linkem Flügel zurechnete, verehrte der junge Mann den über drei Jahrzehnte älteren Genossen sehr.

Genauso wichtig wie das Erlernen des Journalismus erschien dem frisch gebackenen Abiturienten ein Studium der Nationalökonomie und Staatswissenschaften. Kühn immatrikulierte sich deshalb im April 1931 an der wirtschafts- und sozialwissenschaftlichen Fakultät der Universität Köln. Die Aufnahme des Studiums war keine Selbstverständlichkeit angesichts der miserablen wirtschaftlichen Verhältnisse, in denen seine Eltern lebten. Hubert Kühn war seit den frühen 1920er Jahren ein immer öfter kränkelnder Mann gewesen. Sein Sohn musste sich deshalb in den Semesterferien als Werkstudent verdingen, um sein Studium finanzieren zu können.

Mit Konsequenz verfolgte Kühn nach dem Abitur neben seinen beruflichen auch seine politischen Ziele. Sein politisches Engagement war recht breit gefächert. Er wirkte nicht nur als Funktionär der Sozialistischen Arbeiterjugend. Er schloss sich auch der Vereinigung sozialistischer Studenten an der Kölner Universität an und übernahm in ihr eine Führungsfunktion. Außerdem folgte er dem Ruf der Kölner SPD, die den rhetorisch talentierten jungen Mann immer öfter als Parteiredner einsetzte. Überdies trat er dem Reichsbanner Schwarz-Rot-Gold bei, einem bewaffneten Schutzbund zur Verteidigung der Republik gegen den politischen Extremismus, vor allem gegen die gewaltbereiten Nazis. Rasch stieg Kühn zum Kreisjugendführer des Bundes auf.

Viel Zivilcourage legte Kühn in den Monaten vor der Machtergreifung der Nazis am 30. Januar 1933 und in den Wochen danach an den Tag. In den Wahlkampf zu den Reichstagswahlen am 5. März 1933, der vom NS-Terror beherrscht wurde, brachte er sich als Reichsbannermann und Parteiredner ein. Nach den Märzwahlen konnte er sich nur noch aus der Illegalität heraus politisch betätigen, da er mit öffentlichen Auftritten seine sofortige Verhaftung durch die Nazis riskierte. Dennoch gelang es SA-Leuten, ihn aufzuspüren und im Kölner Gefängnis Klingelpütz festzusetzen. Als ein Vernehmungsbeamter ihn völlig unerwartet wieder freiließ, setzten SS und Gestapo alles daran, diesen „Fauxpas" zu korrigieren. Sie führten Haussuchungen in der Wohnung von Hubert und Elisabeth Kühn durch und demolierten diese partiell. Indes, eine erneute Festnahme des linken Aktivisten gelang den Häschern nicht.

Exil aus politischen Gründen

Um sich dem Verfolgungsdruck zu entziehen, sah Heinz Kühn keine andere Möglichkeit, als Köln und Deutschland zu verlassen. Anfang Mai 1933 flüchtete der 21-Jährige ins Saargebiet, das nicht zum Deutschen Reich gehörte, sondern unter dem Mandat des Völkerbundes stand. Saarbrücken wurde zur ersten Emigrationsstation von Kühn. Weitere sollten folgen. Kühns Exil wurde fast zu einer Odyssee. Im September 1933 fand er ein Refugium in der sudetendeutschen Familie seines Vaters in

Königshan, einem Dorf in der Tschechoslowakischen Republik. Trotz der familiären Nestwärme, die er dort genoss, zog es ihn im Oktober 1934 in die tschechische Metropole Prag. Sie war ein Anziehungspunkt für viele politische Emigranten aus Deutschland. Seit Mai 1936 hielt sich Kühn in Brüssel auf. Ab 1940, als Belgien der Kriegsmaschine Hitler-Deutschlands zum Opfer fiel, lebte er im Untergrund. Zuerst in der belgischen Hauptstadt, seit 1942 in der flämischen Stadt Gent, wo er im Hause eines dem belgisch-sozialistischen Widerstand angehörenden Gymnasialprofessors Unterschlupf fand.

Kühn blieb auch im Exil ein politisch hoch aktiver junger Mann. Im Grenzdorf Königshan organisierte er den Schmuggel illegaler politischer Schriften ins Reich. In Brüssel arbeitete er als Redakteur einer deutschsprachigen antifaschistisch-sozialistischen Exilwochenzeitung mit dem Namen Freies Deutschland. Ein besonderer Coup gelang ihm in seiner Genter Zeit. Er verfasste eine Serie von Flugschriften unter dem Titel „Freiheitsbriefe an die deutsche Wehrmacht". Trotz der damit verbundenen Gefahr für Leib und Leben brachte er sie unter in Belgien stationierten Wehrmachtsangehörigen in Umlauf. Bereits im Oktober 1934 wurde Kühn von den Behörden des Dritten Reiches die deutsche Staatsangehörigkeit aberkannt. Im Deutschen Fahndungsbuch war er zur Festnahme „wegen Vorbereitung zum Hochverrat" ausgeschrieben. Der Volksgerichtshof und die Gestapo in Berlin ermittelten gegen ihn. Letztere verlor aber Kühns Spur bei dessen Wechsel von Prag nach Brüssel.

Das mehr als zwölfjährige Exil war für Kühn eine Zeit politisch-weltanschaulicher Reifung. Zu Beginn, als er Deutschland verließ, hatte er sich ideologisch von der SPD entfernt. Er war maßlos enttäuscht darüber, dass die Partei – wie er meinte – dem Nationalsozialismus nicht mit genügend Widerstandskraft entgegengetreten sei. Kühn sympathisierte jetzt mit den Ideen einer marxistischen Splitterpartei, der Sozialistischen Arbeiterpartei Deutschlands. Die SAP war 1931 durch Abspaltung von der SPD entstanden. Aber schon am Ende von Kühns Prager Aufenthalt stand sein Bruch mit der Ideologie der SAP. Kühns lebendiger Geist obsiegte über die sektiererischen Anwandlungen, die zeitweise von ihm Besitz ergriffen hatten. Jetzt verstand er sich als unabhängiger, undogmatischer, ethischer Sozialist. Gegen Ende seines Exils kam es dann wieder zur geistigen Annährung an die Sozialdemokratie, ja zur Versöhnung mit ihr. Wichtigstes Indiz dafür ist Kühns intensiver Briefkontakt mit dem Exilvorstand der SPD in London. Im Spätsommer 1939 heirateten Heinz Kühn und Marianne Schley im belgischen Exil. Im Oktober 1944, noch im Exil, wurde Heinz und Marianne Kühns einziges Kind, Sohn Hendrik, geboren.

Ende 1945 kehrte Heinz Kühn in seine zerstörte Geburtsstadt Köln zurück. Ein halbes Jahr später folgten ihm Frau und Kind. Unmittelbar nach seiner Heimkehr tauchte der 33-Jährige wieder in das Milieu der wieder erstandenen Kölner SPD ein. Sein Engagement galt der Parteiarbeit und dem parteinahen Journalismus. Binnen kurzem wurde er zu einem der gefragtesten SPD-Redner. Die Genossen belohnten Kühn, indem sie ihn beruflich absicherten. Er wurde Redakteur der wiedergegründeten Rheinischen Zeitung. 1949 sollte sich Kühns Jugendtraum erfüllen: Er avancierte zum Chefredakteur der Zeitung. Freilich teilte er sich diese Funktion gleichberechtigt mit Parteifreund Willi Eichler, einem „ethischen Sozialisten", zu dem er schon in der Emigration Kontakte geknüpft hatte.

Im April 1948 begann Kühns Karriere als Parlamentarier. Als Nachrücker über die Reserveliste seiner Partei zog er in den Düsseldorfer Landtag ein. Der Kölner brauchte nicht viel Zeit, um sich in der SPD-Fraktion eine führende Stellung zu erobern. Dazu trugen seine Dynamik, Kontaktfreude und Geschmeidigkeit bei – sowie seine meisterhafte Rhetorik, die sich durch Scharfsinnigkeit, Schlagfertigkeit, Witz und Polemik auszeichnete. Auch Kostproben seiner großen Belesenheit gab er zum Besten. Wenn er zum Beispiel Friedrich den Großen, Napoleon oder Lenin in seinen Plenarreden zitierte, zog ein Hauch von großer Politik durch das Haus am Schwanenspiegel.

Besonders effektvoll vertrat Kühn die Position seiner Partei in den Landtagsdebatten über die Einführung der (Volks-)

Schulartikel in die Landesverfassung (1950). Er erwies sich auf diesem Politikfeld als ein seiner Zeit vorauseilender Politiker. Getreu seiner Grundüberzeugung, dass es im Nachkriegseuropa eine „Schicksalsnotwendigkeit“ sei, „eine Brücke der Verständigung zu schlagen zwischen Christentum und Sozialismus“, warf er die marxistisch beeinflussten schulpolitischen „Ladenhüter“ der SPD aus der Weimarer Zeit über Bord. Dazu zählte die weitgehende Ablehnung des Elternrechts, die absolute Priorität des Staates in der Schulpolitik und die Befürwortung der laizistischen, also nicht-christlichen Gemeinschaftsschule. Kühn erkannte ausdrücklich das Elternrecht als Naturrecht an, dem allerdings das „Kindesrecht“ gleichwertig zur Seite gestellt werden müsse, und er plädierte für die Einführung der christlichen Gemeinschaftsschule. Er verstand diese Position als eine Annäherung an die schulpolitischen Grundsätze der katholischen Kirche. Diese war aber nicht bereit, in die ausgestreckte Hand einzuschlagen. Sie beharrte auf Maximalpositionen. Ebenso die „christliche“, aus CDU und Zentrum bestehende Landtagsmehrheit. Ein sehr weitgefasstes Elternrecht fand deshalb in die Landesverfassung Eingang, das selbst die Gründung einklassiger Konfessionsschulen („Zwergschulen“) ermöglichte. Als die Landesregierung aus CDU und Zentrum 1952 auch ein Schulgesetz mit „katholisierender Tendenz“ vorlegte, deklamierte Heinz Kühn im Landtag voll Bitterkeit: „Dies Gesetz ist außen lieblich, weiß, grün und rot, doch innen schwarzer Farbe, finster wie der Tod.“

Abgeordneter und Parteireformer

1954 wechselte Kühn von der landes- auf die bundespolitische Bühne, nachdem er ein Jahr lang Landes- und Bundestagsabgeordneter gleichzeitig gewesen war. Der Entfaltungsspielraum, den ihm die Landespolitik als Oppositionspolitiker bot, erschien dem Kölner zu gering. Zwar saßen die Sozialdemokraten auch im Bund auf den harten Bänken der Opposition, aber Kühn glaubte, dass sich ihm im Bundestag mehr Möglichkeiten der persönlichen Profilierung böten.

Rasch gewann er im Bundestag politische Statur. Vor allem auf zwei Politikfeldern tummelte sich Kühn: in der Medienpolitik und in der auswärtigen Kulturpolitik. Als Bundeskanzler Adenauer 1959/1960 versuchte, das Zweite Deutsche Fernsehen auf privatrechtlicher Grundlage einzuführen, schrillten beim Medienpolitiker Kühn, der seit 1955 für seine Partei im Verwaltungsrat des WDR saß, sämtliche Alarmglocken. Kühn, ein überzeugter Anhänger des öffentlich-rechtlichen Rundfunkwesens, attackierte den Bundeskanzler mit Vehemenz. Aber es gab noch einen anderen Grund, warum er sich auf Adenauer einschoss. Früh hatte Kühn erkannt, dass die CDU in Adenauer eine Führungsgestalt von überragender politischer Größe besaß. Sich mit dieser gegnerischen Übervater-Figur öffentlich-kritisch auseinanderzusetzen, reizte den 36 Jahre Jüngeren kolossal.

Kühns zweiter Arbeitsschwerpunkt, die auswärtige Kulturpolitik, stand nicht so sehr im Fokus des öffentlichen Interesses. Aber seinem Engagement auf diesem Feld der Außenpolitik und seinen ausgezeichneten französischen und englischen Sprachkenntnissen verdankte er es, dass die SPD-Bundestagsfraktion ihm zur Mitgliedschaft in der Interparlamentarischen Union (IPU) verhalf. Die IPU, der Parlamentarier aus den Staaten des Westens, der Dritten Welt und des Ostblocks angehörten, verfolgte das Ziel, durch Einflussnahme auf die nationalen Regierungen zur friedlichen Regelung von Konflikten beizutragen. Als Mitglied der IPU lernte Kühn auf vielen Reisen eine große Zahl afrikanischer, asiatischer sowie süd- und mittelamerikanischer Staaten kennen. Der Kölner fühlte sich auf diesen Auslandsreisen in seinem Element. Er liebte die Berührung mit anderen Kulturen und den Kontakt mit Menschen aus fernen Ländern. Bald war er ein Experte für die Dritte-Welt-Problematik. Wichtige politische Führungsfiguren Afrikas kannte er aus persönlichen Begegnungen. Auch viele westeuropäische Politiker zählte er zu seinen Bekannten. 1957 wählte die SPD-Bundestagsfraktion den polyglotten Kollegen in die Beratende

Versammlung des Europarates. Hier erwarb sich Kühn rasch das Vertrauen der aus 15 Ländern stammenden sozialistischen Abgeordneten. Sie wählten ihn 1959 einstimmig zu ihrem Vorsitzenden.

Auch als Parteireformer machte Heinz Kühn in den 1950er Jahren von sich reden. Er verfolgte das Ziel, die SPD für neue Wählerschichten zu öffnen. Aus einer auf „letzte Wahrheiten" abonnierten Arbeiterpartei sollte – so seine Vorstellung – eine moderne, auf politische und gesellschaftliche Reformen abonnierte linke Volkspartei werden. Zu diesem Zweck erschien ihm die Verabschiedung eines neuen Partei-Grundsatzprogramms unerlässlich. Als die SPD schließlich 1959 mit ihrem Godesberger Grundsatzprogramm diesen Wandlungsprozess einläutete, fühlte sich der Parteireformer Kühn voll und ganz bestätigt.

Wieder im Landtag

Es entsprach nicht Kühns Lebensplanung, aus der Bundes- und Europapolitik wieder in die Landespolitik zurückzukehren. Dennoch sollte es so kommen. Ohne die prekäre Situation, in der sich die oppositionellen NRW-Sozialdemokraten 1962 befanden, ist dieser Wechsel nicht zu verstehen. In der SPD an Rhein und Ruhr rangen die Traditionalisten, die sich mit dem Godesberger Programm schwertaten, mit den Reformern. Je näher der Landtagswahltermin (8. Juli 1962) rückte, desto heftiger wurden die parteiinternen Kämpfe. Die Auseinandersetzung fokussierte sich auf die Frage: Mit welchem Spitzenkandidaten soll die Partei in den Landtagswahlkampf ziehen? Die Traditionalisten legten sich auf Fritz Steinhoff fest, den einstigen Ministerpräsidenten. Die Reformer setzten auf Fritz Kassmann, einen dynamisch-nüchternen Reformpolitiker und Politikmanager bürgerlicher Herkunft. Da eine Einigung nicht möglich war, besann sich die NRW-SPD in höchster Not auf Heinz Kühn. Viele Genossen erinnerten sich an dessen glanzvolle Zeit als Landesparlamentarier zwischen 1948 und 1954. Außerdem besaß Kühn sozialdemokratischen „Stallgeruch". Er war Arbeitersohn und schon vor 1933 zur SPD gestoßen. Diese Fakten versöhnten die Traditionalisten im SPD-Establishment Nordrhein-Westfalens mit dem Parteireformer Kühn. Der Kölner konnte sich dem Liebeswerben der NRW-Genossen nicht entziehen. Er wurde, wie Kühn den Vorgang später beschrieb, „wie ein halb resignierend, halb widerstrebend störrischer Esel mit dem Strick der Disziplin an die Kandidatur gebunden".

Dank Spitzenkandidat Kühn, der eine sehr innovative Wahlkampagne entfesselte, gelang den Sozialdemokraten bei der 1962er Landtagswahl erstmals der Sprung über die 40-Prozent-Marke. In den folgenden vier Jahren führte Kühn die SPD in Nordrhein-Westfalen als Fraktionsvorsitzender und Oppositionschef im Landtag. Aus dieser Führungsrolle heraus gelang es ihm, die Landtags-SPD in eine veritable politische Reformkraft zu verwandeln, die die CDU/FDP-Landesregierung massiv unter Druck setzte. So verschaffte sich die von Kühn geführte Opposition in der Bildungspolitik, in der es in Nordrhein-Westfalen einen enormen Modernisierungsbedarf gab, mit einem Feuerwerk an Reformvorschlägen ein unverwechselbares Profil. Und die strukturelle Krise des Ruhrbergbaus, die Mitte der 1960er Jahre eskalierte, nutzte Kühn, um seine Fraktion als eine entschiedene Anwältin der Interessen des Ruhrreviers öffentlichkeitswirksam in Szene zu setzen. Mit einer ganzen Serie parlamentarischer Anträge und Anfragen zum Steinkohlebergbau traktierte die Opposition die Landesregierung, die auf die Krise erschreckend hilflos reagierte.

Der konsequente politische Reformkurs, den Kühn mit seiner Landtagsfraktion steuerte, wurde von den Wählern bei der Landtagswahl am 10. Juli 1966 honoriert. Zum ersten Mal zog die SPD als stärkste Partei in den NRW-Landtag ein. Nur ganz knapp verfehlte sie mit 49,5 Prozent der Wählerstimmen und 99 von 200 Landtagssitzen die absolute Mehrheit. Trotz der Erdrutschwahl zugunsten der SPD kam es noch im Wahlmonat zu einer Neuauflage der schwarz-gelben Koalition. Der Gedanke, mit der Düsseldorfer Koalition die brüchig gewordene Bonner

Koalition aus Union und FDP zu kitten, spielte dabei eine erhebliche Rolle. Dieser Versuch schlug jedoch fehl. Kanzler Ludwig Erhards Autoritätsverfall und die Zerrüttung zwischen den Partnern in Bonn waren nicht mehr zu stoppen. Ende Oktober zerbrach die Bonner Koalition. Nun brachen auch die Dämme in Düsseldorf. Jedoch anders als in Bonn, wo eine Große Koalition zustande kam, entschieden sich die Sozialdemokraten in Düsseldorf für ein Bündnis mit der FDP. Heinz Kühn avancierte vom Oppositionsführer zum Regierungschef einer sozialliberalen Regierung. Am 8. Dezember 1966 wählte ihn der NRW-Landtag zum Ministerpräsidenten.

Kühns Regierungsstil

Hohe Erwartungen lasteten auf Kühn, als er Regierungschef wurde. Der Oppositionsführer Kühn hatte sich den Wählern als Reformer empfohlen. Jetzt, nach seiner Wahl, galt es, den in ihn gesetzten Hoffnungen gerecht zu werden. Für Kühn gab es keinen Zweifel: Die Auflösung des enormen Reformstaus konnte nicht das Werk eines Einzelnen sein, dazu bedurfte es eines versierten politischen Spitzenteams. Er griff deshalb bei der Kabinettsbildung zum Teil auf besonders fähige Parteifreunde zurück, die er schon als Oppositionschef um sich geschart hatte. So machte er Hans Wertz zum Finanzminister, Fritz Holthoff zum Kultusminister und Josef Neuberger zum Justizminister. Mit dem Landwirtschaftsministerium betraute er Diether Deneke, und Minister für Bundesangelegenheiten wurde Fritz Kassmann. Etwas später übernahm dieser auch das Wirtschaftsministerium.

Innenminister und Stellvertreter des Ministerpräsidenten wurde der Liberale Willi Weyer, gebürtiger Westfale und FDP-Landesvorsitzender. Das war eine Personalentscheidung, die nicht in der Hand Kühns, sondern allein in der des Koalitionspartners lag. Sie sollte sich jedoch für das Bündnis als sehr vorteilhaft erweisen: Kühn, der unsportliche Intellektuelle mit der

Ausstrahlung eines Asketen und Weyer, der burschikos-unbekümmert auftretende Sportsmann von hünenhafter Gestalt, fanden Gefallen aneinander. Zwischen beiden entstand eine kumpelhafte Duz-Beziehung. Dass die sozialliberale Landeskoalition zu einem in sich fest gefügten Bündnis wurde, war in starkem Maße auf die persönliche Freundschaft zwischen dem Ministerpräsidenten und seinem Stellvertreter zurückzuführen. Kühn und Weyer betätigten sich im Herbst 1969 auch als gut aufeinander abgestimmte Geburtshelfer bei der Bildung der ersten sozialliberalen Koalitionsregierung im Bund unter Führung Willy Brandts und Walter Scheels. Ohne die tatkräftige Hilfe der beiden Düsseldorfer Freunde wäre der Machtwechsel in Bonn nicht so reibungslos verlaufen.

Zum Chef der Staatskanzlei im Range eines Staatssekretärs berief Kühn Friedrich Halstenberg. Der Ministerpräsident stattete ihn mit einer solchen Machtfülle aus, dass Weyer vom „regierenden Staatssekretär" sprach. Der Sozialdemokrat Halstenberg war ein glänzender Administrator, was Kühn nicht war und was ihn in dessen Augen für den Chefposten in der Staatskanzlei prädestinierte. Dies umso mehr, als Kühn grundlegende Veränderungen in der Staatskanzlei als Bedingung für erfolgreiche politische Reformen erachtete. Nach seiner Einschätzung war die Staatskanzlei vor seiner Ministerpräsidentschaft „ein reines Justiziariat" gewesen, das sich auf die Prüfung von Rechtsfragen vornehmlich staats- und verfassungsrechtlicher Natur beschränkte. Kühn verfolgte indes die Absicht, aus der Staatskanzlei eine Stelle zu machen, „die den Regierungschef wirklich in die Lage versetzt, eine Regierung zu leiten". Deshalb schuf er sofort nach dem Machtwechsel die organisatorischen und personellen Voraussetzungen für die Umwandlung der Staatskanzlei in eine Zentralstelle für Planung und Koordinierung. Eine regelrechte Planungseuphorie griff in der Staatskanzlei um sich, „Planung" wurde zu einem Schlüsselbegriff der Regierung Kühn.

Ein „Landesvater" im herkömmlichen Sinne war Kühn nicht. Für die Fotografen Kinderköpfe zu streicheln oder mit den Arbeitern Skat zu spielen, fiel ihm schwer. Er versuchte es auch erst gar nicht. Von ihm ging eine intellektuelle Ausstrahlung aus. Diese ließ kein väterliches Image entstehen. Kühn wirkte in der Öffentlichkeit durch seine Rede, durch seine geschliffene, manchmal vom Pathos getragene und mit vielen Zitaten, Aphorismen und Metaphern durchsetzte Rhetorik. Die Kühn näher kannten, wussten: In seiner Rhetorik spiegelte sich das Bildungsstreben des aus Arbeiterverhältnissen Aufgestiegenen. Insidern drängte sich auch manchmal der Eindruck auf, der Ministerpräsident sei in die eigenen funkelnden Formulierungen und in die Melodie seiner Sprache verliebt. Das ändert aber nichts daran, dass für Kühn die Rhetorik ein ganz wichtiges Instrument war, um sich selbst und seiner Politik Respekt und Ansehen zu verschaffen. Bei ungezählten Reden sollte ihm das gelingen.

Neben der Rede gab es ein zweites Element, das den persönlichen Regierungsstil Kühns ausmachte: das politische Gespräch. Der Regierungschef suchte den Dialog mit Journalisten auf Pressekonferenzen, im kleinen Kreis bei sogenannten Kamingesprächen und unter vier Augen. Wie die Rede nutzte er das Pressegespräch und Interview dazu, um für sich und seine Reformpolitik in der Öffentlichkeit zu werben.

Kühns journalistische Gesprächspartner wussten seine Auskunftsfreudigkeit zu schätzen. Seine Mitteilsamkeit war einer gedeihlichen Regierungsarbeit aber nicht immer förderlich. Sie stiftete manchmal Verwirrung, beispielsweise, wenn er im Interview Positionen bezog, die regierungsintern noch nicht abgeklärt waren. Nach einem problematischen Journalistengespräch bemerkte Kühn, er werde sich ein Vorhängeschloss kaufen, um in Zukunft nicht zu viel zu sagen. Daraufhin schickte ihm eine nordrhein-westfälische Bürgerin mit einem humorvollen Brief ein solches Schloss. Der Ministerpräsident brachte es zur nächsten Landespressekonferenz mit „als Erinnerung daran, dass ich gelegentlich mein Temperament zu zügeln habe".

Ministerpräsident der Reformen

Kühns persönlicher Regierungsstil kam schon unmittelbar nach dem Machtwechsel bei zwei Reformprojekten zur Entfaltung, deren Realisierung für ihn Priorität besaßen: die Entschärfung der Bergbaukrise und die Reform der Volksschule. Beide fast zeitgleich verlaufende Reformprozesse steuerte Kühn höchstpersönlich. Für die Bewältigung der Bergbaukrise besaß zwar primär der Bund die Zuständigkeit, weil er für die Energiewirtschaft das Gesetzgebungsrecht beanspruchen kann (konkurrierende Gesetzgebung). Dennoch war die Landesregierung aufs Höchste gefordert, denn die Krisenregion lag in Nordrhein-Westfalen. Schon seit Anfang 1967 stand Kühn wegen der Bergbaukrise in einem ständigen Gesprächskontakt mit Bundeswirtschaftsminister Karl Schiller (SPD). Aus diesen Unterredungen kannte er die zögerliche Haltung Schillers gegenüber einer energiepolitischen Gesetzesinitiative des Bundes. Als Schiller dennoch im April 1967 den Entwurf eines „Kohleanpassungsgesetzes" vorlegte, war Kühn maßlos enttäuscht. Der Entwurf sah nicht die Gründung einer Ruhrkohle-Einheitsgesellschaft vor, so wie sie ihm und der Bergarbeitergewerkschaft vorschwebte. Durch die Einheitsgesellschaft sollte das Zechensterben gestoppt und die Anpassung der Kohleförderung an den Absatz in geordnete Bahnen gelenkt werden. Extrem verärgert war Kühn auch über die im Gesetzentwurf enthaltene Vorstellung von einer „schnellen Anpassung". Innerhalb von nur zwei Jahren nach Inkrafttreten des Gesetzes sollte die Kohlefördermenge um 40 Millionen Tonnen gedrosselt werden. Nach realistischer Einschätzung bedeutete das die Entlassung von über 100.000 im Bergbau beschäftigter Menschen.

Enttäuschung und Verärgerung machten den Ministerpräsidenten jedoch nicht mürbe. Im Gegenteil. In den folgenden Monaten legte er souveränes taktisches Geschick an den Tag. Er betrieb eine Politik des Drucks und der Seelenmassage. Mit Erfolg war er bemüht, die CDU-Opposition im Landtag in die Kohlepolitik der SPD/FDP-Regierung einzubinden. Kühn sprach von einer großen „Kohlekoalition", die ihm zum Aufbau einer eindrucksvollen Drohkulisse gegenüber Bonn nützlich erschien. Zum Handlungsszenario Kühns gehörte im Herbst 1967 auch die Einladung des Chefs der SPD-Bundestagsfraktion Helmut Schmidt zu einem „großen Kohlegespräch" in die Düsseldorfer Staatskanzlei und seiner Ministerpräsidenten-Kollegen zu einem Ruhrgebiets-Termin nach Oberhausen. Zur selben Zeit gelang es ihm, im Revier einen Flächenbrand zu verhindern, der durch die hochexplosive Stimmung unter den Bergarbeitern auszubrechen drohte. Eine gewaltige Bergarbeiterdemonstration am 21. Oktober 1967 auf dem Marktplatz von Dortmund-Huckarde nutzte Kühn zu einer kämpferischen und exakt auf die Gemütslage der Kumpel abgestimmten Rede. Wurde er mit Pfiffen empfangen, so brandete ihm am Schluss Beifall entgegen. Kein anderer prominenter Politiker wagte es, zur Kundgebung zu gehen und zu den Protestierenden zu sprechen.

Auch mit seinem massiven Druck auf Bonn hatte Kühn Erfolg. Schiller korrigierte seinen Gesetzentwurf. Das im Mai 1968 in Kraft tretende „Kohleanpassungsgesetz" hatte nun die Einheitsgesellschaft zum Ziel, und von „schneller Anpassung" war keine Rede mehr. Das Gesetz schrieb außerdem einen „Gesamtplan" vor, der die in der Krisenbranche Beschäftigten absicherte. Schon zwei Monate vor Inkrafttreten des Gesetzes konnte Kühn der Öffentlichkeit ein eigenes Programm seiner Regierung zur Überwindung der Ruhrkrise präsentieren: das „Entwicklungsprogramm Ruhr". Es war unter Federführung Halstenbergs in der Staatskanzlei erarbeitet worden und hatte die Funktion einer flankierenden Maßnahme zum Bundesgesetz. Das Programm beinhaltete einen mittelfristigen, bis 1973 gültigen Handlungsrahmen. Es zielte nicht nur darauf ab, zukunftssichere Industrien anzusiedeln. Es sollte vor allem auch zur Verbesserung der Infrastruktur im Revier beitragen.

Auch die Volksschulreform wollte der Ministerpräsident im Konsens mit der CDU-Opposition realisieren. Dafür gab es einen plausiblen Grund. Zu einer grundlegenden Reform der Volksschule war eine Änderung der Landesverfassung notwendig. Diese war nur mit einer Zweidrittelmehrheit im Landtag zu bewerkstelligen, über die die beiden Koalitionsfraktionen alleine nicht verfügten. In langwierigen Verhandlungen mit der Oppositionsfraktion kam es schließlich zu einem Schulkompromiss. In ihm zeigte sich Kühns taktische Überlegenheit. Mit Zuckerbrot und Peitsche hielt er die Opposition am Verhandlungstisch. Im Juni 1967 brachten die Fraktionen von SPD, FDP und CDU gemeinsam einen Entwurf für die Änderung des Artikels 12 (Schulartikel) der Landesverfassung vor den Landtag. Und Ende Februar 1968 verabschiedete das Parlament die Verfassungsänderung. 172 der 200 Abgeordneten stimmten ihr zu. Das bedeutete: Mit den Stimmen der allermeisten CDU-Abgeordneten nahm die Volksschulreform die parlamentarische Hürde. Mit ihr trat die Trennung der Volksschule in Grund- und Hauptschule in Kraft. Und die einklassige Volksschule („Zwergschule") gehörte nach der Verfassungsreform endgültig der Vergangenheit an.

Nach der Entschärfung der Bergbaukrise und der Volksschulreform setzte die erste Regierung Kühn (bis Mitte 1970) ihre Reformoffensive konsequent fort. In der Logik des Schulkompromisses lag die Entkonfessionalisierung der Lehrerausbildung an den Pädagogischen Hochschulen. Sie wurde 1969 Realität. 1969/1970 beschloss das sozialliberale Kabinett die Gründung der ersten sieben integrierten Gesamtschulen in Nordrhein-Westfalen. Die Regierung führte sie als Versuchsschulen auf dem Verordnungswege ein. Mit dem Fachhochschulgesetz (vom Landtag Mitte 1969 beschlossen) wurde die Grundlage für die Umwandlung der Ingenieurschulen und Höheren Fachschulen in Fachhochschulen geschaffen. Mit der Statusanhebung sollte ein ganz neuer Hochschultyp entstehen. Gegen Ende der 6. Wahlperiode (1966 bis 1970) verabschiedete das Landesparlament ein von der Regierung eingebrachtes Hochschulgesetz, das die innere Organisation der Hochschulen modernisierte. 1968 nahm die Regierung noch ein weiteres ehrgeiziges Projekt in Angriff: die große kommunale Gebietsreform. Bis zum Ende der 6. Wahlperiode wurden in einem ersten

Schritt die Gemeinden in den ländlichen Räumen und in den Ballungsrandzonen zu größeren und leistungsstärkeren Kommunen zusammengefasst.

So sehr persönlich involviert wie bei der Zähmung der Bergbaukrise und der Volksschulreform war der Ministerpräsident bei den zuletzt genannten Reformprojekten nicht. Dennoch übte sich der Regierungschef auch bei diesen Reformen keineswegs in vornehmer Zurückhaltung. Er beobachtete ihren Werdegang genau und griff manchmal persönlich ein – immer dann, wenn es brenzlig wurde. So beispielsweise in der Bildungspolitik, als sich Kultusminister Fritz Holthoff im Juli 1969 gesundheitsbedingt vom Geschäftsbereich Hochschulwesen seines Ministeriums entbinden ließ. Er war den aggressiven studentischen Protesten, die auch vor den NRW-Universitäten nicht haltmachten, psychisch-physisch nicht mehr gewachsen. In dieser Situation übernahm der Regierungschef den Geschäftsbereich Hochschulwesen in Personalunion, schaltete sich in die Hochschulpolitik aktiv ein und vermittelte zwischen den streitenden Hochschulgruppen.

Schwerpunkt Bildungspolitik

Die zweite Regierung Kühn (1970 bis 1975) setzte die Reformpolitik unbeirrt fort. Noch mehr als in den späten 1960er Jahren lag der Schwerpunkt der Reformarbeit auf der Bildungspolitik. Kühn tat einen guten Griff, als er 1970 den 39 Jahre jungen Johannes Rau zum ersten Wissenschaftsminister des Landes ernannte. In vollem Einverständnis mit Kühn krempelte der dynamische Minister die NRW-Hochschullandschaft völlig um. Mit dem Fachhochschulerrichtungsgesetz (1971) wurde die Gründung von 15 Fachhochschulen beschlossen und deren Standorte festgelegt. Mit dem Gesamthochschulerrichtungsgesetz (1972) schuf die Regierung Kühn die Voraussetzung für die Errichtung von fünf integrierten Gesamthochschulen in Duisburg, Essen, Paderborn, Wuppertal und Siegen. Das war ein einmaliger Vorgang in der deutschen Hochschulgeschichte. Zum vorläufigen Abschluss kam die Neugestaltung der Hochschullandschaft des Landes durch die Gründung der ersten deutschen Fernuniversität in Hagen (1974/1975). Fernuniversität und Gesamthochschulen gehörten konzeptionell eng zusammen. Mit beiden wollte die sozialliberale Regierung der sozialen Chancengleichheit im Bereich der wissenschaftlichen Bildung zum Durchbruch verhelfen.

Mit dem hochschulpolitischen Kraftakt gab sich die zweite Regierung Kühn nicht zufrieden. Sie mutete sich einen zweiten zu: die Fortsetzung und Vollendung der großen kommunalen Gebietsreform. Acht Gesetze beschloss der Landtag, um die Städte und Gemeinden in den Ballungszonen und die Kreise neu zu gliedern. Durch Eingemeindungen, kommunale Zusammenlegungen und Kreisvergrößerungen wollten Kühn und seine Regierung eine Stärkung der Leistungskraft der Kommunen und Kreise sowie die Schaffung einheitlicher Lebensverhältnisse in Stadt und Land erreichen. Die Reformgesetze veränderten die Gliederung Nordrhein-Westfalens auf seiner unteren Verwaltungsebene radikal.

Obwohl Kühn in den frühen 1970er Jahren ungebremst auf Reformkurs blieb, wurde für ihn das Regieren in dieser Zeit schwieriger. Das hatte verschiedene Gründe. Zum einen stand an der Spitze der CDU-Opposition seit der Landtagswahl 1970 der von der Bundes- in die Landespolitik gewechselte Heinrich Köppler. Mit jugendlichem Elan (Köppler war fast 14 Jahre jünger als Kühn) hatte dieser den Wahlkampf geführt und die CDU mit einem 0,2-Prozent-Vorsprung wieder zur stärksten Partei gemacht. Köpplers Verhältnis zur Regierungskoalition und insbesondere zum Regierungschef war auch im Parlament ganz auf Wettkampf und Schlagabtausch abgestellt. Nur bei der kommunalen Gebietsreform zeigte er sich kooperationswillig. Alle anderen Reformprojekte der Regierung wurden im Dissens mit der Opposition verwirklicht. Zum anderen konnte die FDP bei der Landtagswahl nur 5,5 Prozent der Wählerstimmen für sich verbuchen. Noch nie hatte sie bei einer NRW-Landtagswahl ein solch mageres Ergebnis eingefahren. Das Resultat setzte die Liberalen unter Profilierungsdruck. Willi Weyer verlegte sich in der Koalition auf eine äußerst harte Personalpolitik zugunsten der FDP. Kühn gab den Wünschen seines persönlichen Freundes nach. In der SPD-Landtagsfraktion stießen solche Zugeständnisse an den dezimierten Koalitionspartner auf Unverständnis.

Obendrein wurde Kühn auch für Partei-„Freunde" außerhalb des Landtags zur Zielscheibe von Kritik. Die links-oppositionelle Parteijugend an Rhein und Ruhr, die rebellischen Jungsozialisten (Jusos), machten die Landespolitik zu einem ihrer Arbeitsschwerpunkte. Besonders genüsslich wandten sie sich Themen zu, die geeignet waren, dem nach ihrer Meinung zu sehr auf die Liberalen Rücksicht nehmenden Ministerpräsidenten am Zeug zu flicken. Als die VEBA Chemie-AG im Rheinbogen bei Orsoy am Niederrhein ein petrochemisches Großwerk errichten wollte und die Landesregierung sich bereit erklärte, Strukturmittel für den Bau der Anlage bereitzustellen, lehnten die Jusos die Errichtung des Chemiegiganten aus Gründen des Umweltschutzes kategorisch ab. Den Ministerpräsidenten attackierten sie persönlich: Die bundesweit verbreitete Jungsozialisten-Zeitschrift Juso erschien 1971 mit einem Bild auf der Titelseite, das einen mit einem Plakat versehenen Esel darstellte. Auf dem Plakat war zu lesen: „Ich bin Kühn und bin für Veba". Kühn reagierte auf solche persönlichen Angriffe gelassen. Unduldsam zeigte er sich jedoch, wenn Juso-Gruppen linke Ideologiepositionen vertraten, die vom „Godesberger Programm" der SPD abwichen.

Alte Leidenschaft: Auslandsreisen

Auch als Ministerpräsident blieb Kühn fasziniert vom Abenteuer des Reisens in ferne Länder. Immer wieder unterbrach er die Amtsgeschäfte für Auslandsreisen. Die meisten von ihnen unternahm er als „Außenminister" der Friedrich-Ebert-Stiftung.

Sie brachten ihn in Länder Mittel- und Südamerikas, Schwarzafrikas, in den Nahen Osten (Israel), in Dritte-Welt-Länder Ostasiens, aber auch nach Japan und China – eben überall dorthin, wo die Friedrich-Ebert-Stiftung Entwicklungsprojekte unterhielt oder initiierte.

Wer in den frühen 1970er Jahren Gelegenheit hatte, Kühns Privathaus in Köln-Dellbrück zu betreten, der konnte an einer Wand eine ungewöhnliche Fahne bestaunen: Sie zeigte auf rotem Grund eine schwarze Katze. Es handelte sich um die Flagge der regierenden Sozialdemokratischen Partei Madagaskars. Die Fahne in Kühns Domizil war Ausdruck für seine starke emotionale Bindung an die afrikanische Insel. Kühn sprach von Madagaskar als seiner „zweiten Heimat". Nach seiner Wahl zum Ministerpräsidenten intensivierte Kühn die Kontakte zur Republik Madagaskar. Er ließ sich zum Präsidenten der Deutsch-Madagassischen Gesellschaft wählen, förderte einen Lehrerinformationsaustausch zwischen Madagaskar und Nordrhein-Westfalen und animierte erfolgreich nordrhein-westfälische Großfirmen (Krupp, Rheinstahl, Klöckner-Humboldt-Deutz), technisches Gerät für die Republik Madagaskar zu spenden. Die Opposition warf ihm wiederholt vor, er lasse während seiner Abwesenheit die landespolitischen Zügel schleifen. In besonders brenzligen landespolitischen Situationen geschah es sogar, dass Kühn von Auslandsreisen zurückgerufen wurde.

Kühns dritte Ministerpräsidentschaft (ab 1975) stand unter einem unglücklichen Stern. Es kam zu krisenhaften Zuspitzungen, die schließlich zu seinem Rücktritt führten. Ein entscheidender Grund, warum Kühns Regierung in so schweres Fahrwasser geriet, waren die Auswirkungen einer Weltwirtschaftskrise, die zur tiefsten Wirtschaftsrezession seit Anfang der 1930er Jahre führte. Schon gegen Ende von Kühns zweiter Amtszeit, ab 1974, kann man von einer Weltwirtschaftskrise sprechen, die durch den Jom-Kippur-Krieg zwischen Israel und Ägypten/Syrien und den Ölpreisschock von Ende 1973 ausgelöst wurde. In allen Industriestaaten ließ die wirtschaftliche Leistung merklich nach. In Nordrhein-Westfalen schlug die Rezession aber erst 1975 voll durch, dann jedoch stärker als in anderen Bundesländern, weil nun (provoziert durch das allgemeine Konjunkturtief) auch die in Nordrhein-Westfalen beheimatete Stahlindustrie in eine Absatzkrise geriet.

Die Rezession bewirkte in Nordrhein-Westfalen drastische Steuerausfälle und einen sprunghaften Anstieg der Arbeitslosenzahlen. Es stellte sich die Frage, ob angesichts sich verknappender öffentlicher Einnahmen weitere kostspielige Reforminitiativen vertretbar waren. Kühn beantwortete diese Frage mit einem klaren Nein. Schon im Landtagswahlkampf 1975 ließ er die Öffentlichkeit wissen, dass gegenwärtig für die Reformpolitik das Ende der Fahnenstange erreicht sei. Kühn formulierte es so: Es gebe Situationen, „in denen die Verteidigung des Erreichten das Maximum des Erreichbaren ist". Auch nach der Wahl, die der Koalition eine passable Mehrheit bescherte, warb der Regierungschef wiederholt mit diesem Appell für einen Reformstopp. Er war nicht zuletzt als Mäßigungsappell an Aktivisten in den eigenen Reihen gedacht.

In der SPD-Landtagsfraktion, in der nach der 1975er Wahl junge Linke in Führungspositionen gekommen waren, stieß Kühns neue Politik auf entschiedene Abwehr. Ebenso in der FDP-Fraktion, in der es ebenfalls nach der Wahl einen Linksruck gab. Beide Fraktionen wollten trotz Wirtschaftskrise eine Fortsetzung der Reformpolitik. Ende 1976 forderten sie Kühn und sein Kabinett heraus. Gemeinsam brachten sie einen Gesetzentwurf vor den Landtag, der die rechtliche Möglichkeit schaffen sollte, das Schulwesen in der Sekundarstufe I (5. bis 10. Schuljahr der Hauptschule, der Realschule und des Gymnasiums) in Schulzentren zu „kooperativen Schulen" zusammenzufassen. Kühn lehnte den Gesetzentwurf wie die allermeisten seiner Kabinettskollegen zuerst ab. Seinen Widerstand gab der durch wachsende Spannungen zwischen Kabinett und Regierungsfraktionen irritierte Ministerpräsident jedoch schließlich auf und machte sich zum Anwalt des Entwurfs. Ende Oktober 1977 kam im Landtag mit knapper Mehrheit das Gesetz über die „kooperative Schule" zustande.

Dass sich Kühn gegen seinen ursprünglichen Willen vor den Karren des Reformprojekts hatte spannen lassen, wurde ihm zum Verhängnis. Gegen das „Koop"-Gesetz riefen zehn konservative Eltern- und Lehrerverbände eine „Bürgeraktion Volksbegehren" ins Leben, deren landesweite Kampagne von der CDU-Opposition massiv logistisch und finanziell unterstützt wurde. Der erfolgreiche Ausgang des Volksbegehrens – fast 30 Prozent der Stimmberechtigten stimmten gegen das Gesetz – veranlasste die Regierung Kühn, dem Landtag die Annullierung des Gesetzes zu empfehlen. Im April 1978 stimmte das Parlament diesem Antrag zu. Das Ergebnis des Volksbegehrens wurde in der Öffentlichkeit als Niederlage der Koalition und speziell des Ministerpräsidenten gewertet. Kühns Ansehen als umsichtig agierender Regierungschef hatte erheblich gelitten.

Zu allem Überfluss ließ sich Kühn auf dem Höhepunkt der Kampagne Anfang 1978 in eine politische Affäre um den Vorstandsvorsitzenden der Westdeutschen Landesbank (WestLB), Ludwig Poullain, verwickeln. Poullain war im Dezember 1977 vom Aufsichtsrat der WestLB mit den Stimmen von Ministern der Regierung Kühn auf weitere fünf Jahre zum Vorstandsvorsitzenden gewählt worden. Zum Zeitpunkt der Wiederwahl Poullains lief in Stuttgart ein staatsanwaltliches Ermittlungsverfahren gegen den Bankchef wegen Steuerhinterziehung und Bestechung. Anfang Januar 1978 geriet der über die Landesbank die Staatsaufsicht führende Landesfinanzminister – das war seit 1975 Friedrich Halstenberg – in die öffentliche Kritik, weil er die Mitglieder des WestLB-Verwaltungsrates nicht über die Ermittlungen gegen Poullain informiert hatte, obwohl er über sie seit Oktober 1977 informiert war. Mitte Januar trat Halstenberg von seinem Amt zurück. Am 12. Januar musste auch Kühn eingestehen, vor der Wiederwahl Poullains 1977 von den Ermittlungen gegen ihn gewusst zu haben. Nur sechs Tage vorher hatte er das Gegenteil behauptet. Oppositionsführer Köppler forderte daraufhin den Rücktritt des Ministerpräsidenten.

Nach der Poullain-Affäre stand für die führenden Sozialdemokraten in Nordrhein-Westfalen fest: Kühn war als Regierungschef nicht mehr bis zum Ende der Wahlperiode (1980) zu halten. Sein Autoritätsverlust war zu groß. Aber man wollte dem viele Jahre äußerst erfolgreichen sozialliberalen Steuermann einen honorigen Abschied verschaffen. Deshalb sollte sein Rücktritt losgelöst von der Poullain-Affäre erfolgen. Schließlich einigten sich die SPD-Granden nach einigem Gezerre mit Kühn, dem der Abschied vom Amt alles andere als leichtfiel, auf einen Rücktrittstermin im Herbst 1978. Am 29. Juni nahm Kühn zum letzten Mal auf der Regierungsbank im Düsseldorfer Landtag Platz. Am 17. September hielt er auf einem Landesparteitag der SPD, auf dem der neue Ministerpräsidenten-Kandidat nominiert wurde, seine Abschiedsrede. Er beschwor alte Kampfzeiten und erinnerte an den Wandel der SPD zur Volkspartei mit ethisch-sozialem Fundament. Die Delegierten dankten ihm mit Ovationen. Drei Tage später wählte der Landtag mit den Stimmen der SPD- und FDP-Abgeordneten Johannes Rau zum neuen Ministerpräsidenten. Die Ära Kühn, die fast zwölf Jahre währte und in der das bevölkerungsreichste deutsche Bundesland Reformen in einem Ausmaß und von einer Wirkungsintensität erlebte wie nie zuvor oder danach in seiner Geschichte, war unwiderruflich zu Ende.

Ministerpräsident a. D.

Eines hatte sich der 66-jährige Kühn fest vorgenommen: Der Rücktritt vom höchsten politischen Amt in Nordrhein-Westfalen sollte für ihn kein genereller Abschied von der Politik sein. Trotzig bekundete er in Briefen, er werde politisch weitermachen. „In der Ruhe einer Pensionsexistenz“ vermöchte er „nicht zu leben“. Und in der Tat: In den folgenden knapp zehn Jahren bewies Kühn einmal mehr, dass er ein Vollblutpolitiker war. Schon 1979 ließ sich Kühn von Bundeskanzler Helmut Schmidt die nicht leichte Arbeit eines „Bundesbeauftragten der Bundesregierung für Ausländerfragen“ aufbürden. Im selben Jahr zog er auch ins erste direkt gewählte Europäische Parlament ein, dem er bis 1984 angehörte. 1983 wählte man ihn zum Vorstandsvorsitzenden der Friedrich-Ebert-Stiftung. In dieser Funktion unternahm er noch einmal viele Auslandsreisen in Dritte-Welt-Länder. Als Repräsentant der Stiftung konnte er 1984 auch der Grabstätte Ferdinand Lassalles in Breslau einen Besuch abstatten. Das war für ihn eine besondere Freude, da er dem Gründer der deutschen Sozialdemokratie geistig besonders nahestand. Außerdem gehörte der Ex-Ministerpräsident dem Verwaltungsrat des Westdeutschen Rundfunks und dem Kuratorium der Alfried Krupp von Bohlen und Halbach-Stiftung an.

Die Aktivitäten des Ex-Premiers wurden jedoch immer wieder unterbrochen von langen Arztkonsultationen und Klinikaufenthalten. Sein insuffizientes Herz und sein Bluthochdruck machten ihm erheblich zu schaffen. Seit 1986 traten neue gravierende Beschwerden auf, die als Folgeerkrankung seines durch Hypertonie hervorgerufenen Herzleidens zu werten sind. Es stellten sich bei Kühn Wortfindungsstörungen ein. Die starken Arhythmien seines Herzens hatten zahlreiche kleine Embolien verursacht, die sein Vorderhirn atrophisch veränderten. Kühns Wortfindungs- und Sprechstörung verschlimmerte sich in den folgenden Jahren immer mehr, so dass er sich schließlich fast überhaupt nicht mehr sprachlich verständlich machen konnte. Es war eine besondere Tragik, dass gerade er, der dem gesprochenen Wort so sehr zugetan war, von dieser Krankheit heimgesucht wurde. 1987/1988 zog sich Kühn aus allen Gremien zurück. In seinen beiden letzten Lebensjahren war er nicht nur körperlich ein schwer kranker Mann, er war es auch an seiner Seele, weil er sich über seinen Zustand restlos im Klaren war. Am 12. März 1992 starb er in seinem Haus in Köln-Dellbrück.

Würdigung

Heinz Kühn war ein homo politicus seit dem 16. Lebensjahr. Ein Leben ohne Politik konnte er sich nicht vorstellen. Er besaß mehrere Eigenschaften und Fähigkeiten, die ihn zusammengenommen zu einer interessanten, ungewöhnlichen Politikerpersönlichkeit werden ließen. Kühn, der Arbeitersohn, war ein „Parteisoldat" mit Stallgeruch. Gleichzeitig war er – dank seiner enormen Bildungsbeflissenheit und beachtlichen geistigen Beweglichkeit – ein homme de lettres, ein Intellektueller. In dieser Doppeleigenschaft – Parteiaktivist und Parteiintellektueller – hat er den Wandel der Nachkriegs-SPD von einer noch stark ideologisch bestimmen Arbeiterpartei zu einer Volkspartei mit „geistig weiter Architektur und sozial breiter Struktur" (Kühn) tatkräftig vorangetrieben.

Angeregt durch die politischen Erfahrungen, die er im Exil machte, gehörte Kühn in den 1950er und 1960er Jahren zu den entschiedenen Parteireformern. Als Parlamentarier – zunächst im Landtag, dann im Bundestag und schließlich wieder im Landtag als Oppositionsführer – hat sich Kühn bleibende Verdienste erworben. Sein großes rhetorisches Talent konnte er in der parlamentarischen Arena voll ausspielen. Den Zenit seines politischen Wirkens erreichte er freilich als nordrhein-westfälischer Regierungschef. Sein Name bleibt untrennbar mit den landespolitischen Reformen in den späten 1960er und in der ersten Hälfte der 1970er Jahre verbunden. Als Ministerpräsident machte Kühn außerdem die Regierungskoalition aus SPD und FDP, die sozialliberale Koalition, in der Bundesrepublik salonfähig. Den älter werdenden und gesundheitlich angeschlagenen Kühn verließ freilich das Gespür für den richtigen Zeitpunkt seines Rücktritts. Trotz Autoritätsverfall klammerte er sich an sein Amt. Die landespolitischen Turbulenzen der Jahre 1977/1978 waren in erster Linie seiner Führungsschwäche geschuldet.

Prof. Dr. Dieter Düding

Literaturhinweise

Schriften von Heinz Kühn

Kühn, Heinz: Widerstand und Emigration. Die Jahre 1928-1945. Hamburg 1980.

Kühn, Heinz: Aufbau und Bewährung. Die Jahre 1945-1978. Hamburg 1981.

Literatur

Düding, Dieter: Heinz Kühn 1912-1992. Eine politische Biographie. Essen 2002.

Johannes Rau (1931–2006)

Am **16. Januar 1931** in Wuppertal-Barmen geboren;

4. Juni 1957	Eintritt in die SPD;
6. Juli 1958	Gewinn des ersten Landtagsmandats;
9. Januar 1967	Wahl zum SPD-Fraktionsvorsitzenden im nordrhein-westfälischen Landtag;
24. November 1969	Wahl zum Oberbürgermeister in Wuppertal;
28. Juli 1970	Wissenschaftsminister in Nordrhein-Westfalen;
20. September 1978	Wahl zum Ministerpräsidenten des Landes NRW;
22. April 1982	Wahl zum stellvertretenden SPD-Bundesvorsitzenden;
15. Dezember 1985	Kanzlerkandidat der SPD für die Bundestagswahl 1987;
3. Mai 1993	vorübergehende Übernahme des SPD-Parteivorsitz;
27. Mai 1998	Amt des Ministerpräsidenten niedergelegt;
23. Mai 1999	Wahl zum Bundespräsidenten.

Am **27. Januar 2006** in Berlin gestorben.

„Bruder Johannes“, der „Menschenfischer“, „Geschichten-, Anekdoten- und Witze-Erzähler“, das „Kommunikationswunder“ – so lauten nur einige der Umschreibungen, wenn von Johannes Rau die Rede ist. Gemeinsam ist allen der Verweis auf die markanten Merkmale Raus. Sie unterstreichen die Bedeutung seines biografischen Hintergrundes, seine Sozialisation sowie die Verbindung persönlicher Erfahrungen mit politischem Gestaltungswillen. Das häufig mit durchaus kritischem, aber zugleich bewunderndem Unterton etikettierte „System Rau“ erscheint als beinahe unausweichliche Folge persönlicher Eigenschaften und Stilmittel. Selbst- und Fremdbeschreibungen sind dabei eine beinahe symbiotische Beziehung eingegangen. Das von Rau postulierte Ideal seiner Politik, „das Leben der Menschen im Laufe der Jahre ein Stückchen menschlicher zu machen“, hat ihre Entsprechung gefunden in der öffentlichen Wahrnehmung eines Politikers, der vor allem durch die Verbindung menschlicher Nähe, persönlicher Zuneigung und politischen Handelns in Erinnerung bleibt.

Indes wird eine bloße Aufzählung seiner Charaktereigenschaften der politischen Biografie Raus nicht gerecht. Jedes Detail allein genommen kann die einzigartige politische Erfolgsgeschichte dieses Politikers nicht ausreichend erfassen. Ein Gesamtbild entsteht erst durch die Verknüpfung persönlicher Charakteristika, des biografischen Hintergrundes, der politischen Sozialisation, des zeitgeschichtlichen Hintergrundes und der politischen Rahmenbedingungen. Es gehört vermutlich zu den herausragenden Leistungen von Johannes Rau, dass sich diese unterschiedlichen Aspekte in der öffentlichen Wahrnehmung zu einem stimmigen Bild verdichtet haben. In jedem Fall sind sie ein Ausdruck für den Stil dieses Meisters symbolischer Politik.

Unbestreitbar ist, dass „nur wenige Politiker der Bundesrepublik seit den Tagen Konrad Adenauers“, so Jürgen Mittag und Klaus Tenfelde in einer ersten umfassenden Bilanz, „über ihren Tod hinaus so fest im öffentlichen Bewusstsein verankert bleiben wie Johannes Rau“. Über Jahrzehnte hinweg spielte Rau auf der politischen Bühne Nordrhein-Westfalens und weit darüber hinaus eine herausragende Rolle. Nicht nur war er fast zwanzig Jahre lang nordrhein-westfälischer Ministerpräsident und damit der am längsten regierende Ministerpräsident eines Bundeslandes. Er stand zudem als Landtagsabgeordneter, Fraktionsvorsitzender, Landesminister und Parteivorsitzender im landespolitischen Rampenlicht. Mit ihm werden die „goldenen Jahre der Sozialdemokratie" assoziiert. Gekrönt wurde seine politische Laufbahn schließlich durch das Amt des Bundespräsidenten, wenngleich er als SPD-Kanzlerkandidat und in zahlreichen Parteifunktionen bereits vorher eine herausragende bundespolitische Rolle gespielt hatte.

Die einzigartige Erfolgsgeschichte Raus als Ministerpräsident ist eine Mischung aus biografischem Hintergrund, parteipolitischer Verankerung und einem unverwechselbaren Politik- und Regierungsstil. Neben seinem politischen Erfolg und seiner überragenden Popularität ist Raus politische Biografie, darauf weist Guido Hitze zurecht hin, zudem Ausdruck eines der zweifellos „interessantesten, subtilsten und raffiniertesten Machterhaltungsstrategien". Denn neben seinem persönlichen Erfolg als Ministerpräsident gelang es Rau, Nordrhein-Westfalen geradezu als Stammland der Sozialdemokratie erscheinen zu lassen. Die persönliche Profilierung ging bei ihm stets einher mit der Etablierung einer politischen Machtposition.

Familiärer Hintergrund

„Wir waren Bürgerliche im Lebensgefühl", so beschreibt Johannes Rau seine Prägung durch das Elternhaus. Tatsächlich prädestinierte den 1931 in Wuppertal-Barmen geborenen Rau sein biografischer Hintergrund keineswegs zu einem politischen Aufstieg als Sozialdemokrat. Zwar war die finanzielle Lage der Familie über viele Jahre hinweg sehr begrenzt, dennoch fehlten in Raus sozialem Umfeld eine ausgewiesene sozialdemokratische Prägung oder gar proletarische Einflüsse. Vielmehr bestimmten ein bürgerliches Selbstverständnis und stark religiöse Einflüsse des pietistisch-frommen Milieus in Wuppertal das Lebensgefühl der Familie.

Zentrale Bezugsfigur für den jungen Johannes Rau war sein Vater Ewald, der der Familie als freier Prediger ein kleines Auskommen sicherte. Durch ihn, aber auch durch kirchlich aktive Freunde und Bekannte, erfuhr Rau eine stark protestantisch geprägte Sozialisation. Bibelkreise, Gesangstunden, Gemeindekontakte und die persönliche Verbindung zu geistlichen Vordenkern wurden zu zentralen Einflussfaktoren. Zu einem Ausdruck dieser religiösen Verwurzelung wurde die Gewohnheit, den Tag mit der Lektüre religiöser Tageslosungen zu beginnen. Zwar war Rau in späteren Jahren jeder missionarische Eifer fremd, aber sowohl religiöse Motive als auch die daraus resultierende bildhafte Sprache wurden ein essenzieller Bestandteil seiner Biografie. Religiosität war für Rau mithin nicht reine Privatangelegenheit, sondern öffentlich zur Schau gestellte Haltung und politischer Antriebsfaktor.

Aus dieser religiösen Prägung leitete sich auch Raus Wunsch ab, Pfarrer zu werden. Diesen Weg verstellte ihm jedoch die durch den Krieg unterbrochene Schullaufbahn. Nachdem Rau zunächst das Gymnasium besuchte, verließ er dieses 1948 vorzeitig ohne Abitur. Er erfüllte somit nicht die formalen Voraussetzungen für ein Theologiestudium. Diesen von ihm selbst vermutlich lange Zeit als Defizit angesehenen Umstand suchte Rau durch ein ausführliches Eigenstudium zu überwinden. Der Autodidakt verschlang alles, was er an Büchern in die Finger bekam, wobei ihm sein beinahe fotografisches Gedächtnis half, die daraus gewonnenen Fakten stets abrufbereit zu haben.

Nahezu folgerichtig begann Rau 1949 eine Verlagsbuchhändlerlehre beim Verlag Emil Müller in Wuppertal. Von dort führte ihn der berufliche Weg über die Vertriebsleitung beim Luther- und Eckart-Verlag in Witten zum Jugenddienst-Verlag. Den Hauptsitz des Verlags ließ der Gründer und CDU-Bundestagsabgeordnete Hermann Ehlers eigens nach Wuppertal umziehen, um Johannes Rau für eine Leitungsposition zu gewinnen. Rau wurde 1954 zunächst Geschäftsführer, 1962 Mitglied des Vorstands und schließlich 1965 Direktor des im Peter-Hammer-Verlag aufgehenden Verlages. Parallel zu dieser Tätigkeit arbeitete Rau als freier Journalist und Autor. Einen Ausstieg aus dem Verlagsgeschäft vollzog er erst 1967, als er als SPD-Fraktionsvorsitzender in landespolitische Führungspositionen vorstieß.

Die Sprache wurde zum zentralen Instrument des „Sinnproduzenten" Johannes Rau. Sowohl durch die Prägung seines wortgewaltigen Vaters als auch durch seinen beruflichen Werdegang entdeckte er die Wirkung dieses Mediums. Seine Fähigkeiten als unterhaltsamer Anekdoten- und Geschichtenerzähler waren Ausdruck seiner Begabung, aus einer großen Zahl von Zuhörern einen intimen Zuhörerkreis werden zu lassen. Rau eignete sich die Fertigkeit an, Bilder und Botschaften passgenau aufeinander abzustimmen, diese vermitteln zu können und damit den Zuhörern das Gefühl zu geben, direkt angesprochen zu werden. Im direkten persönlichen Kontakt konnte Rau dadurch ein hohes Maß an Zustimmung und Zuneigung vermitteln. Darüber hinaus machte ihn seine rhetorische Begabung zu einem herausragenden politischen Debattenredner. Auch dies begünstigte seinen rasanten politischen Aufstieg.

Politischer Aufstieg

Johannes Rau verstand sich immer als Parteipolitiker. Er nutzte die SPD als wichtiges politisches Machtinstrument. Zugleich entstammte er nicht dem Arbeitermilieu der Partei und hatte über seine vorhergehende Mitgliedschaft in der Gesamtdeutschen Volkspartei in die Politik gefunden. Ihm fehlte also zunächst der sonst so wichtige „Stallgeruch" des „echten" Sozialdemokraten. Und trotz seiner immer stärker werdenden parteipolitischen Verankerung wurde Rau in der öffentlichen Wahrnehmung nur bedingt als Sozialdemokrat angesehen. Im Gegenteil: Je länger er als Ministerpräsident die Landespolitik bestimmte und je stärker seine persönliche Popularität in der Folge wuchs, desto schwerer fiel den Bürgern die parteipolitische Zuordnung Raus zur SPD. Für ihn selbst war die Parteiverankerung jedoch von zentraler Bedeutung. Rau wurde als Ministerpräsident zum präsidialen „Landesvater", der zugleich nie vergaß, auch „Parteisohn" gewesen zu sein.

Die ersten politischen Gehversuche Raus ergaben sich eher zufällig. Als freier Mitarbeiter der Westdeutschen Rundschau erhielt er im Dezember 1952 den Auftrag, den Mitbegründer der neu entstandenen Gesamtdeutschen Volkspartei (GVP), Adolf Scheu, zu interviewen. Zusammen mit dem ehemaligen Bundesminister und CDU-Politiker Gustav Heinemann, der aus Protest gegen die Politik der Westbindung und der Wiederbewaffnung unter Bundeskanzler Konrad Adenauer zunächst aus dem Bundeskabinett und dann auch aus der CDU ausgeschieden war, hatte Scheu die GVP aus der Taufe gehoben. Die Partei berief sich zwar in ihrer Programmatik auf zentrale Grundsätze des „Ahlener Programms" der CDU, strebte aber anders als die Unionsparteien einen Verzicht der Bundesrepublik auf Wiederbewaffnung und eine strikte Neutralität im Ost-West-Konflikt an. So sollte die Chance auf eine baldige deutsche Wiedervereinigung nicht verbaut werden.

Während des Interviews zeigte sich Rau sowohl von seinem Gegenüber Scheu als auch von den politischen Vorstellungen der GVP beeindruckt. Auf Einladung Scheus nahm Rau noch am gleichen Tag an der Gründung des nordrhein-westfälischen Landesverbandes der GVP teil – für Rau der Startschuss seiner politischen Karriere: „Von da ab war ich in der Politik!" Innerhalb der GVP entstanden enge Kontakte Raus zu Gustav Heinemann sowie anderen führenden Politikern wie Diether Posser, Helene Wessel und Erhard Eppler. Trotz anfänglicher Euphorie konnte die GVP jedoch keine durchschlagenden politischen Erfolge verbuchen. Vielmehr ergaben die folgenden Bundes- und Landtagswahlen niederschmetternde Ergebnisse. Die GVP löste sich im Jahr 1957 auf, ihre Mitglieder suchten eine neue politische Heimat. Dass dies für viele der führenden

Parteimitglieder die SPD werden würde, war keineswegs selbstverständlich. Wie Johannes Rau fühlten sich auch andere GVP-Politiker von ihrer Sozialisation her eher im bürgerlichen Lager zuhause: „Wir waren Bürgerliche im Lebensgefühl. Und die SPD war nicht die Partei von heute. Sie stand zwei Jahre vor Godesberg." Die scharfen politischen Differenzen in der Deutschlandpolitik verhinderten jedoch einen Übertritt zur CDU, so dass für Rau und die große Mehrheit der GVP-Mitglieder die SPD zum politischen Zufluchtsort wurde.

Jüngster SPD-Abgeordneter

Für Rau bedeuteten die Auflösung der GVP und die Mitgliedschaft in der SPD keineswegs einen politischen Karriereknick. Im Gegenteil: Rau wurde bereits 1958 als jüngster Abgeordneter für die SPD in den nordrhein-westfälischen Landtag gewählt. Damit begann sein landespolitischer Aufstieg. In der Landtagsfraktion wurde Rau zuständig für Jugend- und Bildungspolitik, stieg zum kulturpolitischen Sprecher und 1966 zum Vorsitzenden des Kulturausschusses auf. Zugleich steigerte sich rasch sein landesweiter Bekanntheitsgrad.

Bereits 1965 signalisierte der SPD-Parteichef Heinz Kühn, Rau solle sich für größere Aufgaben in der Landespolitik bereithalten. Dennoch musste Rau die nächste Stufe der Karriereleiter gegen den Widerstand Kühns erklimmen. Als im Januar 1967 die Wahl eines neuen Fraktionsvorsitzenden anstand, nominierte Kühn den Dortmunder Abgeordneten Walter Klimt für dieses Amt. Unterstützt vom Bezirksvorsitzenden Hans-Otto Bäumer und anderen einflussreichen Sozialdemokraten der Fraktion, erklärte Rau jedoch ebenfalls seine Kandidatur und setzte sich mit 52 zu 41 Stimmen gegen Klimt durch. Er bewies damit zugleich Durchsetzungsfähigkeit, Kampfeswillen und politischen Machtinstinkt. In der Amtsführung neigte er jedoch nicht zu Alleingängen. Vielmehr pflegte Rau bereits als Fraktionsvorsitzender einen auf Konsens abzielenden Politikstil. Er band die Fraktionsmitglieder aktiv in Entscheidungsprozesse ein und gewann damit schnell einen breiten Rückhalt.

Raus weiterer landespolitischer Aufstieg wurde 1969 durch ein mehrmonatiges Intermezzo in der Kommunalpolitik unterbrochen. Auf Vorschlag der SPD wurde er im November zum Wuppertaler Oberbürgermeister gewählt, ein Amt, das er danach immer wieder als das schönste seines politischen Lebens bezeichnete. Bereits seit 1964 war Rau Ratsmitglied in Wuppertal gewesen und hatte sich so eine zumindest kleine kommunale Hausmacht innerhalb der SPD aufgebaut. Als Oberbürgermeister gewann er außerordentlich schnell große Popularität. Das Amt des Oberbürgermeisters blieb jedoch nur ein kurzes Zwischenspiel, da Rau 1970 von Ministerpräsident Kühn zum Wissenschaftsminister ernannt wurde.

Die Aufteilung des ehemaligen Bildungsressorts in zwei eigenständige Ministerien für Schule und Wissenschaft ermöglichten Rau das weitere landespolitische Fortkommen. Wenngleich er sich in den vorangegangenen Jahren ein einschlägiges fachpolitisches Profil erarbeitet hatte, war seine Ernennung zum Wissenschaftsminister dennoch ungewöhnlich: Er war der erste in diesem Amt ohne Abitur, was sich jedoch nicht als Nachteil erweisen sollte. Statt dessen entpuppte sich das neue Amt geradezu als politischer Durchlauferhitzer. Dies lag zum Teil in dem Umstand begründet, dass die Wissenschaftspolitik in den 1970er Jahren gerade in sozialdemokratisch regierten Bundesländern eine besondere Bedeutung genoss. Insofern bot das Amt Rau eine herausragende Möglichkeit zur Profilierung, die er auch zu nutzen wusste.

Als Ressortchef zeichnete Rau für einen bis dahin unbekannten quantitativen Ausbau der Hochschullandschaft verantwortlich. Innerhalb seiner achtjährigen Amtszeit als Wissenschaftsminister wurden fünf neue Hochschulen in Duisburg, Essen, Paderborn, Siegen und Wuppertal gegründet. Diese Neugründungen fanden ihren Schlusspunkt in der erstmaligen Einrichtung einer Fernuniversität, die 1974 in Hagen angesiedelt wurde. Zudem wurde mit dem Typus der Gesamthochschule ein neues

Konzept von Hochschule entwickelt. Dass er bei den Bemühungen um inhaltliche Hochschulreformen überwiegend scheiterte, verschwand angesichts der übrigen Reformschritte weithin aus dem öffentlichen Bewusstsein. Gleiches galt für die beträchtlichen finanziellen Lasten, die das Land in Folge der hochschulpolitischen Maßnahmen zu schultern hatte.

Während Rau sich zunehmend innerhalb der Landes-SPD etablierte, blieb sein Rückhalt beim amtierenden Ministerpräsidenten gering. Heinz Kühn versuchte vielmehr, den inzwischen zu einem potenziellen Nachfolgekandidaten aufgestiegenen Rau wegzuloben. Die Umsetzung eines von ihm lancierten Vorschlags, Johannes Rau 1976 zum WDR-Intendanten wählen zu lassen, konnte dieser nur durch persönliche Intervention verhindern. Rau wollte in der Politik bleiben.

Die Frage der Nachfolge Kühns wurde spätestens 1977 konkret, nachdem der bisherige SPD-Landesvorsitzende Werner Figgen angekündigt hatte, nicht wieder für den Landesvorsitz der Partei kandidieren zu wollen. Der seit 1975 als Arbeits- und Sozialminister amtierende Friedhelm Farthmann erklärte unmittelbar nach Figgens Rückzugsankündigung seine Kandidatur. Rau hingegen zögerte zunächst und musste von führenden Genossen zur Kandidatur gedrängt werden. Vor allem sein Staatssekretär im Wissenschaftsministerium, Herbert Schnoor, und der bereits zuvor als persönlicher Förderer aufgetretene Hans-Otto Bäumer bestärkten Rau darin, gegen Farthmann zu kandidieren. Rau erklärte sich dazu aber erst bereit, nachdem ihm der Bezirk Niederrhein seine Unterstützung signalisiert hatte.

Dennoch galt Rau beim SPD-Parteitag am 25. Juni 1977 in Duisburg als klarer Außenseiter. Nicht zuletzt sein rhetorisches Talent half ihm jedoch, die Delegierten für sich zu gewinnen. Im Gegensatz zu Farthmann, der die Kandidatenrede nur für eine kurze und von den Delegierten als lustlos empfundene Vorstellung nutzte, hielt Rau eine kämpferische und programmatisch orientierte Rede. Er traf damit den Nerv der Partei und kippte die Stimmung zu seinen Gunsten. Allerdings war das

Ergebnis mit 158 zu 155 Stimmen im zweiten Wahlgang denkbar knapp. Im ersten Wahlgang hatte Farthmann noch mit einer Stimme vorne gelegen, die notwendige absolute Mehrheit aber verpasst.

Auch von Heinz Kühn wurde die Wahl als Vorentscheidung über seine Nachfolge im Amt des Ministerpräsidenten gewertet. Er erklärte bereits in Duisburg seine Absicht, „nicht bis 1980 weiterzumachen". Tatsächlich musste die SPD bereits auf einem erneut in Duisburg stattfindenden Parteitag am 17. September 1978 über einen Nachfolgekandidaten befinden, da Kühn für den 20. September 1978 seinen Rücktritt angekündigt hatte. Konkurrenzlos blieb Rau indes nicht. Auf Betreiben Kühns, der einen letzten Versuch zur Verhinderung Raus unternahm, kandidierte Finanzminister Diether Posser. Rau trat somit gegen einen ebenfalls aus der GVP zur SPD gestoßenen langjährigen politischen Weggefährten an. Erneut konnte er sich nur knapp mit 161 zu 150 Stimmen gegen Posser durchsetzen. Bei seiner Wahl zum Ministerpräsidenten durch den Landtag am 20. September 1978 erhielt Rau dann allerdings die klare Mehrheit aller 104 Abgeordneten der Koalitionsparteien SPD und FDP.

Die „goldenen Jahre" der Sozialdemokratie

Dass die Übernahme des Ministerpräsidentenamtes durch Johannes Rau die Mehrheit der SPD in Nordrhein-Westfalen auf Jahre hinaus zementieren würde, war keineswegs klar. Ebenso unabsehbar war, dass Rau für die folgenden zwanzig Jahre die unangefochtene Führungsfigur der SPD im Land werden würde. Entgegen weit verbreiteter Vorstellungen war Nordrhein-Westfalen zu Beginn seiner Amtszeit keineswegs ein sozialdemokratisches Stammland. Vielmehr gehört es zu den Errungenschaften von Rau als Ministerpräsident, die SPD zur strukturellen Mehrheitspartei gemacht zu haben. Die Landtagswahl vom Mai 1980 war die erste Bewährungsprobe für den neuen Ministerpräsidenten. Erstmals errang die SPD mit 48,4 Prozent eine absolute Mehrheit der Sitze. Dabei profitierte sie vom Ausscheiden des bisherigen Koalitionspartners FDP, der knapp an der Fünf-Prozent-Hürde scheiterte. Allerdings war das Wahlergebnis keineswegs der klare persönliche Erfolg Raus. Vielmehr fand der Wahlgang unter dem Eindruck eines polarisierenden Bundestagswahlkampfes 1980 statt. Das Duell zwischen Bundeskanzler Helmut Schmidt und dem bayerischen Ministerpräsidenten Franz-Josef Strauß strahlte auf Nordrhein-Westfalen aus und gab der SPD Rückenwind. Erst nach dem Gewinn der absoluten Mehrheit begann Rau, sich die Autorität und das Ansehen aufzubauen, das ihm noch weitere 18 Jahre das Amt des Ministerpräsidenten sichern sollte.

Erst mit der Landtagswahl 1985 etablierten sich Rau und die SPD in Nordrhein-Westfalen als strukturell mehrheitsfähig. Die Partei verteidigte die absolute Mehrheit nicht nur, sondern konnte sie sogar noch ausbauen. Angesichts von 52,1 Prozent der Wählerstimmen verhinderte selbst der erneute Einzug der FDP in den Landtag die Fortsetzung der SPD-Alleinregierung nicht. Und es ging weiter aufwärts. Im Wahljahr 1985 lief die Imagekampagne „Wir in NRW“ an. Die ursprünglich als Standortwerbung konzipierte und für den Wahlkampf adaptierte Kampagne traf den Nerv der Zeit. Sie war von SPD-Landesgeschäftsführer Bodo Hombach und einem „zwölf Apostel“ genannten Beratungsteam um Johannes Rau zum Wahlkampfinstrument umfunktioniert worden. Die SPD gab sich als Staatspartei und kreierte ein vorher nicht vorhandenes Landesbewusstsein. Die Bürger des „Bindestrichlandes“ assoziierten ihre oberflächliche Landesidentität in der Folge immer stärker mit dem Ministerpräsidenten und dessen Partei.

Dennoch darf auch der Einfluss der Bundespolitik nicht unterschätzt werden. Seit 1982 regierte in Bonn eine christlich-liberale Koalition, deren marktliberale Rhetorik eine durch Arbeitslosigkeit und Strukturwandel bedrohte Wählerschaft in Nordrhein-Westfalen weiter verunsicherte. Rau profilierte die SPD in dieser Situation als Partei des „sozialen Fortschritts“

und erklärte seine Politik zum Alternativprojekt der „geistig-moralischen Wende“. Es ist kein Zufall, dass die „goldenen Jahre“ der SPD in eine Phase des ökonomischen und sozialen Übergangs fielen. Bergbau und Stahlindustrie durchlebten in den 1980er Jahren schwere Krisen, wodurch nicht nur im Ruhrgebiet Zehntausende Arbeitsplätze verloren gingen. Der Krise der traditionellen Industrien verdankte die SPD die Mobilisierung ihrer verunsicherten Kernwählerschaft. Gleichzeitig konnten die Sozialdemokraten bei den Wahlen von 1985 und 1990, als sie mit 50 Prozent zum dritten Mal in Folge eine absolute Mehrheit erreichten, die Mittelschicht für sich gewinnen.

Uneingeschränkte Parteimacht

Für Rau war die Partei die entscheidende Machtressource. Er führte nicht über persönliche Alleingänge, sondern über Mechanismen des Ausgleiches und der Einbindung. Auf diese Weise konnte er auf eine fast uneingeschränkte Parteimacht zurückgreifen. Rau vereinigte Parteivorsitz und Ministerpräsidentschaft auf sich. Eine Trennung beider Ämter war für ihn vollkommen undenkbar: „In Nordrhein-Westfalen hätte ich das Amt des Ministerpräsidenten aufgegeben, wenn ich den Landesvorsitz nicht mehr gehabt hätte.“ Die Partei war für Rau bei allen wichtigen Strukturentscheidungen von Bedeutung und Dreh- und Angelpunkt seines Regierungsstils. So folgte er bei der Zusammenstellung des Landeskabinetts einem ausgeklügelten parteiinternen Proporzsystem. Rau integrierte die Bezirksvorsitzenden seiner Partei, wichtige Schlüsselakteure innerhalb der SPD, ins Kabinett und band sie damit zugleich in die Kabinettsdisziplin ein. Zudem achtete er darauf, dass die unterschiedlichen Strömungen der Partei angemessen im Kabinett repräsentiert waren. Dies schloss eine gewisse Polarität der dort vertretenen Personen ein. So saßen neben traditionellen Sozialdemokraten alter Prägung wie Sozialminister Hermann Heinemann intellektuell anmutende Persönlichkeiten wie Wirtschaftsminister Reimut

Jochimsen am Kabinettstisch. Die sich daraus ergebenden Reibungen sorgten für eine dynamische Politik der Landesregierung und gruben der Opposition zugleich das Wasser ab. Um das Kabinett dennoch auf eine konstruktive Linie einzuschwören, bedurfte es der besonderen Moderations- und Integrationsfähigkeit Raus.

Zugleich hielt er engen persönlichen Kontakt in alle Untergliederungen der Partei hinein. Dabei setzte Rau vor allem auf „Landesbereisungen", persönliche Briefe und Telefonate. Beinahe legendär war das mehrere hundert Adressen umfassende Buch, in dem akribisch alle persönlichen Kontakte Raus verwaltet wurden. Hinzu kam der systematische Aufbau parteiinterner Netzwerke. Rau etablierte parteipolitische und persönliche Bindungen, die er zur Durchsetzung seines Einflusses in der Partei nutzen konnte. Die personalpolitische Achse zwischen Rau, dem langjährigen Chef der WestLB Friedel Neuber, Finanzminister Heinz Schleußer und dem seit 1989 als Chef der Staatskanzlei amtierenden Wolfgang Clement sind ein eindrucksvolles Beispiel dieser Netzwerkbildung innerhalb der Partei. Loyalität sicherte sich Rau dabei vor allem durch personalpolitische Kontinuität und Verlässlichkeit. Zahlreiche enge Weggefährten, wie beispielsweise der von 1980 bis 1995 als Innenminister amtierende Herbert Schnoor, begleiteten Rau über viele Jahre in unterschiedlichen Funktionen hinweg.

Raus Parteimacht speiste sich nicht alleine aus der Landespolitik, sondern auch aus bundespolitischen Ämtern. Als Vorsitzender des mitgliederstärksten Landesverbandes der SPD spielte er automatisch auch in der Bundespartei eine herausragende Rolle. Dies konkretisierte sich darüber hinaus in zahlreichen herausgehobenen Funktionen und Ämtern. Bereits 1982 wurde Rau in der Nachfolge von Hans-Jürgen Wischnewski stellvertretender Parteivorsitzender im Bund. Schon im folgenden Jahr wurde er als Kandidat für die SPD-Kanzlerkandidatur gehandelt. Spätestens nach dem Wahlsieg 1985 in Nordrhein-Westfalen stieg Rau zum bundespolitischen Hoffnungsträger seiner Partei auf. Dabei zeigte er sich zunächst zögerlich, die an ihn herangetragene Kanzlerkandidatur für die Bundestagswahl 1987 zu übernehmen. SPD-Bundesgeschäftsführer Glotz konnte Rau schließlich in einem Gespräch überzeugen, zu dem Rau später erklärte: „Ich habe fast eine ganze Nacht lang im Diskurs widerstanden, ich wollte wirklich nicht." Dennoch ließ sich Rau in die Pflicht nehmen.

Der erneut von Bodo Hombach sowie dem SPD-Parteisprecher Wolfgang Clement organisierte Wahlkampf sollte das nordrhein-westfälische Erfolgsrezept von 1985 auf die Bundesebene übertragen. Unter dem Wahlkampfslogan „Versöhnen statt spalten" setzte Rau auch hier auf eine absolute Mehrheit. Eine angesichts der bisherigen Mehrheitsverhältnisse eher unrealistische Zielsetzung, obendrein sorgten parteiinterne Querelen für immer größere Probleme. Während Rau eine Koalition mit den Grünen kategorisch ausschloss, die FDP als Koalitionspartner durch ihre klare Koalitionsaussage zugunsten der CDU nicht zur Verfügung stand und Rau daher am Ziel einer Alleinregierung festhielt, erklärte SPD-Parteichef Willy Brandt, auch 43 Prozent seien „ein gutes Ergebnis". Neben dieser von Rau als Affront verstandenen Intervention des Parteichefs ließen weitere Rückschläge bei den Landtagswahlen in Hamburg und Bayern Raus Wahlziel schließlich in weite Ferne rücken. Folglich lautete das Ziel letztlich nur noch, die SPD in Nordrhein-Westfalen „stabil zu halten" und unbeschadet aus der Wahl hervorgehen zu lassen. Das Wahlergebnis war mit 37 Prozent ernüchternd und die SPD damit hinter das Resultat von 1983 zurückgefallen. Beinahe erleichtert zog sich Rau in die Düsseldorfer Landespolitik zurück.

Wenngleich Rau in der Folge seine bundespolitischen Ambitionen sehr einschränkte, etablierte er sich doch als wichtiger innerparteilicher Moderator und als Führungsfigur der Bundespartei. Dazu trug auch seine zentrale Rolle im Prozess der Wiedervereinigung bei. Als amtierender Vorsitzender der Ministerpräsidentenkonferenz führte er die Verhandlungen der Länder mit dem Bund zum Einigungsvertrag. Angesichts seines biografischen Hintergrundes als ehemaliges Mitglied der Gesamtdeutschen Volkspartei konnte er, anders als einige seiner jüngeren

SPD-Ministerpräsidentenkollegen, authentisch für die deutsche Wiedervereinigung eintreten. Zudem hatte er auch in Zeiten der deutschen Teilung enge persönliche Kontakte in die DDR, vor allem zu Kirchenvertretern. All dies stützte Raus Glaubwürdigkeit, das Ziel der Wiedervereinigung nicht aus dem Blick verloren zu haben.

Raus präsidiales Auftreten, seine innerparteiliche Moderationsfähigkeit und sein beschränkter Ehrgeiz, eine tagespolitische Rolle auf Bundesebene spielen zu wollen, machten ihn beinahe automatisch zu einem Kandidaten für das Amt des Bundespräsidenten. Schon früh hatte es parteiinterne Überlegungen gegeben, Rau könnte ein Kandidat für das höchste Staatsamt werden. Diese konkretisierten sich zu Beginn der 1990er Jahre. Bereits 1991 wurde spekuliert, Helmut Kohl und die CDU könnten eine Kandidatur des Sozialdemokraten Rau 1994 aktiv unterstützen. Doch als über die Nachfolge von Richard von Weizsäcker entschieden werden musste, präsentierte die Union schließlich mit Roman Herzog einen eigenen Kandidaten für das Amt des Bundespräsidenten. Rau wurde von seiner Partei im September 1993 offiziell als Kandidat nominiert. Angesichts der Mehrheitsverhältnisse in der Bundesversammlung nicht überraschend, unterlag Johannes Rau am 23. Mai 1994 seinem Mitbewerber Herzog im dritten Wahlgang.

„Wir in NRW"

Nach dem Bundestagswahlkampf 1987 und der erfolglosen Bundespräsidentenkandidatur 1994 kehrte Rau zum zweiten Mal in die Landespolitik zurück. Dort hatte er zunehmend als „Landespräsident" agiert und das landespolitische Tagesgeschäft dem „geschäftsführenden Ministerpräsidenten" Wolfgang Clement überlassen. Doch dieser präsidiale Regierungsstil war nicht allein eine Reaktion auf Raus bundespolitische Ambitionen. Vielmehr kennzeichnete er seinen landespolitischen Stil als Ministerpräsident. Dennoch lässt sich die für Landespolitik so typische Dominanz des Ministerpräsidenten auch unter Rau deutlich nachzeichnen. Sein Prestige setzte er beispielsweise im Rahmen seiner Richtlinienkompetenz ein. Allerdings nutzte er diese nicht als Detailsteuerung konkreter politischer Vorhaben. Vielmehr gab Rau die groben Linien vor, um das operative Geschäft kümmerten sich meist andere. Von besonderer Bedeutung war für ihn dabei das Kabinett als zentrale Steuerungsinstanz der Landespolitik. Während Rau den groben Rahmen vorgab, kam vor allem den jeweiligen Fachpolitikern die Aufgabe zu, diesen mit konkreter Politik auszufüllen. Darüber hinaus griff Rau auf seine persönlichen Netzwerke sowie den Apparat der Staatskanzlei zurück. Die Regierungszentrale war klar auf ihn und seine Bedürfnisse ausgerichtet.

Gekonnt nutzte Johannes Rau Rituale zu politischen Zwecken. So begann beispielsweise jede Kabinettssitzung unter seiner Leitung mit einer heißen Suppe. Rau verfolgte damit weniger eine kulinarische Mission. Vielmehr wollte er durch eine betont entspannte Atmosphäre zu Beginn jeder Sitzung alle Kabinettsmitglieder auf eine konzentrierte Zusammenarbeit einstimmen. Dass Rau die gemeinsame Diskussion im Kabinett für besonders wichtig hielt, verdeutlichen Aussagen zahlreicher Kabinettskollegen und Mitarbeiter. So betont der ehemalige Chef der Staatskanzlei, Rüdiger Frohn: „Kabinettssitzungen hatten etwas von einem Konklave: Es wurde getagt, bis weißer Rauch aufstieg." Der langjährige Kultusminister Hans Schwier bezeichnete die Kabinettsarbeit als „gruppendynamischen Prozess" mit Rau als dessen Moderator: „Kabinettstermine unter seiner Leitung dauern gelegentlich lange. Sie sind keine Verkündungstermine des Ministerpräsidenten, sondern gruppendynamische Prozesse. Der Ministerpräsident sagt das auch so. Jeder ist als Diskussionspartner zu jedem Thema gefordert. (...) Ein Ressortegoist wäre in unserem Kabinett fehl am Platze. Die Diskussionen laufen scheinbar ungesteuert, aber ich spüre immer mehr, dass deren Ablauf vom Ministerpräsidenten vorher – vor allem bei wichtigen Fragen – sehr gut überlegt und durch eine teilweise listige Moderation so gestaltet wird, als ergäbe er sich von selbst; aber Gesprächsverlauf und mögliche Ergebnisse sind vorher geplant worden. (...) Rau gibt sich im Kabinett als leiser Moderator. Er ist der Chef, weil er sich nicht darum bemüht, es zu zeigen."

Rau überwand mögliche Ressortegoismen, indem alle Minister zu den diskutierten Punkten Stellung zu nehmen hatten. Die in mehrstündigen Debatten erreichten Einigungen verpflichteten alle Kabinettsmitglieder darauf, diese einheitliche Linie auch nach außen zu vertreten. So band Rau sie in die Kabinettsdisziplin ein. Angesichts der personellen Zusammensetzung seiner Kabinette, die aufgrund innerparteilicher Proporz-Überlegungen durchaus heterogen war, gelang es ihm zugleich, einen Grundkonsens innerhalb der SPD herbeizuführen. Dass dies ein bisweilen langwieriger Prozess war, belegt die Länge vieler Kabinettssitzungen. Dennoch gelang es Rau zumeist, die Diskussionen nicht ungesteuert laufen zu lassen. Als ehrlicher Makler konnte er zugleich vermittelnd und steuernd eingreifen. Änderten sich mit der Regierungsbeteiligung der Grünen ab 1995 zwar die Rahmenbedingungen der Regierungs- und damit auch der Kabinettsarbeit, so blieben doch zentrale Merkmale dieser Praxis erhalten. Rau nahm nicht an den nach SPD und Grünen getrennten Vorgesprächen der Ressortchefs teil, sondern kam erst zu Sitzungen des gesamten Kabinetts hinzu. Damit etablierte er sich als Moderator zwischen SPD und Grünen und wurde beiderseits als Garant einer Koalition wahrgenommen, die erheblichen internen Konfliktstoff barg.

Im Laufe der Jahre spann Rau ein Netzwerk, das ihm Loyalität und Einfluss sichern half. Zahlreiche politische Wegbegleiter aus seinem Umfeld fanden sich in landespolitischen Schlüsselstellen wieder. Auf dieses „Old-boys-Netzwerk" konnte er sich verlassen. Dies galt in besonderer Weise für Netzwerke innerhalb der eigenen Partei. Kabinettsmitglieder wie Heinz Schleußer, Herbert Schnoor, Wolfgang Clement und Hans Schwier begleiteten Rau in wechselnden Funktionen und über viele Jahre hinweg. Auch gegen Widerstände hielt er an langgedienten Kollegen fest. Zudem gelang es ihm, innerparteiliche

Widersacher für sich einzunehmen und erfolgreich einzubinden. Sowohl der bei der Kandidatur um den SPD-Landesvorsitz unterlegende Friedhelm Farthmann als auch sein innerparteilicher Gegenkandidat bei der Wahl zum Ministerpräsidenten, Diether Posser, wurden von Rau in die Kabinetts- oder Fraktionsarbeit integriert. Durch diese Fähigkeit sicherte sich Rau innerparteilichen Rückhalt. Friedhelm Farthmann erklärte dazu: „So gesehen war es ein beglückendes Erlebnis, dass auch ein harter politischer Konkurrenzkampf das menschliche Miteinander nicht zu zerstören braucht, sondern sogar zu dessen Vertiefung beitragen kann.“

Auch in der Staatskanzlei baute sich Rau ein Netzwerk von Unterstützern auf. Zahlreiche dieser persönlichen Mitarbeiter, beispielsweise Fritz Behrens und Peer Steinbrück, stiegen in den folgenden Jahren in andere wichtige landespolitische Funktionen auf. Die Leitung des Ministerpräsidentenbüros unter Rau wurde geradezu zum Turbo-Beschleuniger für die politische Karriereentwicklung. So erweiterte sich über die Jahre der Ministerpräsidentschaft hinweg das Geflecht persönlicher Kontakte.

Zur Netzwerkbildung gehörten auch über den politischen Bereich hinausgehende Kontakte in ganz Nordrhein-Westfalen. Früh erkannte Rau den Vorteil persönlicher Begegnungen. Diese intensivierte er im Rahmen von zahlreichen „Landesbereisungen“, über die er sagte, er habe diese als Ministerpräsident „systematisiert und nahezu alle Gemeinden in Nordrhein-Westfalen besucht“.

Hinzu kam seine Angewohnheit, unzählige Briefe zu schreiben und Telefonate zu führen. Persönliche Schreiben beantwortete er häufig handschriftlich. In anderen Fällen nutzte er seine Administration zur Erledigung dieser seiner Auffassung nach zentralen Aufgabe eines Ministerpräsidenten. Als die SPD 1995 entgegen vorherigen Absichtserklärungen eine Koalition mit den Grünen einging und zahlreiche Protestbriefe verstörter Wähler und Genossen den Ministerpräsidenten erreichten, beauftragte Rau die Mitarbeiter der Staatskanzlei, alle Briefe einzeln zu beantworten. Er empfand es geradezu als zwingend, Teile der Administration damit über Wochen hinweg zu beschäftigen.

Diese Netzwerkbildung setzte Rau auch als wirkungsvolles Instrument gegenüber der Landesopposition ein. Dazu gehörte zum einen die Praxis, wichtige Ämter mit Vertretern der Opposition zu besetzen. So fanden die Oppositionsparteien FDP und CDU bei der Besetzung der Regierungspräsidien Beachtung. Persönliche Kontakte pflegte Rau auch in die Oppositionsfraktionen hinein. So gelang es ihm bei der Wahl zum Ministerpräsidenten 1990 sogar, zwei Stimmen aus dem Oppositionslager für sich zu gewinnen. Generell bevorzugte er Einbindung statt Ausgrenzung. Indem er wichtige Vorhaben sowie Positionen der Opposition für die eigene Regierungsarbeit adaptierte, nahm er dem politischen Gegner sprichwörtlich den Wind aus den Segeln. „Versöhnen statt spalten", hieß sein Credo. Ausgleich statt Konflikt und Moderation statt Polarisierung verbanden sich auf diese Art zu effektiven Instrumenten des Machterhalts.

„Lange Leine geben"

Zwar verwies Rau selbst immer wieder auf sein Selbstverständnis als Abgeordneter. Von 1958 bis zu seinem Rücktritt als Ministerpräsident 1998 gehörte er durchgängig dem nordrhein-westfälischen Landtag an. Indes setzte er als Ministerpräsident in den meisten Politikfeldern als Impulsgeber auf die Landesregierung – und nicht auf die SPD-Landtagsfraktion. Ähnlich wie Wolfgang Clement in der Strukturpolitik erfuhren auch andere Ressortminister, dass Rau bereit war, „genug Raum, Zeit und Gestaltungsmöglichkeiten" zu eröffnen. „Die Kunst des Menschenfischens besteht eben auch darin, lange Leine zu geben, ohne den Angelhaken spüren zu lassen."

Der Strukturwandel prägte weite Teile von Raus Tätigkeit als Ministerpräsident. Zwar war der Höhepunkt der Kohlekrise bei seinem Amtsantritt 1978 weitgehend überwunden, die Krise der Eisen- und Stahlindustrie begann jedoch gerade erst. Raus Umgang mit diesem Politikfeld zeichnet sich nicht alleine durch eine lange Leine für seine Regierungsmitglieder aus. Er sah seine Rolle auch darin, zur „Bewusstseinsschaffung" beizutragen. Dazu leistete er ein Jahr nach Amtsantritt als Ministerpräsident 1979 mit einer breit angelegten Ruhrgebietskonferenz einen wichtigen Beitrag. Diese symbolische Thematisierung ersetzte zwar keine inhaltlichen Entscheidungen, brachte aber Vertreter aus Politik, Industrie, Gewerkschaften, Verbänden und Kirchen an einen Tisch.

Zwar ist es noch zu früh, den Beitrag Raus als Ministerpräsident zum Strukturwandel – vor allem des Ruhrgebiets – abschließend zu beurteilen. Rau selbst hielt die konkreten Gestaltungsmöglichkeiten der Landespolitik jedoch für gering. Und tatsächlich ließ sich die Stahlkrise durch die Landespolitik auch nicht aufhalten oder gar verhindern. Der Streik der Stahlarbeiter in Rheinhausen 1987/88, die sich in einem mehrmonatigen Arbeitskampf gegen die Schließung des Werkes durch die Krupp-Führung wehrten, wurde zum Symbol der industriellen Umbruchprozesse. Das Verhalten Raus in dieser Krise zeigte seine Fähigkeit, sich trotz ökonomischer Probleme den Bürgern gegenüber als verlässliche Größe zu profilieren. Als Vermittler zwischen Konzernführung und Stahlarbeitern konnte er die Schließung des Rheinhauser Werkes zwar nicht verhindern, sich selbst jedoch als ehrlicher Makler präsentieren, der von beiden Seiten akzeptiert wurde. Gleichwohl blieben die materiellen Erfolge der Landesregierung beschränkt, der Strukturwandel ließ sich nur begrenzt durch die Landespolitik steuern. Sowohl in der Kohlepolitik als auch im Umgang mit den Konsequenzen der Stahlkrise setzte Rau darauf, zumindest mögliche Folgen für die betroffenen Regionen abzufedern und Strukturbrüche zu verhindern. Seine Leitlinien blieben dabei Konsens und Interessenausgleich.

Der Bildungs-, Schul- und Wissenschaftspolitik blieb Rau auch als Ministerpräsident verbunden. Wichtige Akzente in der

Hochschulpolitik hatte er bereits als Wissenschaftsminister gesetzt. Er verstand Bildungspolitik vor allem als Möglichkeit zur gesellschaftlichen Integration durch sozialen Aufstieg. Zugleich war dieses Politikfeld durch weitreichende parteipolitische Kontroversen im Land gekennzeichnet. Der auf Konsensbildung abzielende Ministerpräsident sah sich einer polarisierten Debatte gegenüber, die durch die Krise der öffentlichen Haushalte nicht gerade erleichtert wurde. Rau zeigte sich als Vertreter gemäßigter bildungspolitischer Positionen. Das Festhalten an Kultusminister Hans Schwier, der in den eigenen Reihen als zu konziliant angesehen wurde, belegt dies. Neue Akzente setzte die Landesregierung unter Rau beispielsweise bei der betriebswirtschaftlichen Untersuchung des schulischen Bildungssystems durch das Kienbaum-Gutachten 1991, sowie bei der Einrichtung einer Regierungskommission „Zukunft der Bildung – Schule der Zukunft" im folgenden Jahr. Diese Kommission war direkt dem Ministerpräsidenten zugeordnet und vereinte externe Akteure aus verschiedenen gesellschaftlichen Bereichen.

Ebenso wie die Bildungspolitik lag Rau die Kulturpolitik am Herzen. Mit der Kampagne „Wir in NRW" hatte Rau früh einen Grundstein für ein nordrhein-westfälisches Landesbewusstsein gelegt. Neben der Einführung eines nordrhein-westfälischen Staatspreises kamen weitere kulturpolitische Beiträge hinzu: die Gründung der Kunststiftung NRW, die Eröffnung der Kunstsammlung in Düsseldorf 1986, der Umbau des alten Düsseldorfer Ständehauses zum K21 und die Gründung der Stiftung für Naturschutz, Heimat und Kulturpflege zum 40-jährigen Bestehen des Landes 1986 sind nur einige Beispiele. Mit der Internationalen Bauausstellung Emscher Park, deren Ideengeber Karl Ganser Rau aktiv unterstützte, kam ein kulturpolitisches Symbol für den voranschreitenden Strukturwandel im Ruhrgebiet hinzu.

Diese sachpolitischen Schwerpunkte machen deutlich, dass Johannes Rau in besonderer Weise als landespolitischer „Sinnproduzent von hohen Gnaden" – so Ulrich Heinemann – aktiv war. Hierfür eigneten sich „weiche" Themenfelder wie Kultur,

Wissenschaft und Bildung in besonderer Weise. Auf diese Art konnte sich Rau auch als Hauptinterpret der Landespolitik und präsidialer Landesvater profilieren. Zugleich beinhaltete sein Politikstil strategische Elemente, die der landespolitischen Machtsicherung dienten. Die enge Verknüpfung von Landesidentität im „Bindestrich-Land" Nordrhein-Westfalen mit der „Staatspartei" SPD sicherte über viele Jahre hinweg die strukturelle Mehrheit der Sozialdemokratie. Das Aufgreifen wichtiger Anliegen anderer Parteien und die daraus resultierende Umarmungsstrategie unterminierte das Handlungspotenzial der Oppositionsparteien.

Im Gegensatz zur Bildungs- hatte die Umweltpolitik bis Mitte der 1980er Jahre eine untergeordnete Rolle gespielt. Erst durch den politischen Aufstieg der Grünen und der daraus resultierenden Gefahr für die Alleinregierung der SPD änderte sich dies. Rau setzte nun darauf, Ökonomie und Ökologie miteinander zu vereinbaren und berief mit Klaus Matthiesen einen herausragenden Kopf zum Umweltminister. So gelang es der SPD, den Einzug der Grünen in den Landtag bis 1990 zu verzögern.

Abschied und Neuanfang

Trotz des von Rau selbst stark empfundenen Pflichtbewusstseins, blieb seine Ministerpräsidentschaft nicht unbeeinflusst von politischen und persönlichen Krisen. Er selbst benannte drei Krisenerfahrungen, die ihn an einen Ausstieg aus der Politik denken ließen. Dazu gehörte zum einen das Attentat auf Oskar Lafontaine bei einer Wahlkampfveranstaltung in Köln-Mülheim 1990, das eigentlich Rau gegolten hatte. Hinzu kam eine schwere Nierenkrebsoperation 1992, die Rau zu einer mehrwöchigen Auszeit zwang. Schließlich spielte Rau mit dem Gedanken an einen Rücktritt, als bei einem fremdenfeindlichen Brandanschlag in Solingen fünf Mitglieder einer türkischen Familie ums Leben kamen. In allen Fällen entschied sich Rau jedoch fürs Weitermachen.

Anstelle eines klaren Einschnitts vollzog sich Raus Abschied aus der Landespolitik schleichend. Schon mit der Kandidatur für das Amt des Bundespräsidenten 1994 hatte er dem landespolitischen Tagesgeschäft den Rücken gekehrt. Zudem hatte er in Nordrhein-Westfalen nach der Landtagswahl 1990 verstärkt parlamentarischen Gegenwind erhalten. Die Einsetzung von drei Untersuchungsausschüssen machte deutlich, dass die parlamentarische Opposition – und hier vor allem die Grünen – versuchte, die Landesregierung verstärkt und öffentlichkeitswirksam unter Druck zu setzen. Die Opposition zielte insbesondere auf die politischen Schwergewichte im Landeskabinett. Sowohl Finanzminister Schleußer als auch Umweltminister Matthiesen gerieten durch die Untersuchungsausschüsse unter Druck. Arbeits- und Sozialminister Heinemann war sogar zurückgetreten. Das Kabinett als politisches Steuerungszentrum Raus wurde im Verlauf der Legislaturperiode unübersehbar zum zentralen Angriffsziel und ging geschwächt aus den Scharmützeln hervor.

Dennoch war vor der Landtagswahl 1995 keine klare Wechselstimmung erkennbar. Infolgedessen stellte die SPD unter dem Motto „Nordrhein-Westfalen auf gutem Weg“ die Fortsetzung der ökonomischen, ökologischen und sozialen Erneuerung in den Mittelpunkt ihrer Kampagne. Raus Wahlziel war die absolute Mehrheit, einer Koalition mit den Grünen erteilte er eine Absage: „Ich trinke lieber ein Pils, als dass ich in den grünen Apfel beiße.“

Insofern war das Wahlergebnis eine Zäsur: Erstmals nach drei vorangegangenen Wahlerfolgen konnte die SPD nur noch 46 Prozent der Stimmen erreichen, verlor ihre absolute Mehrheit und war erstmals nach 1980 zur Bildung einer Koalition gezwungen. Die Einbußen der SPD gingen dabei vor allem auf Mobilisierungsdefizite der eigenen Wählerschaft zurück.

Damit war auch Rau geschwächt. Er war nicht mehr die uneingeschränkte Wahlkampflokomotive seiner Partei. Die Quelle seines politischen Prestiges sprudelte durch das vergleichsweise schlechte Abschneiden seiner Partei schwächer als zuvor. Die Notwendigkeit der Koalitionsbildung kratzte an seinem Nimbus als Erfolgsgarant absoluter Mehrheiten. Auch Rau selbst empfand das Wahlergebnis als persönlichen Misserfolg. Er konnte nur durch die Intervention des SPD-Bundesvorsitzenden Rudolf Scharping noch am Wahlabend von einem sofortigen Rücktritt abgehalten werden. Für die Bundespartei war Nordrhein-Westfalen ein wichtiges Signal, denn die Absage an eine rot-grüne Koalition im Land wäre auch als Absage an ein solches Bündnis im Bund gewertet worden.

Rot-grüne Zwangsromanze

Für Rau war ein Bündnis mit den Grünen keinesfalls eine Wunschehe, sondern vielmehr eine „rot-grüne Zwangsromanze" (FAZ). Folglich überließ er die Koalitionsverhandlungen weitgehend Wolfgang Clement. Die grünen Verhandlungsführer, Bärbel Höhn und Michael Vesper, die vor Kritik an Raus Regierung in der vorangegangenen Legislaturperiode nicht zurückgeschreckt hatten, schienen nun fast glücklich, dass Rau zumindest im Hintergrund mäßigend einwirkte und so am Erfolg der Gespräche mitwirkte. Die Verhandlungen führten schließlich zu einem Koalitionsvertrag, so dass Rau am 6. Juli 1995 zum fünften Mal zum Ministerpräsidenten gewählt wurde. Erstmals konnte er jedoch nicht alle Stimmen seiner Regierungsmehrheit auf sich vereinen. Drei Abgeordnete versagten ihm ihre Zustimmung, einer von ihnen stimmte sogar für den CDU-Gegenkandidaten Helmut Linssen.

Nicht nur deshalb stand die Koalition politisch von Beginn an auf wackligen Beinen. Nie gelang es, eine ausgewogene Mischung aus parteilicher Konkurrenz und gemeinschaftlichem Handeln zu finden. Der Hauptstreitpunkt zwischen beiden Parteien, die Entscheidung über den Braunkohletagebau Garzweiler II, konnte im Koalitionsvertrag durch einen Formelkompromiss nur scheinbar beigelegt werden. Dieser Punkt entwickelte sich neben anderen verkehrs- und haushaltspolitischen Kontroversen zum größten Spaltpilz innerhalb der Koalition. Geradezu paradox erscheint daher, dass ausgerechnet der frühere Grünengegner Rau den Fortbestand der rot-grünen Koalition in den folgenden drei Jahren sicherte. Während Clement und andere SPD-Politiker einen harten Kurs gegenüber den Grünen fuhren, auf „rot pur“ und eine klare Abgrenzung setzten, etablierte sich Rau mit seiner ausgleichenden Art als Garant der rot-grünen Koalition. Nur durch seine Vermittlung konnte das akute Ausbrechen der latenten Konflikte verhindert werden.

Gleichwohl machten sich die Abnutzungserscheinungen bei Rau deutlich bemerkbar. Seit der Landtagswahl 1995 waren die Stimmen für einen Wechsel an der Spitze der Regierung nicht mehr verstummt. Rau konnte keine klaren Impulse mehr setzen, sah die bisher erfolgreich praktizierten Formen seines Regierungsstils durch die ungeliebte Koalition eingeschränkt und geriet auch aus den eigenen Reihen zunehmend unter Druck. Die Signale an ihn, den Staffelstab an seinen inzwischen zum Kronprinzen aufgestiegenen Wirtschaftsminister Clement weiterzugeben, verstärkten sich zunehmend, auch wenn Clement selbst bis zuletzt mit großer Loyalität für Rau arbeitete. Dieser hielt am Amt fest: „In der Politik ist das wie mit den Erdnüssen. Man nimmt nur eine und denkt, man will nur den Geschmack haben. Dann hört man nicht auf, bevor die Schale leer ist.“ Rau wollte die Schale neu auffüllen: Er hatte das Ziel, 1999 zum Bundespräsidenten gewählt zu werden, fest im Blick und sah es als Voraussetzung an, bis dahin das Amt des Ministerpräsidenten zu bekleiden.

Nur durch die für die SPD zunehmend guten Aussichten für die Bundestagswahl 1998 und die vernehmbare Ungeduld innerhalb der SPD ließ Rau sich schließlich zum Rückzug bewegen. Erste konkrete Gespräche über seinen Rücktritt wurden im Dezember 1997 geführt. Neben dem designierten Nachfolger als Ministerpräsident, Wolfgang Clement, waren mit Finanzminister Heinz Schleußer ein enger Vertrauter und mit Franz Müntefering Raus designierter Nachfolger im Parteivorsitz beteiligt. Im März 1998 erhielt Rau im Gespräch mit dem SPD-

Parteivorsitzenden Oskar Lafontaine die Zusage, von seiner Partei als Kandidat für die Bundespräsidentenwahl ins Rennen geschickt zu werden. Damit wurde der schleichend eingeleitete Abschied aus der Landespolitik endgültig vollzogen. Am 17. März 1998 kündigte Rau seinen Rücktritt von den Ämtern des Parteivorsitzenden und des Ministerpräsidenten an. Diesen Schritt vollzog er Ende Mai, so dass sein Amtsnachfolger Wolfgang Clement am 27. Mai 1998 im Landtag gewählt werden konnte.

Würdigung

Als Ministerpräsident verband Rau auf virtuose Weise Selbstdarstellung und Fremdwahrnehmung zu einem stimmigen Image. Anders als dies auf den ersten Blick erscheint, kannte Rau dabei „die subtilen Formen der Macht. Autorität und Stärke demonstriert er über Geborgenheitsangebote. (...) Machtkalküle verpackt er mit menschlicher Zuwendung und Anteilnahme, verbindet sie mit Wärme, mit tatsächlicher und gespielter“, so Filmer und Klein. Seine im Laufe der Jahre gewonnene moralische Integrität speiste sich nicht unerheblich aus seiner persönlichen Prägung als bürgerlicher Protestant. Er verstand es, persönliche Nähe auszustrahlen, ohne sich anzubiedern. Er besaß nicht nur eine ausgeprägte Menschenkenntnis, sondern kannte jeden Winkel des von ihm geführten Bundeslandes. Zudem gelang es ihm ausgesprochen geschickt, dass ein von ihm maßgeblich beeinflusstes Landesbewusstsein mit der SPD assoziiert wurde. „Wir in NRW“ war Ausdruck dieses Landesbewusstseins, zugleich aber immer auch auf Rau und die SPD bezogen. Nicht zuletzt damit führte er die SPD durch die „goldenen Jahre“ einer strukturellen Mehrheitspartei.

Die Partei war Raus Machtelixier und der Ausgangspunkt seines Regierungsstils. Und, so paradox das erscheinen mag: Mit Hilfe von Parteimacht gelang es ihm, sich als präsidialer Moderator über den Parteienwettbewerb zu erheben. Sein persönliches Konsensbedürfnis äußerte sich in einem moderierenden Politikstil, der auch den politischen Gegner einschloss und diesem zugleich auf subtile Art und Weise das Wasser abgrub und potenzielle Angriffsflächen entzog. Diese Art, das Amt des Ministerpräsidenten als „Landespräsident" auszufüllen, prädestinierte Rau geradezu für das Amt des Bundespräsidenten. Insofern erscheint es beinahe als logische Fortsetzung seiner politischen Erfolgsgeschichte, dass Rau am 23. Mai 1999 zum achten Bundespräsidenten gewählt wurde. Als ein Mann des Wortes konnte er hier mit „weichen" Themen jenseits des politischen Alltagsgeschäfts als „Sinnproduzent von hohen Graden" agieren.

Zugleich hinterließ Rau der SPD in Nordrhein-Westfalen ein schwieriges Erbe. Das Ergebnis der als Niederlage empfundenen Landtagswahl von 1995 enthielt bereits die Vorzeichen des drohenden Niedergangs der SPD in ihrem vermeintlichen Stammland. Dazu trugen sowohl bundespolitische Konstellationen als auch landespolitische Personal- und Sachfragen bei. Auf Bundesebene zeichnete sich mit dem Regierungswechsel 1998 ein Ende der nordrhein-westfälischen Sonderrolle ab. Die Zeiten, in denen sich Nordrhein-Westfalen als soziales Gewissen gegenüber der Bundesebene profilieren konnte, waren endgültig vorbei. Im Land selbst hatte sich schon in den 1980er Jahren eine kontinuierliche abnehmende Mobilisierung sozialdemokratischer Stammwähler abgezeichnet. Diese Entwicklungen zulasten der SPD hatte in den 1990er Jahren an Fahrt aufgenommen, ohne dass Rau und die SPD hierauf entsprechende Antworten gefunden hätten.

Der Strukturwandel unterspülte die enge Verbundenheit mit den Gewerkschaften und somit auch die politische Verankerung der Partei. Die für Rau so wichtige Wählerkoalition mit den Mittelschichten zerbrach und die SPD wurde in den folgenden Jahren Opfer ihrer eigenen Politik: Die von der Bildungsexpansion der 1970er und 1980er Jahre begünstigten Wähler wandten sich anderen Parteien zu. Es rächte sich nun, dass Rau kein Anhänger programmatischer Debatten war. Das personelle

Reservoir wurde nicht ausreichend aufgefüllt. Obendrein hatte sich unter Rau eine programmatische Lähmung innerhalb der SPD ausgebreitet. Seine sozialdemokratischen Amtsnachfolger, Wolfgang Clement und Peer Steinbrück, konnten daher nicht nur aufgrund ihres eigenen politischen Selbstverständnisses, sondern auch wegen veränderter politischer Rahmenbedingungen nicht in derselben Weise agieren wie ihr Amtsvorgänger.

Martin Florack, M. A.

Literaturhinweise

Hitze, Guido: Die Parteien und das Land. Der Mythos vom „sozialdemokratischen Stammland" NRW. Johannes Rau (1931-2006) als Ministerpräsident von Nordrhein-Westfalen. In: Brautmeier, Jürgen/ Heinemann, Ulrich (Hrsg.): Mythen – Möglichkeiten – Wirklichkeiten. 60 Jahre Nordrhein-Westfalen. Essen 2007 (Düsseldorfer Schriften zur neueren Landesgeschichte und zur Geschichte Nordrhein-Westfalens, 77), S. 153-171.

Hoffmann, Markus: Regierungsstile von Ministerpräsident Johannes Rau 1990 bis 1998. Versöhnen als Machtinstrument. Marburg 2006.

Korte, Karl-Rudolf/Florack, Martin/Grunden, Timo: Regieren in Nordrhein-Westfalen. Strukturen, Stile und Entscheidungen 1990 bis 2006. Wiesbaden 2006.

Mittag, Jürgen/Tenfelde, Klaus (Hrsg.): Versöhnen statt spalten. Johannes Rau: Sozialdemokratie Landespolitik und Zeitgeschichte. Oberhausen 2007.

Wolfgang Clement (geb. 1940)

Am **7. Juli 1940** in Bochum geboren;

1960–1965	Studium der Rechtswissenschaften an der Universität Münster;
ab 1968	politischer Redakteur, Ressortleiter und stellv. Chefredakteur der Westfälischen Rundschau in Dortmund;
1970	Eintritt in die SPD;
1985–1986	stellv. Bundesgeschäftsführer der SPD;
1986–1989	Chefredakteur der Hamburger Morgenpost;
1989–1995	Chef der Staatskanzlei Nordrhein-Westfalen;
1990–1995	Minister für besondere Aufgaben;
seit 1993	Mitglied des Landtages Nordrhein-Westfalen;
1995–1998	Minister für Wirtschaft und Mittelstand, Technologie und Verkehr des Landes Nordrhein-Westfalen;
1996–2001	stellv. Landesvorsitzender der SPD;
1998–2002	Ministerpräsident des Landes Nordrhein-Westfalen;
1999–2005	stellv. Vorsitzender der SPD;
2002–2005	Bundesminister für Wirtschaft und Arbeit.

Wolfgang Clement wurde am 7. Juli 1940 als Sohn eines Baumeisters in Bochum geboren. Nach seinem Abitur, welches er im Jahr 1960 am Graf-Engelbert-Gymnasium in Bochum machte, verließ er das Ruhrgebiet, um sein Jurastudium an der Universität Münster aufzunehmen. Bereits während des Studiums gelang ihm der Einstieg in den Journalismus. Er volontierte und arbeitete als Redakteur bei der Westfälischen Rundschau in Dortmund. 1968 wurde er politischer Redakteur und stieg im Oktober 1969 zum Ressortleiter Politik der Westfälischen Rundschau auf. Von Ende 1973 bis Anfang 1981 war er stellvertretender Chefredakteur der Tageszeitung.

Das erste juristische Staatsexamen legte Wolfgang Clement 1965 ab. Danach arbeitete er zwei Jahre als Rechtsreferendar am Oberlandesgericht Hamm, um dann zum Institut für Prozessrecht der Universität Marburg zu wechseln. Seine Doktorarbeit über die „Zustimmungsbedürftigkeit von Gesetzen im Bundesrat“ an der Universität Bochum vollendete er nicht. Im Jahre 1966 heiratete Clement seine Frau Karin, mit der er fünf gemeinsame Töchter hat. Nach dem abrupten und freiwilligen Ausscheiden aus seinen Bonner Parteiämtern übernahm er 1987 die Chefredaktion der Hamburger Morgenpost.

Seiteneinstieg in die Politik

Clement trat 1970 in die SPD ein. Seine parteipolitische Karriere begann, als ihn Hans-Jürgen Wischnewski im Frühjahr 1981 als Sprecher des SPD-Bundesvorstandes nach Bonn holte. 1985 wurde Clement Berater von Johannes Rau bei dessen Bewerbung um das Amt des Ministerpräsidenten von Nordrhein-Westfalen. Im Juni 1985 stieg er zum stellvertretenden Bundesgeschäftsführer der SPD auf. Auf Grund seines engen Vertrauensverhältnisses zu Johannes Rau engagierte dieser ihn als persönlichen Berater während seiner Kanzlerkandidatur. Zuvor war Clement von seinen Bonner Parteiämtern zurückgetreten. Unstimmigkeiten innerhalb der SPD-Führung hatten ihn dazu getrieben. Die SPD hatte zu keinem Zeitpunkt geschlossen hinter der Kanzlerkandidatur von Johannes Rau gestanden.

Zu Beginn des Jahres 1989 wurde Clement Leiter der Düsseldorfer Staatskanzlei unter Ministerpräsident Johannes Rau. Seine Bemühungen um einen raschen wirtschaftlichen Strukturwandel in Nordrhein-Westfalen machten ihn zu dem zentralen Akteur der Innovationspolitik. Nach der Wahl wurde Clements Position als Chef der Staatskanzlei 1990 aufgewertet und zum Minister für besondere Aufgaben ernannt. Clement beschäftigte sich vor allem mit Medien- und Strukturpolitik sowie Europa- und Deutschlandpolitik. 1992 beteiligte er sich intensiv an der Diskussion um den Maastrichter Vertrag zur Wirtschafts- und Währungsunion.

Im Oktober 1993 rückte Clement für den enttarnten langjährigen Stasi-Mitarbeiter und Kölner Abgeordneten Wilhelm Vollmann in den nordrhein-westfälischen Landtag nach. Im selben Jahr berief ihn Kanzlerkandidat Rudolf Scharping in sein Beraterteam. Nach der Landtagswahl im Mai 1995 wurde Clement zum „NRW-Superminister“ für Wirtschaft und Mittelstand, Technologie und Verkehr. Zudem fielen weiterhin Medien und Telekommunikation aus seiner vorherigen Funktion in seinen Zuständigkeitsbereich. Darüber hinaus übernahm er die Zuständigkeit für die Landesverkehrspolitik.

Bereits nach der Landtagswahl 1995 verstummten die Stimmen für einen Wechsel an der Spitze der Landesregierung nicht mehr. Bestärkt wurde dieser Trend durch die bevorstehenden Bundestagswahlen und der damit verbundenen Modernisierungsstrategie der SPD. „Innovation und Gerechtigkeit“ war der zentrale Wahl-Slogan der SPD im Bundestagswahlkampf. Der Reformstau sollte politikfeldübergreifend aufgelöst und die Ära Kohl beendet werden. Der dienstälteste Ministerpräsident Johannes Rau passte nicht mehr in das sozialdemokratische Erneuerungs- und Aufbruchsszenario des Jahres 1998. Wolfgang Clement wurde zeitgleich immer ungeduldiger, was aber nur für Insider in seinem politischen Umfeld wahrnehmbar war. Clement arbeitete bis zum letzten Tag mit hundertprozentiger

Loyalität für Johannes Rau. Sein Pflichtgefühl ließ keinen Spielraum für Kronprinzen-Allüren. Wenn Clements Ungeduld in der Kronprinzen-Rolle nach außen drang, dann nur, wenn es über seine Machtmakler vermittelt wurde, die dies in der bundespolitischen Arena verbreiteten. Zum damaligen Zeitpunkt war überdies nicht völlig auszuschließen, ob Rau nicht Franz Müntefering an Stelle von Clement als seinen Nachfolger installieren wollte.

Während eines Gesprächs beim vorweihnachtlichen Kaffeetrinken im Hause Johannes Raus, wurde am 21. Dezember 1997 der Fahrplan zum Wechsel der Ministerpräsidenten in Nordrhein-Westfalen festgelegt. Anwesend waren neben Rau und Wolfgang Clement noch der damalige Finanzminister Heinz Schleußer sowie Franz Müntefering. Der Rat an Rau bestand darin, bis zum Sommer 1998 den strategischen Rückzug anzugehen. Wolfgang Clement sollte nun tatsächlich das Amt des Ministerpräsidenten übernehmen. Rau wollte noch eine Weile als Parteivorsitzender agieren, um Clement machtpolitisch in dessen Startphase den Rücken frei zu halten. Johannes Rau wollte sein Amt in Nordrhein-Westfalen allerdings nicht bedingungslos zur Verfügung stellen. Sein Lebenstraum, die Kandidatur zur Bundespräsidentschaft, wurde umso erfolgversprechender, je länger er im Amt des Ministerpräsidenten blieb. Wolfgang Clement und auch Gerhard Schröder plädierten jedoch für einen schnelleren Wechsel. Seit der Landtagswahl in Niedersachsen am 1. März 1998 stand fest, dass der niedersächsische Ministerpräsident Gerhard Schröder Kanzlerkandidat der SPD werden würde. Schröder erhöhte daraufhin den Druck auf Rau.

So wurde schließlich im März 1998 aus dem monatelangen – teils subtilen, teils öffentlichen – Drängen Gewissheit. Am späten Montagabend des 16. März 1998 gab Rau offiziell bekannt, dass er sowohl das Amt des Ministerpräsidenten als auch den Parteivorsitz in Nordrhein-Westfalen bis zum Juni 1998 aufgeben wolle. In der Fraktion erläuterte Rau am folgenden Tag seine Entscheidung. Fraktionschef Klaus Matthiesen mahnte demonstrativ die Geschlossenheit zwischen dem linken und rechten Fraktionsflügel an. Wolfgang Clement betonte, die Koalition mit den Grünen auf jeden Fall fortsetzen zu wollen, zumal der Koalitionsvertrag noch nicht abgearbeitet sei. Kronprinz Clement, Wirtschaftsminister in Raus Kabinett, sollte somit die Chance zum Machtwechsel in Nordrhein-Westfalen erhalten.

Unter dem Druck der bevorstehenden Bundestagswahl setzten sich auch innerhalb der nordrhein-westfälischen SPD die Kräfte durch, die hofften, die Partei durch einen personellen Wechsel an der Spitze der Landesregierung vom Image der Verkrustung und Unbeweglichkeit zu befreien. Es sollte eine Erneuerungsfähigkeit demonstriert werden, die man der Kohl-CDU als Regierungspartei im Bund absprach. Rau selbst bezeichnete den Wechsel in Düsseldorf als „Rückenwind für den Wechsel in Bonn". Insofern kam ein doppelter Anstoß aus Düsseldorf: Mit der Wahl des Wirtschaftspolitikers Clement zum Ministerpräsidenten wollte die Bundes-SPD ihre Modernität und Wirtschaftskompetenz unter Beweis stellen. Gleichzeitig sollte der Öffentlichkeit ins Bewusstsein gerufen werden, dass für jeden altgedienten Politiker einmal der Tag des Abschieds kommen müsse. Neuer Landesvorsitzender sollte Franz Müntefering werden, ein Führungsduo aus Regierungschef und Parteivorsitz war geplant. Müntefering führte den mit Abstand mitgliederstärksten Bezirk der SPD, Westliches Westfalen, und arbeitete als Bundesgeschäftsführer der SPD seit 1995 in Bonn. Franz Müntefering und Wolfgang Clement sollten beide zusammen einen adäquaten Ersatz für Rau bilden.

Regierungsbildung im Eiltempo

Bei der Regierungsbildung war große Eile geboten. Denn aus der unmittelbar zeitlichen Nähe zur Bundestagswahl sollten wechselseitig für Wolfgang Clement und für Gerhard Schröder positive Effekte ausgehen. Das konnte nur in einem geordneten, raschen Verfahren gelingen, bei dem Clement als Ministerpräsident noch in den laufenden Bundestagswahlkampf werbewirksam eingreifen sollte. Am 16. März 1998 gab Rau seinen Abschied bekannt. Gut zwei Monate später, am 27. Mai 1998, wählte der Landtag den neuen Ministerpräsidenten. Doch dieser Zeitplan kristallisierte sich erst allmählich zwischen März und April heraus. Zunächst wollte Clement ungefähr zwei Wochen vor der Bundestagswahl seine Regierungserklärung abgeben. Ein Termin, den er vor allem auf Druck des Koalitionspartners auf Juni vorzog.

Für Wolfgang Clement bestand in der Zwischenzeit die wichtigste Aufgabe in der Vorbereitung der Regierungsbildung, also dem Auf- und Ausbau eines auf ihn zentrierten personalen Machtnetzwerkes, sowohl in der Regierung als auch in der Staatskanzlei. 111 Stimmen benötigte der designierte Ministerpräsident für die erforderliche absolute Mehrheit. Über 108 Stimmen verfügte die SPD-Fraktion. Mit Abweichlern war zu rechnen, denn Wolfgang Clement polarisierte als Wirtschafts- und Verkehrsminister vor allem die traditionellen Sozialdemokraten. Der linke Flügel der SPD kritisierte immer wieder – unter ihnen auch die Schulministerin Gabriele Behler – die einseitige Ausrichtung der Politik auf wirtschaftliche Interessen. Den Unmut der Basis hatte Clement auch auf dem zurückliegenden Landesparteitag vom Januar 1998 zu spüren bekommen. Unklar war ebenso, wie sich die Grünen als Koalitionspartner verhalten würden. Sie hätten Clement zwar formal nicht verhindern können, weil er im dritten Wahlgang nur noch die einfache Mehrheit benötigte, aber Clement hatte deutlich zu verstehen gegeben, dass er nur für einen einzigen Wahlgang zur Verfügung stehen würde.

Rot-Grün verfügte über eine große Mehrheit im Landtag, so dass ein paar Abweichler durchaus zu verkraften gewesen wären. Aber wie verhielt sich Wolfgang Clement in Bezug auf rot-grüne Konfliktpunkte? Johannes Rau hatte den Grünen im Hinblick auf Garzweiler II zugesagt, nicht von der Richtlinienkompetenz des Ministerpräsidenten Gebrauch zu machen, was bedeutete, seine grüne Umweltministerin nicht zu einer bestimmten Entscheidung anzuweisen – genau dies erwarteten die Grünen jetzt auch vom designierten Ministerpräsidenten. Ansonsten wäre die Entscheidung des grünen Landesparteitages von Jüchen, in der Koalition zu verbleiben, in sich zusammengebrochen, da Umweltministerin Bärbel Höhn das Instrumentarium zur eigenen Gestaltung aus der Hand genommen worden wäre. Das Verhältnis zwischen Clement und Höhn war also machtpolitisch entscheidend und wichtig für die Zukunft der Koalition.

Wolfgang Clement versicherte sich während der Vorbereitungen zur Regierungsbildung zunächst der weiteren Mitarbeit von Finanzminister Schleußer. Dieser änderte seine persönliche Lebensplanung und konnte noch einmal von Clement überzeugt werden, in seinem ersten Kabinett die Schlüsselposition zu übernehmen. Zu weiteren Kabinettsbesetzungen äußerte sich Clement vor seiner Wahl nicht. Die Flügel und Bezirke der Partei, die Fraktion sowie Weggefährten und Widersacher mussten in einen Proporz eingebunden werden. Erst nach der Wahl stellte sich für Clement die Frage der konkreten Kabinettsliste, wobei frühzeitig durchsickerte, dass Clement die Umbildung auch zur Verkleinerung des Kabinetts nutzen wollte. Clement schwieg zu den öffentlichen Spekulationen, denn es war klar, dass Kabinettsumbildungen zu Enttäuschungen führen könnten, die sich leicht in Stimmenthaltungen niederschlagen konnten.

Zeitlich hatte Clement ohnehin nur einen kurzen Handlungskorridor: Es war damit zu rechnen, dass er nach der Landtagswahl im Jahr 2000 den zweiten Start für eine dann fünfjährige Regierungszeit mit einem noch deutlicher auf ihn zugeschnittenen Kabinett versuchen würde. Letzte Entscheidungen über das erste Kabinett konnten auch erst nach dem außerordentlichen SPD-Landesparteitag am 23. und 24. Mai 1998 fallen, auf dem Franz Müntefering zum neuen Landesvorsitzenden gewählt werden sollte. Im Vergleich zu Regierungsbildungen im Bund, berief Clement sein Kabinett im Eiltempo. Drei Wochen nach seiner Wahl im Landtag sollte seine neue

Regierungsmannschaft stehen und die mit dem Koalitionspartner abgestimmte Regierungserklärung verfasst sein.

Allerdings hatte Clement in dieser Phase des Übergangs mit erschwerten Bedingungen zu kämpfen. Zeitgleich mit dem beginnenden Regierungsbildungsprozess setzte der Landtag auf Betreiben der CDU einen parlamentarischen Untersuchungsausschuss ein, vor dem sich der noch amtierende Sozial- und Gesundheitsminister Horstmann wegen Missständen in der forensischen Psychiatrie zu verantworten hatte. Noch problematischer erschien, dass Schleußer im Verlauf der Haushaltsplanung 1999 ein Milliardenloch öffentlich machte. Es zwang die Regierung, über die Einbringung eines Haushaltssicherungsgesetzes auch gesetzlich festgeschriebene Leistungen drastisch einzuschränken. In diesem schwierigen politischen Klima galt es für Clement einen dynamischen Start vorzubereiten. Dazu besuchte er am 23. Mai 1998 zum ersten Mal die grüne Landtagsfraktion, um beim Koalitionspartner um Vertrauen zu werben. Wie viele der 24 grünen Abgeordneten sich für Clement entscheiden würden war unklar, da einige bereits öffentlich signalisiert hatten, Clement nicht wählen zu wollen. Clement hatte im Vorfeld erklärt, dass er mit mindestens der Hälfte der 24 Stimmen rechne.

Clement wurde am 27. Mai 1998 mit 124 Stimmen als Nachfolger von Johannes Rau zum siebten Ministerpräsidenten Nordrhein-Westfalens gewählt. Bei der geheimen Wahl fehlten Wolfgang Clement acht der 132 rot-grünen Stimmen. Der Kandidat der Opposition, Helmut Linssen, erhielt 87 Stimmen, eine weniger als CDU-Abgeordnete anwesend waren. Neun Parlamentarier enthielten sich der Stimme. Da bei der Probeabstimmung der Grünen unmittelbar vor der Wahl im Landtag nur drei Grüne Clement die Zustimmung verweigert hatten, wurde darüber spekuliert, wer von den Sozialdemokraten Clement nicht gewählt hatte. Mit acht Dissidenten hielt sich der Protest jedoch in überschaubaren und kalkulierbaren Bahnen.

Nordrhein-Westfalens neuer Manager

Mit einem symbolträchtigen Akzent startete Clement den ersten Tag seiner Amtszeit als neuer Ministerpräsident. Er lud zur ersten Pressekonferenz ins Düsseldorfer Stadttor und verkündete den Umzug der Staatskanzlei in „Europas modernstes Hochhaus". Der Staatskanzlei wies er so eine besondere Bedeutung zu. Die rund 400 Mitarbeiter der Staatskanzlei würden zukünftig in einigen von der Landesregierung angemieteten Etagen arbeiten. Die alte Staatskanzlei, in der Johannes Rau fast 20 Jahre lang residiert hatte, sollte verkauft oder von anderen Landesbehörden genutzt werden. Diese Ankündigung war in jeglicher Hinsicht von symbolischer Bedeutung für den Regierungsstart von Clement. Es unterstrich sein Macher-Image, da die Ankündigung überraschend kam. Zweitens dokumentierte der Umzug einen gewollten Kontinuitätsbruch zur Ministerpräsidentschaft von Johannes Rau und damit einen räumlichen und inhaltlichen Neustart. Drittens sollte das lichtdurchflutete Hochhaus als Metapher für mehr Transparenz und eine klarere Zuordnung der Verantwortung für das Regierungshandeln dienen. Zum anderen sah Clement sich in seinem Selbstverständnis als „Manager" unter seinesgleichen, da neben der Staatskanzlei eine Reihe von Unternehmen angesiedelt werden sollten. Die zukunftsweisende Architektur, Ökologie und Wirtschaftlichkeit sollten Zeichen einer nachhaltigen Modernisierungsstrategie setzen. Dieses Bild eines dynamischen Starts wurde durch mehrere Pannen getrübt. Der Umzug verzögerte sich mehrere Monate. In der Kostenfrage war die CDU-Opposition nur schwerlich davon zu überzeugen, dass sich der Aufwand am Ende rechnen würde.

Am 9. Juni 1998 konnte Clement das neue Kabinett präsentieren. Er ordnete auch die Regierungsbildung unter seinem Motto „Erneuerung und Konzentration" ein. Erstes sichtbares Zeichen der neuen Zeit: Clement reduzierte die Ministerien von zwölf auf acht. Die Frauenquote lag nunmehr bei 50 Prozent. Ein neuer Minister, Bodo Hombach als Wirtschafts- und Verkehrsminister, und eine neue Ministerin, Birgit Fischer, zuständig für Frauen, Familie, Jugend und Gesundheit, gehörten dazu. Die Regierungsbildung wurde trotz der über Wochen durchsickernden Informationen zu einer Überraschung. Rau hatte aus Proporzgründen lieber ein Ministerium zu viel als zu wenig geschaffen, um die verschiedenen Parteiströmungen und Interessenvertreter einzubinden. Clement band mit Gabriele Behler nicht nur eine prononcierte Repräsentantin des linken Flügels in die Kabinettsdisziplin ein, sondern stärkte die stellvertretende SPD-Landesvorsitzende durch die Ausweitung ihrer Ressortkompetenzen. Die Schulministerin war nun auch für die Hochschulpolitik zuständig. Die beiden grünen Minister Höhn und Vesper blieben mit unveränderten Kompetenzen im Kabinett.

Vor allem die mit der Regierungsbildung einhergehenden Strukturveränderungen sorgten für öffentliche Aufmerksamkeit. Ein so kleines Kabinett hatte es in Nordrhein-Westfalen noch nie gegeben. Insbesondere die beabsichtigte Zusammenlegung des Innenministeriums mit dem Justizministerium unter Leitung von Fritz Behrens provozierte große öffentliche Empörung und begleitete die Regierungsbildung noch über Monate hinweg. Clement erklärte die Fusion zum Kernstück seiner „durchgreifenden Staats- und Verwaltungsreform". Erstmals in der politischen Geschichte der Bundesrepublik Deutschland lagen damit die Verantwortung für Justiz und Inneres in einer Ministerhand. Unter dem Stichwort „Modernität statt Montesquieu in NRW" entstand eine heftige Diskussion darüber, ob damit die Gewaltenteilung aufgehoben werde. Nach monatelangen kontroversen Diskussionen stoppte Clement schließlich die Fusion Anfang November 1998. Die CDU hatte beim nordrhein-westfälischen Verfassungsgerichtshof einen Antrag auf einstweilige Anordnung gestellt. Clement sah sich daraufhin gezwungen, die Fusion nicht rechtskräftig werden zu lassen.

Mehr „ich“, weniger „wir“

Nach der Bildung des Kabinetts gehört zur Startphase einer Regierung traditionell die Regierungserklärung vor dem Landtag. Zwischen der Vorstellung des Kabinetts und der ersten großen Regierungserklärung am 17. Juni 1998 lagen nur acht Tage. Für die zweite große Regierungserklärung am 30. August 2000, nach seiner Wiederwahl zum Ministerpräsidenten, hatte Clement immerhin 100 Tage Zeit zur Vorbereitung. Der eigene Anteil Clements an seinen Reden kann als groß bezeichnet werden. Noch aus seinen Zeiten als Journalist stammend, stand eine mechanische Schreibmaschine in seinem Büro. Mit dieser verfasste er seine Reden oder überarbeitete sie. Für Clement war es nicht vorstellbar, eine ihm gänzlich fremde Rede zu halten. Er redigierte die Regierungserklärungen selbst und sehr genau. Dies konnte im Auto oder auch nachts geschehen. Abhängig von seiner Stimmungslage war die Anzahl der roten Anmerkungen am Rande der Erklärungen, wenn er sie seinen Redenschreibern zurückgab. Dass ihm bei dieser Arbeit seine journalistische Vorbildung zugutekam, war unübersehbar.

Der Aufbau von Clements Regierungserklärung wich nicht wesentlich vom Modell Johannes Rau ab. Clement betonte allerdings häufiger das „Ich“ – im Kontrast zum „Wir“ von Rau. In der Erklärung reihten sich die Ressortthemen ohne erkennbare Prioritätensetzung und Strukturierung aneinander. Mit den expliziten Bezügen zum Koalitionsvertrag und zur Regierungserklärung Raus vom 13. September 1995 startete die Rede. Der Dank an den Vorgänger wurde mit dem Verweis auf das Erbe verbunden. Solche Kontexte gestalten sich für Nachfolger der gleichen Partei als äußerst schwierig, denn die politischen Probleme, mit denen die Regierung zu kämpfen hat, dürfen nicht dem Vorgänger angelastet werden. Andererseits steht der Nachfolger in der Pflicht der Erneuerung. Relativ schonungslos sagte Clement gleich zu Beginn: „Zusätzlich stellen uns die Lage der öffentlichen Finanzen und der tiefgreifende wirtschaftliche Strukturwandel vor schwierige und teilweise auch schmerzhafte

Entscheidungen. Die Tiefe der Veränderungen, mit denen wir es zu tun haben, ist nach meinem Eindruck noch nicht überall in vollem Umfang erkannt."

Clement sah sich in dieser Rede als „erster Angestellter" eines Dienstleistungs-Unternehmens, als Vorstandschef einer „NRW AG". Schnörkellos offen redete er an vielen Stellen vom politischen Management. Seiner politischen Philosophie entsprechend, sollte sich der Staat auf wenige, aber wesentliche Aufgaben beschränken. Bürgerschaftliches Engagement sollte zum Gemeinwohl beitragen. Insofern war seine Grundmelodie distanziert zu der von Rau angelegt, obwohl Clement die Verbundenheit mit seinem Amtsvorgänger betonte. Clements Politik- und Amtsverständnis ließen wenig Raum für kollektive Appelle an das „Wir in NRW"-Gefühl. Leistung, Wettbewerb, schlanker Staat, Wissensgesellschaft und Konzentration waren fast schon marktliberale Bekenntnisse, die sich in dieser Deutlichkeit in keiner Rede Johannes Raus fanden. Konkret wurden eine Reihe einschneidender Maßnahmen bei der Reform der öffentlichen Verwaltung angekündigt sowie Kosteneinsparungen bei den Landesbediensteten.

Mit dem Bekenntnis zur Verbindlichkeit des Koalitionsvertrages machte der Ministerpräsident in der Regierungserklärung seine Absicht deutlich, das Regierungsbündnis mit den Grünen fortsetzen zu wollen. Als gemeinsame Vorhaben bis zum Ende der Legislaturperiode stellte er die verstärkte Nutzung erneuerbarer Energien, eine bessere Vernetzung der Verkehrssysteme und die Förderung von Maßnahmen zum schonenden Ressourcen- und Energieverbrauch in der Industrie heraus. In Anspielung auf Garzweiler II sagte Clement: „Wir fordern aber auch von anderen Zuverlässigkeit und Berechenbarkeit."

Noch war die Regierungszentrale trotz der Veränderungen auf der Leitungsebene inhaltlich und strukturell auf Rau ausgerichtet. Die Staatskanzlei ließ sich nicht in wenigen Monaten zu einer auf Clement zugeschnittenen Regierungszentrale umbauen. Das Tempo der Clement'schen Ankündigungen entsprach nicht immer der bis dahin bewährten Arbeitsweise der

Staatskanzlei. Andererseits erkannte Clement, besser als seine Vorgänger, welches Potenzial in einer solchen Steuerungszentrale steckte. Führung erfolgte bei ihm über Gespräche und Konferenzen – ideengetrieben und auch begeisterungsfähig, vor allem auf Schnelligkeit ausgerichtet, gerade so, als müsse ein imaginärer Redaktionsschluss erreicht werden. Politische Ideen testete Clement aus der Staatskanzlei heraus weniger über die Landespressekonferenz und den offiziellen Regierungssprecher, sondern über eine kleine Schar handverlesener Journalisten und ehemaliger Wegbegleiter. Dazu gehörten der damalige Bertelsmann-Manager Hans Roland Fäßler oder der ehemalige Sony-Pressesprecher und Vertraute des damaligen Telekom-Chefs Ron Sommer, Peter Hoenisch. Sie dienten ihm häufig als Resonanzboden politischer Entscheidungen. Bei ihnen holte er sich Rat ein, wenn es um persönliche Einschätzungen ging. Ihnen traute er oft mehr als dem von Rau geerbten Beamtenapparat, der die informellen Zirkel argwöhnisch registrierte. Beamte, die seinem Vorgänger persönlich und inhaltlich sehr nahestanden, bekamen dieses Misstrauen zu spüren und wurden teilweise auf andere, weniger bedeutende Positionen versetzt.

Symbolträchtige Stilelemente

Wolfgang Clement agierte weniger präsidial als sein Vorgänger. Gleichwohl musste er sich noch einige Monate bis zum Umzug in das gemietete innovative Stadttor gedulden, damit der neue Stil auch zum Umfeld passte. Zur symbolträchtigen Startphase des neuen Ministerpräsidenten gehörten neben der Regierungsbildung und der Ankündigung des Umzugs der Staatskanzlei in den ersten Monaten, vor allem drei inhaltliche Akzente des Regierungshandelns: zum einen der „Ausbildungskonsens", der schon ein vorrangiges Ziel von Clements Politik gewesen war, als er noch als Wirtschaftsminister Verantwortung trug. Gemeinsam mit Arbeitgebern, Gewerkschaften, den Städten und Gemeinden sowie den Wohlfahrtsverbänden sollte jeder seinen

Beitrag leisten, um Ausbildungsplätze anzubieten. Eine tragende Rolle dieses Ausbildungskonsenses im Kontext der Beschäftigungspolitik hatte Clement auch in seiner Regierungserklärung angekündigt. Um diesen Ausbildungskonsens zu erreichen, nutzte er jeden Ortstermin, um die verschiedenen Interessenvertreter an einen Tisch zu bringen. Insofern agierte Clement zwar darstellungspolitisch weniger präsidial als Rau, aber dennoch in der Betonung konsensorientierter Politikherstellung. Konkordanzdemokratisch sollten Entscheidungen durch Verhandlung und Kompromiss herbeigeführt sowie die unterschiedlichen gesellschaftlichen Gruppen und Interessen in den Entscheidungsprozess eingebunden werden.

Ganz ähnliche Stilelemente seines Regierungshandelns können bei Clements Antrittsbesuch in den Niederlanden herausgearbeitet werden. Effektvoll suchte er sich gezielt das Nachbarland mit den ökonomisch attraktiven Daten aus. Das Jobwunder in den Niederlanden der 1990er Jahre war Clement ein leuchtendes Vorbild. Da gab es auf der einen Seite die Bewunderung für eine fast schon marktliberale Modernisierungsstrategie: niedrige Firmensteuern, radikale Streichung von Subventionen, die Pflicht von Arbeitslosen, angebotene Stellen anzunehmen, Einkommen, die deutlich unter den deutschen Löhnen lagen sowie deutlich mehr Teilzeitjobs. Auf der anderen Seite faszinierte Clement das sogenannte „Polder-Modell“, was nichts anderes bedeutet, als dass die ökonomische und soziale Modernisierung korporatistisch im strukturellen Rahmen der verhandelnden Wettbewerbsdemokratie realisiert wurde. Clements Modernisierungsstrategie bestand insofern zwar aus vielen neuen Stil- und Formelementen, nicht jedoch in substanziellen Veränderungen des verhandlungsdemokratischen Arrangements seines Amtsvorgängers. Das dritte Beispiel aus der Anfangsphase des Regierungshandelns bezieht sich auf den effektvollen Besuch des bayerischen Ministerpräsidenten Edmund Stoiber in Düsseldorf. Wie ein Staatsgast wurde Stoiber von Clement in Düsseldorf empfangen. Lang und ausführlich führte Clement seinen Amtskollegen auch durch die Baustelle des Stadttores. Clement war an der erfolgreichen Modernisierungsstrategie des Bayern interessiert.

Die Trennung der Ämter von Partei und Regierungschef musste sich erst noch bewähren. Der nordrhein-westfälische Parteichef Franz Müntefering sollte dem Ministerpräsidenten Clement parteipolitisch den Rücken freihalten, während für Rau eine Trennung beider Ämter vollkommen undenkbar gewesen war. Rau steuerte Partei und Regierung primär durch das Kabinett, wo auch die mächtigen Bezirksvorsitzenden in der Regel mit am Tisch saßen. Nach der Kabinettsumbildung unter Clement fehlten zunächst die SPD-Bezirksvorsitzenden in der Regierung. In seinem ersten Kabinett nahm kein einziger Bezirksvorsitzender Platz. Das änderte sich erst nach der Landtagswahl 2000. Doch bis dahin konnte er sich ohne die Bezirksvorsitzenden im Kabinett einen größeren Freiraum gegenüber der Partei verschaffen. Gleichzeitig nahm ihm das aber auch Einflussmöglichkeiten, die Clement wiederum nicht Müntefering allein überlassen wollte.

Wie aber konnte Clement die Partei steuern und an der Regierungstätigkeit beteiligen, ohne ihr zu viel Einfluss einzuräumen? Als Garant für Clements parteipolitische Absicherung hatte Rau gewirkt. Clement verfügte in keiner Phase über eine eigene parteipolitische Hausmacht in Nordrhein-Westfalen. Er blieb der Exponent der Exekutive und kein Parteipolitiker, der die Partei als Machtressource hätte nutzen können. Das Verhältnis von Clement und Müntefering war gespannt. Beide Politiker gehörten dem Parteibezirk Westliches Westfalen an, ansonsten trennte sie mehr als sie verband. Konflikte drangen häufiger in die Öffentlichkeit. Erst mit Harald Schartau als Nachfolger Münteferings im Amt des Landesvorsitzenden (ab dem 15. Dezember 2001) kehrte eine geräuschlose Arbeitsteilung zwischen Partei und Ministerpräsidentenamt ein.

Clements schwieriges Verhältnis zur Partei

Ein Blick auf den Karriereweg Clements kann Erklärungen für die Tatsache bieten, dass es ihm schwerfiel, die Partei als Machtbasis hinter sich zu bringen. Wolfgang Clement war 30 Jahre alt, als er in die SPD eintrat. Im Vergleich zu seinen Amtskollegen ist er daher eher ein Späteinsteiger. Nach mehr als zehnjähriger journalistischer Tätigkeit wurde er Sprecher des SPD-Parteivorstands, um dann wieder als Redakteur in einer Leitungsposition zu arbeiten. Als Seiteneinsteiger in die Politik durchlief Clement nicht die typischen Karrierewege innerhalb einer Partei. Sein Verhältnis zur Partei kann als distanziert beschrieben werden, was nicht bedeutet, dass er nicht mit dem Programm der SPD übereinstimmte. Vielmehr waren es die Funktionslogiken einer Partei, die Clement als „zu aufwändig" erschienen. Parteitage und Gremiumssitzungen waren nicht seine Welt. Mehrheiten wollte er auf Grund seiner Amtsautorität und Überzeugungsfähigkeit gewinnen. Clement unterschied sich so zu seinem Amtsvorgänger Johannes Rau, für den die Partei immer die wichtigste Legitimationsgrundlage seiner Politik dargestellt hatte. War Rau noch stets bemüht gewesen, die vier Bezirksvorsitzenden mit Posten in seinem Kabinett zu bedenken, befolgte Clement diese integrative Regel nicht. Im April 2001 setzte er auf dem nordrhein-westfälischen SPD-Parteitag die von ihm lange angestrebte und umstrittene Parteireform durch und ebnete so den Weg für die Abschaffung der bislang mächtigen Bezirke.

Die Fraktion als Machtbasis war bereits unter dem Fraktionsvorsitzenden Klaus Matthiesen brüchig geworden, denn die dramatische Verkleinerung der Ministerriege hatte beträchtlichen Widerstand hervorgerufen. Gleichwohl hielt sich die Zahl der Abtrünnigen bei der Wahl von Clement im Landtag in Grenzen. Clement hatte die neuen Minister (Bodo Hombach, Peer Steinbrück, Ernst Schwanhold) nicht aus der Fraktion rekrutiert, was das Misstrauen gegenüber Clement innerhalb der Fraktion vergrößerte. Er pflegte ein von Rau diametral abweichendes Verständnis von der Rolle des Parlaments. Für Rau war das

Parlament der Resonanzboden für seine Politik. Die Fraktion war Teil seiner Machtgrundlage. Er konnte dort Stimmungen in der Partei aufnehmen und in Entscheidungspolitik umsetzen. Clement ordnete dem Parlament eine eher dienende Funktion im Rahmen des Regierungshandelns zu. Als Machtressource unterschätzte er zwar nicht die Möglichkeiten der Fraktion, dennoch integrierte er wichtige Flügel der Fraktion nicht hinreichend in Vorüberlegungen für strategische Planungen. Clement nahm nur in Ausnahmefällen an Fraktionssitzungen teil. Als schließlich im November 1998 Matthiesen als profilierter Vertreter der klassischen Arbeitnehmerschaft völlig überraschend in die Industrie wechselte, schied die Fraktion vollständig als verlässliche Machtressource aus.

Clement und Matthiesen favorisierten Edgar Moron, den parlamentarischen Geschäftsführer der SPD-Fraktion, als Nachfolger für den Fraktionsvorsitz. Doch die 108 sozialdemokratischen Abgeordneten wählten mit Manfred Dammeyer dessen Gegenkandidaten. Den zum linken Flügel zählenden Dammeyer hatte Clement als Europaminister erst wenige Monate zuvor entlassen. Als ehemaliger Juso-Vorsitzender kannte Dammeyer jedoch die Seelenverfassung der Genossen besser als Clement. Morons Zeit als Fraktionsvorsitzender schlug dann erst nach der Landtagswahl 2000. Unter Moron stabilisierte sich das Verhältnis der Fraktion gegenüber Clement. Offene Konflikte gehörten fortan eher zur Ausnahme.

Zu einer größeren, öffentlich gewordenen Kontroverse kam es innerhalb der Fraktion lediglich gegen den von Finanzminister Peer Steinbrück eingebrachten Haushaltsentwurf für 2002. Die Kürzungen von 30 Millionen Mark beim Straßenbau, von 24 Millionen Mark für die Jugendhilfe oder der Wegfall von Prämien für den öffentlichen Dienst stießen bei der SPD-Landtagsfraktion auf massive Kritik. Die Fraktion kritisierte zudem häufig an Clement, dass er sie nur überfallartig inhaltlich einband. Eine Integration in einen Meinungsbildungsprozess fand nicht statt. Clement setzte stattdessen häufig auf eigene informelle Beraterkreise und Netzwerke, die fernab der Fraktion und der Regierungszentrale Willensbildungsprozesse beeinflussten.

Verwaltungsreform weckt Widerstände

Die Verwaltungsstrukturreform gehörte zu den Kernvorhaben, die Clement in seiner ersten Regierungserklärung 1998 in einen größeren Zusammenhang mit der Modernisierung des Landes stellte. Mit der Verkleinerung seines Kabinetts und der versuchten Zusammenlegung des Justizministeriums mit dem Innenministerium hatte Clement die Richtung vorgegeben. Der angekündigten Verwaltungsreform sollte nicht das gleiche Schicksal ereilen, wie die fehlgeschlagene Ministeriums-Verschmelzung. Innenminister Behrens übernahm die gesamte Koordination der Verwaltungsreform. Im November 1998 legte die Landesregierung ein Eckpunktepapier vor, das vier Handlungsfelder für die grundlegende Reform nannte: die konsequente Aufgabenkritik und Vorschriftenüberprüfung, die Binnenmodernisierung der Behörden und Einrichtungen des Landes, die Optimierung des Verwaltungsaufbaus und der Behördenstruktur sowie die Unterstützung der kommunalen Reformbemühungen. Das „Erste Gesetz zur Modernisierung von Regierung und Verwaltung in NRW“ vom 15. Juni 1999 beinhaltete 22 Gesetzes- und Verordnungsänderungen. Ziel des Gesetzes war es, die kommunale Selbstverwaltung zu stärken sowie den Handlungsspielraum der Kommunen zu vergrößern.

Erster Schritt der Reform hatte die Anfang November 1999 gestoppte Zusammenlegung des Innenministeriums mit dem Justizministerium werden sollen. Den nächsten Schritt stellte die Neuordnung der unübersichtlichen Struktur der sogenannten „Mittelinstanzen“ dar. Die Zuständigkeiten der fünf Bezirksregierungen (Köln, Düsseldorf, Münster, Detmold und Arnsberg), der Landschaftsverbände Rheinland und Westfalen-Lippe sowie des Kommunalverbandes Ruhrgebiet sollten neu überdacht werden. Bis Ende des Jahres 1998 war ein konkreter Zeitplan vorgesehen. Die Ziele der Reform sollten bis dahin formuliert sein. Allerdings unterstützten die von der Reform betroffenen Behörden aufgrund mangelnder Einbindung in die Reformvorbereitungen und aus Angst vor dem Verlust von Arbeitsplätzen die Pläne der Landesregierung nicht. Weder Bezirksregierungen noch Landschaftsverbände sahen eine Notwendigkeit, die Bedeutung und Existenz ihrer Institutionen zu verändern. Der Plan Clements, die Landschaftsverbände und Bezirksregierungen in „Regionale Dienstleistungszentren" zu transformieren, stieß vor allem in Westfalen auf große Proteste bei Gewerkschaften, Verbänden und Kommunalpolitikern, nachdem Clement Auflösungsvorlagen zur Beschlussfassung bei der Mehrheitsfraktion eingebracht hatte. Diese Entscheidung traf er ohne vorherige Konsultation mit Vertretern der Landschaftsverbände. Auch wurde keine Diskussion im vorparlamentarischen und parlamentarischen Raum geführt. Die SPD-Fraktion unterstützte Clement aber in seinem Vorhaben durch ein klares Votum für seine Reformvorschläge. Letztlich wurde der Modernisierer Clement bei seinen Reformplänen von technokratischen Effizienzvorstellungen geleitet und übersah dabei die tiefe historische Verwurzelung der Landschaftsverbände und ihre regionale Identität stiftende Funktion.

Gerade aufgrund der Tatsache, dass Nordrhein-Westfalen ein aus heterogenen Teilen zusammengeführtes Land ist, verstehen die Landschaftsverbände sich als Organisation zur Pflege regionaler Identität. Der Protest gegen die Reformpläne wurde so über den Wunsch nach Besitzstandswahrung der betroffenen Behörden hinaus von einer emotionsgeladenen Diskussion über das regionale Bewusstsein gespeist. Auch hätte ein eindeutiges Konzept zur Realisierung der Reform sowie eine Einbeziehung der Betroffenen in die Reformüberlegungen die Protestwelle mildern können. Ein Brief Clements an die 34.000 Bediensteten der Landschaftsverbände, in dem er eine weitgehende Arbeitsplatzgarantie versprach, wurde zu spät nachgereicht. Aufgrund der anhaltenden Proteste der Behörden und Kommunen, der immer wieder in den Medien auftauchenden Zahl von 35.000

wegfallenden Arbeitsplätzen sowie den näher rückenden Kommunalwahlen am 12. September 1999, waren Clement und sein zuständiger Minister Fritz Behrens gezwungen, die Reformvorhaben zu beschränken. Die Landschaftsverbände blieben in ihrer Form bestehen, Teile ihrer Aufgaben wurden auf die Kreise und Städte übertragen. Auch wurde die Zahl der Bezirksregierungen nicht reduziert. Lediglich ein neuer Name – „Regionaldirektionen" – wurde durchgesetzt.

Noch vor der Wahl im Mai 2000 wurde das zweite Modernisierungsgesetz, das eine Umstrukturierung des Behördenaufbaus vorsah, auf den parlamentarischen Weg gebracht. Das „Zweite Gesetz zur Modernisierung von Regierung und Verwaltung in NRW" wurde am 13. April 2000 vom Landtag beschlossen und trat am 1. Januar 2001 in Kraft. Es diente vor allem der Neuordnung der staatlichen Verwaltung. Staatliche Aufgaben sollten in den Bezirksregierungen noch stärker konzentriert werden, um so ihr Handeln effizienter zu machen. Es gelang, zahlreiche Landesbehörden in die Bezirksregierungen zu integrieren sowie fachgebundene Sonderverwaltungen in die allgemeine Verwaltung einzubauen. Angesichts des massiven öffentlichen Drucks wurde jedoch das Hauptanliegen der Reform, die Auflösung der Landschaftsverbände, fallen gelassen. Die von Johannes Rau nie angegangene Verwaltungsreform wurde von seinem Nachfolger Clement schnell forciert, brachte aber letztlich keine grundlegenden Veränderungen.

Die Landtagswahlen 2000

Nach der Landtagswahl am 14. Mai 2000 wurde Wolfgang Clement am 21. Juni vom Düsseldorfer Landtag erneut zum Ministerpräsidenten gewählt. Die rotgrüne Koalition verfügte diesmal nur noch über insgesamt 119 Stimmen, am Wahltag waren es sogar nur 118 Stimmen, da eine SPD-Abgeordnete auf Grund eines Unfalls an der Abstimmung nicht teilnehmen konnte. Für seine Wiederwahl benötigte Clement 116 Stimmen. Einen Tag vor der Wahl stellte sich Clement auf Einladung der Grünen Landtagsfraktion den Fragen des Koalitionspartners. Eine darauf folgende geheime Probeabstimmung der Grünen-Fraktion spiegelte den gemeinsamen Willen zum Neuanfang wieder. Alle 17 Abgeordneten bekundeten ihre Absicht, am darauf folgenden Tag für Clement zu votieren. Auch die SPD-Fraktion versicherte im Vorfeld, dass es diesmal keine Abweichler in den eigenen Reihen geben würde. Am 21. Juni wurde Wolfgang Clement schließlich mit 119 Stimmen bestätigt. Dies bedeutete nicht nur, dass alle Mitglieder der Regierungsfraktion für Clement gestimmt hatten, sondern auch, dass er sogar eine Stimme aus den Reihen der Opposition für sich verbuchen konnte.

Am 30. August 2000 hielt Wolfgang Clement seine zweite große Regierungserklärung vor dem Düsseldorfer Landtag. Der Titel der Rede lautete: „Neue Wege, neue Chancen, neues Handeln, Zukunftsland Nordrhein-Westfalen". Zwar bildete der Koalitionsvertrag mit den Grünen auch bei dieser Erklärung den Bezugsrahmen für Clement, doch war der Ministerpräsident bei der Gestaltung dieser Rede freier als noch zwei Jahre zuvor. Die Rede spiegelte die Richtung wieder, die Clement in der Landespolitik einschlagen wollte. Insgesamt erweckte die Regierungserklärung den Eindruck, dass Clement sich in den vergangenen zwei Jahren in die Rolle des Ministerpräsidenten eingelebt hatte. Er war nicht mehr nur der Regierungschef – diesen Eindruck hatte er 1998 vermittelt – sondern war nun auch der Landesvater. Häufiger als 1998 nutzte er das Wort „Wir". Diesmal aber, wiederum im Gegensatz zu 1998, setzte er es im Rau'schen Sinne ein, als ein „Wir in NRW". Im Vorfeld bat Clement Persönlichkeiten des Landes, ihm Briefe mit „ihren Gedanken, ihren Wünschen, ihren Visionen, aber auch ihren Sorgen und Ängsten am Anfang dieses neuen Jahrhunderts" zu übermitteln. Clement zitierte im Verlauf der Regierungserklärung aus Briefen von Dieter Forte, Schriftsteller, Dieter Kroll, Betriebsratsvorsitzender von Thyssen Krupp, Professor Dr. Bernhard Korte, nordrhein-westfälischer Staatspreisträger, Heiner Kamps, Vorstandsvorsitzender des größten Bäckerei-Unternehmens in Europa und

Ranga Yogeshwar, Wissenschaftsjournalist und kündigte an: „Ich werde aus diesen Briefen noch mehr zitieren und die Briefe auch veröffentlichen, weil mein Verständnis von Regierung vom Prinzip der ‚gleichen Augenhöhe' ausgeht."

Es ließen sich auf der anderen Seite in dieser Regierungserklärung, anknüpfend an die 1998er Rede, auch Zeichen seines Selbstverständnisses als Manager der Nordrhein-Westfalen-AG finden. „Der Shareholdervalue ist aus sich heraus nicht wertorientiert. Für den politischen DAX sind wir verantwortlich. Und wir werden uns dann messen lassen, ob unsere Aktien noch hoch im Kurs stehen oder nicht." In einem neuen Jahrtausend bediente sich Clement des Vokabulars der Internet-Gesellschaft. „Politik ist harte Arbeit, Politik wird nicht mit Aktienoptionen belohnt, Politik ist kein ‚.com.start-up' der unbegrenzten Möglichkeiten." Die aufstrebende „New Economy" war in einigen Teilen der Rede Bezugspunkt. Die Erklärung wurde somit auch zur Zeitgeist-Quelle. „Wer sich in der New Economy umsieht, merkt allerdings, dass es nicht nur auf den massiven Einsatz von Geld ankommt, sondern auf den intelligenten Einsatz des vorhandenen Kapitals. Wer sich bereits auf den Weg zur Expo gemacht hat, wird die Erfahrung mitgenommen haben, dass nicht immer das Teuerste auch gleichzeitig das Faszinierendste ist."

Wolfgang Clement nutzte die Regierungserklärungen, um sein Bild vom Staat zu vermitteln und grenzte sich so von seinem Vorgänger ab. Die Auswahl der Begrifflichkeiten spiegelten sein Selbstverständnis als Manager von Nordrhein-Westfalen wieder. Die Vielzahl von Programmen, Initiativen und Bündnissen, die er in der Regierungserklärung 2000 benannte, zeigten sein Bestreben, mit Tempo die Modernisierung des Landes voranzutreiben. Bezüge zur New Economy und die Verwendung entlehnter Begrifflichkeiten aus dem Bereich der neuen Medien sollten Dynamik vermitteln. Beschränkte sich Clement 1998 auf das Selbstverständnis als Manager, transportierte die Rede 2000 darüber hinaus seine gewachsene Identifikation mit dem Amt des Ministerpräsidenten und mit dem Land, das er regierte. Er versuchte seiner Rolle als Ministerpräsident, die eben nicht nur die Funktion des Regierungschefs beinhaltete, sondern auch präsidiale Aufgaben in sich vereinte, gerecht zu werden.

Der gebremste Modernisierer

Die Koalitionsverhandlungen nach der Wahl von 2000 gestaltete Clement geradezu pikant. In informellen Runden, wie den Koalitionsverhandlungen, konnte der Ministerpräsident nur eingeschränkt vom Instrument der Richtlinienkompetenz Gebrauch machen. Die Interessen des zukünftigen Koalitionspartners mussten ebenfalls in angemessener Weise Beachtung finden. Eine zu starke Ausreizung der guten Verhandlungsposition konnte zu einem Ausstieg des kleineren Partners aus den Verhandlungen führen. Es war wichtig, dass dieser sein Gesicht wahren konnte und es ihm möglich war, sich ebenfalls mit dem Koalitionsvertrag zu identifizieren. Denn auch die Grünen mussten den Vertrag auf einem Parteitag zur Abstimmung stellen. Clement musste zudem Rücksicht auf die Berliner Koalition nehmen. Eine zu große Missachtung grüner Interessen hätte sonst zu einer Koalitionskrise im Bund führen können. Seine Vorstellungen zur Modernisierung des Landes wurden also durch die Zwänge der Koalitionsdemokratie gebremst.

Clement wusste, dass es für ihn leichter gewesen wäre, seine zum Teil marktliberalen Vorstellungen und Modernisierungspläne für Nordrhein-Westfalen mit der FDP als Koalitionspartner durchzusetzen. Das Ergebnis der Landtagswahl 2000 bot ihm die Voraussetzungen dazu. Zudem brachte das Wissen der Grünen um Clements Vorlieben und die rechnerische Möglichkeit einer Koalition mit der FDP Clement in eine gute Ausgangslage für die Verhandlungen mit dem bisherigen Koalitionspartner. Um diesen Vorteil auszubauen, nutzte Clement geschickt die Medien. Fast täglich forcierte er eine Berichterstattung über seine liberalen Avancen. Eine inszenatorische Meisterleistung Clements stellte der Besuch Möllemanns kurz nach der Wahl in der Staatskanzlei dar. Vor versammelter Medienschar demonstrierte Clement seine Einigkeit mit Möllemann. Diese Symbolik setzte sich bis hin zu den servierten Speisen fort. Das rot-gelb verzierte Dessert des opulenten Mahls wurde mediengerecht präsentiert. Clement nutzte die Medien als Instrument zur Verbesserung seiner Handlungsposition – und er erhöhte damit die Kompromissbereitschaft der Grünen.

Seine Wahl des Verhandlungsortes belegte ebenfalls seinen zur Darstellungspolitik neigenden Führungsstil. Die Verhandlungen mit den Grünen in der Staatskanzlei zu führen, unterstrichen seinen Anspruch, die Nummer eins am Verhandlungstisch zu sein. Hier war er der Hausherr. Zudem war die Staatskanzlei im Düsseldorfer Stadttor, „Europas modernstem Hochhaus", angesiedelt. Ursprünglich plante Clement eine nur aus Regierungsmitgliedern bestehende Verhandlungsdelegation der SPD. Die Partei bestand aber darauf, dass auch ihre Vertreter der Verhandlungsrunde angehörten. Clements Strategie, die Partei bei der Verhandlung weitestgehend nicht mit einzubeziehen, ging somit nicht auf. Clement, ein Seiteneinsteiger in die Politik, hatte nach wie vor keine verlässliche Machtbasis in der Partei, ihre Vertreter sah er daher in den Verhandlungen als hinderlich, gar als Bremse an. Dies verdeutlichte sein sehr auf die Exekutive ausgerichteter Regierungsstil.

Der unkoordinierte Alleingänger

Den Verhandlungsverlauf versuchte Clement durch die im „Konfliktpapier" aufgeführten Dissenspunkte vorzustrukturieren. Diese Strategie sollte eine zügige Entscheidungsfindung begünstigen. Das Thema Verkehrspolitik erklärte Clement zur Chefsache, als sich dort keine Einigung abzeichnete. So gelang es ihm mit wenigen Abstrichen, seine Ziele in diesem Politikfeld durchzusetzen. Ebenso verfuhr er im Fall Bärbel Höhn. Kurz vor Abschluss der Verhandlungen konnte Clement in einem

Vieraugengespräch mit Höhn die zukünftigen Kompetenzbereiche ihres Ministeriums abstecken. Durch seinen teilweise konfrontativen Verhandlungsstil verstellte sich Clement allerdings Handlungsspielräume und provozierte ein Eingreifen des Kanzlers, der seine eigene rot-grüne Koalition gefährdet sah. Die Verhandlungsposition der Grünen wurde dadurch gestärkt, denn Clement stand nun unter Einigungsdruck. Zusammenfassend kann der Regierungsstil von Wolfgang Clement in der Arena der Koalitionsdemokratie als exekutivlastig beschrieben werden. Er versuchte die Richtung der Politik vorzugeben. Durch das Instrument der Medien verschaffte er sich größere Handlungsspielräume und bediente sich den Logiken der Darstellungspolitik.

Zu Beginn der Legislaturperiode im Jahre 2000 stand das Thema Stammzellenforschung nicht auf der politischen Agenda der Landesregierung. Dies wurde durch die fehlende Berücksichtigung des Themas der Regierungserklärung deutlich. Erst als die Diskussion um Gentechnologie auf Bundesebene neu entfachte, entdeckte Clement das Thema für sich. Er war zu diesem Zeitpunkt auf einem viertägigen Besuch in Israel und den palästinensischen Gebieten. Zusammen mit zwei Professoren für Neuropathologie der Universität Bonn besuchte er im Rahmen seiner Reise das Gentechnische Institut der Universität Haifa. Erst kurz vor Reiseantritt machten die Bonner Wissenschaftler auf das Institut in Haifa aufmerksam. Spontan wurde das Besuchsprogramm ergänzt. Das Institut gehörte zu den weltweit führenden Einrichtungen, an denen die in Deutschland umstrittene Forschung an embryonalen Stammzellen bereits betrieben wurde. Ziel der beiden deutschen Professoren war es, eine Kooperation der Universitäten Haifa und Bonn aufzubauen. Beide galten in Deutschland als die führenden Experten auf dem Gebiet der Gentechnologie und waren Befürworter der embryonalen Stammzellenforschung.

Zurück in Deutschland, setzte Clement das Thema auf seine Tagesordnung und erklärte es zur Chefsache. Die Tatsache, dass der Besuch des Instituts in Haifa kurzfristig angesetzt wurde, lässt den Schluss zu, dass der Thematisierung und der damit verbundenen Befürwortung der Forschung an embryonalen Stammzellen keine langfristige, strategische Planung vorangegangen war. Clement ließ sich für das Thema begeistern und erkannte die Chancen für den Wissenschaftsstandort Nordrhein-Westfalen. Dass der Zeitpunkt ungünstig war und das heikle Thema einer geplanten Führung bedurft hätte, um eine Mehrheit in der eigenen Fraktion sowie auch bei der Koalitionsfraktion zu erreichen, bedachte Clement nicht. Er blieb seinem Image als Modernisierer treu und missachtete dabei die Regeln der Parteiendemokratie. Statt verlässliche Mehrheiten einzuwerben, die langfristig seine Macht hätten absichern können, überging er die Fraktion. So ließ er beispielsweise in einer von Jürgen Möllemann initiierten Abstimmung im Landtag seiner Fraktion keine Wahl. Die Abgeordneten stimmten zwar für Clement, da die Fraktionsspitze ihnen nahegelegt hatte, sich loyal zu verhalten. Diese „erzwungene" Mehrheit hatte jedoch Unmut in der Fraktion hervorgerufen. Man fühlte sich von Clement übergangen, nicht in den politischen Entscheidungsprozess eingebunden. Wenngleich öffentlich nicht von einer Verletzung der freien Gewissensentscheidung geredet wurde.

Nach der von Gerhard Schröder gewonnenen Bundestagswahl vom 22. September 2002 wechselte Wolfgang Clement von Düsseldorf nach Berlin. Er übernahm das „Superministerium" für Wirtschaft und Arbeit unter der Regierung Schröder. Sein in Nordrhein-Westfalen erlangtes Image als „Macher und Modernisierer" wollte Schröder nutzen, um in einer schwierigen Wirtschaftslage die notwendigen Reformen gegen große Widerstände in den eigenen Reihen durchzusetzen. Schröder wollte damit zugleich auch den größten und wichtigsten SPD-Landesverband in einen politischen Prozess mit einbinden, bei dem Mehrheiten für unpopuläre Entscheidungen zu organisieren waren.

„Superminister" Clement

Clements größtes Projekt während der Zeit als Superminister war sicherlich die Umsetzung der „Hartz"-Reformen zur Flexibilisierung des Arbeitsmarktes mit neuen Formen der Zeitarbeit, der Verschärfung der Zumutbarkeitsregelungen für Arbeitslose, der Einführung des Arbeitslosengeldes II (Hartz IV) und der Anhebung der Verdienstgrenze für Minijobs. Nach den vorgezogenen Bundestagswahlen am 18. September 2005 und der Bildung der Großen Koalition unter Bundeskanzlerin Angela Merkel (CDU) verlor Clement sein Ministeramt. Das Arbeits- und Wirtschaftsministerium wurden wieder aufgespalten. Neue Ressortchefs wurden Franz Müntefering (SPD) und Michael Glos (CSU). Beim SPD-Bundesparteitag im November 2005 in Karlsruhe trat Clement auch nicht mehr als stellvertretender Vorsitzender an.

Wolfgang Clement blieb eigensinnig, vehement öffentlich und für viele in seiner Partei schwer kalkulierbar. Doch er war auf seine Weise sehr konsequent, oft von monumentaler Unbeirrbarkeit. Marktliberale Modernisierung mit sozialer Gerechtigkeit zu verbinden, trieb ihn an. Grenzen wollte er stets überschreiten, Konflikte riskieren, um aus der Regulierungspolitik eine Innovationspolitik zu machen. Der SPD-Linken stand er immer fern. Er war nie ein Parteisoldat, der Beschlüsse und Mehrheitsmeinungen widerspruchslos hinnahm. Tagesorientiert, temporeich, publikumszentriert agierte er. Für viele seiner Mitarbeiter war das Tempo sicher zu hoch. Doch viele empfanden ihn auch als mitreißenden Anführer, der gerade die kulturellen Brüche zu der Ära Rau vorlebte. Sachorientierung, Problemlösung und Flexibilität standen zumeist höher im Kurs als Parteiprogrammatik. Clement verfügte über ein gutes Gespür für das politische Timing. Nach dem Ausscheiden aus der Politik engagiert er sich intensiv als Lobbyist unter anderem in der Energiebranche. Er bleibt umtriebig und will auch in der Wirtschaft Innovationen antreiben, für Beweglichkeit sorgen, Mentalitäten verändern. Seine SPD kann ihm dabei nicht immer folgen. Trotzig, offensiv und zuversichtlich stellte er sich dem Parteiausschluss-Verfahren. Denn sein sozialdemokratisches Herz lässt er sich von niemandem wegdefinieren – schon gar nicht von SPD-Gremien.

Prof. Dr. Dr. Karl-Rudolf Korte

Literaturhinweise

Delhees, Stefanie: Wolfgang Clement im Amt des Ministerpräsidenten von NRW 1998-2002. Eine Regierungsstilanalyse. Duisburg 2005.

Korte, Karl-Rudolf/Florack, Martin/Grunden, Timo: Regieren in Nordrhein-Westfalen. Strukturen, Stile und Entscheidungen 1990 bis 2006. VS Verlag Wiesbaden 2006.

Schneider, Herbert: Ministerpräsidenten. Profil eines politischen Amtes im deutschen Föderalismus. Leske und Budrich, Opladen 1998.

Peer Steinbrück (geb. 1947)

Am **10. Januar 1947** in Hamburg geboren;
ein Jahr nach dem Abitur **1969** der SPD beigetreten;

zwischen 1970 und 1974	Studium der Volkswirtschaft und Sozialwissenschaften an der Universität Kiel;
zwischen 1974 und 1986	Referent in verschiedenen Bundesministerien und in der SPD-Bundestagsfraktion;
1993	Wirtschaftsminister in Schleswig-Holstein. Fünf Jahre später Wechsel nach Nordrhein-Westfalen; unter Wolfgang Clement zunächst Wirtschafts-, dann Finanzminister;
6.11.2002	Wahl durch den Landtag zum achten Ministerpräsidenten Nordrhein-Westfalens;

Niederlage bei den Landtagswahlen **2005**. Danach Wechsel nach Berlin als Bundesfinanzminister und stellvertretender Vorsitzender der SPD.

Mit Peer Steinbrück gingen die goldenen Jahre der Sozialdemokratie in Nordrhein-Westfalen zu Ende. Als er 2002 Ministerpräsident wurde, regierte die SPD seit 37 Jahren. Sie hatte seit 1966 acht Landtagswahlen in Folge gewonnen und dreimal die absolute Mehrheit der Mandate erhalten. Nordrhein-Westfalen galt als das Stammland der Sozialdemokratie, als das rote Pendant zum schwarzen Bayern, in dem es nur eine, gewissermaßen „natürliche" Regierungspartei geben könne. Doch mit Peer Steinbrück als Ministerpräsident und Spitzenkandidat erlitt die SPD im Wahljahr 2005 eine historische Niederlage. Die seismischen Wellen des politischen Erdbebens in Düsseldorf erschütterten selbst noch die rot-grüne Bundesregierung im fernen Berlin. Gerhard Schröder sah für sich und seine Koalition keine Zukunft mehr und machte den Weg für Neuwahlen frei.

Die politische Karriere Peer Steinbrücks war trotz der Wahlniederlage noch nicht am Ende. Weder die Medien noch die SPD mochten ihn persönlich für den Machtverlust an Rhein und Ruhr verantwortlich machen. Zu schwer wogen die bundespolitischen Belastungen, die der NRW-SPD durch die wirtschaftsliberale Reformpolitik der Regierung Schröder aufgebürdet wurden, zu groß waren die Risse im sozialdemokratischen Machtfundament, die schon Jahre vor der Amtszeit Steinbrücks sichtbar geworden waren. Er hatte kaum mehr als zwei Jahre Zeit, um diese Risse zu kitten und sich als Ministerpräsident zu etablieren. Seine Amtszeit war ein Wettlauf gegen die Zeit. Und obwohl er den Wettlauf verlor, stellte er doch seine großen politischen Talente unter Beweis: Schon damals war seine Fähigkeit, sachkundige Argumente mit rhetorischer Brillanz zu verbinden, bei seinen Gegnern gefürchtet. Zwischen 2003 und 2005, den Agenda-2010-Jahren, war er einer der ganz wenigen Sozialdemokraten, die sich bemühten, die Reformpolitik auch mit grundsätzlichen Überlegungen zur zukünftigen Bedeutung sozialer Gerechtigkeit zu begründen. Vielleicht war er sogar der einzige sozialdemokratische Spitzenpolitiker, der in dieser Zeit Respekt für seinen wirtschaftspolitischen Modernisierungskurs erhielt – wenn auch keine Unterstützung, die in Wählerstimmen messbar gewesen wäre.

Steinbrücks Popularitätswerte lagen im Monat der Wahlniederlage deutlich über jenen seiner Partei und seines Herausforderers Jürgen Rüttgers. Auf diesen Mann wollte die SPD nicht verzichten. Im November 2005 kehrte Peer Steinbrück als Bundesfinanzminister auf die politische Bühne zurück. Die Sozialdemokraten wählten ihn obendrein zu ihrem stellvertretenden Bundesvorsitzenden. Seitdem gilt er als Reservekandidat für jedes Spitzenamt, das die SPD zu vergeben hat – jedenfalls immer dann, wenn es in der SPD kriselt. Wenn in zehn oder zwanzig Jahren Historiker oder Journalisten auf das politische Leben Peer Steinbrücks zurückblicken, ist es durchaus möglich, dass sie den erfolgreichen Bundesfinanzminister und nicht den ehemaligen Ministerpräsidenten von Nordrhein-Westfalen in den Mittelpunkt rücken werden. Doch seine gut zweieinhalb Jahre als Ministerpräsident sind mehr als nur eine Fußnote in der Geschichte des größten deutschen Bundeslandes. Die Jahre zwischen 2002 und 2005 zeugen von den enormen Herausforderungen, die Spitzenpolitiker in Zeiten gesellschaftlicher und ökonomischer Umbrüche zu bewältigen haben. Sie zeigen die Grenzen, in denen sie sich bewegen müssen. Und nicht zuletzt illustrieren sie das Dilemma, mit dem jeder sozialdemokratische Modernisierer konfrontiert wird: Er will Wirtschaftsreformen durchsetzen, die mit schmerzhaften Entscheidungen für die eigenen Stammwähler einhergehen, und gleichzeitig muss er ein unverwechselbares sozialdemokratisches Profil zeigen, damit ihm die Wähler auch treu bleiben.

Peer wer?

Mit Peer Steinbrück hatte niemand gerechnet. Sowohl Journalisten als auch einer überraschten Parteibasis erschien er wie das sprichwörtliche Kaninchen, das die SPD in einem Moment großer Verlegenheit aus dem Hut gezaubert hatte. „Peer wer?“, fragte die Neue Rhein Zeitung, nachdem im Oktober 2002 das SPD-Präsidium Steinbrücks Nominierung für das Ministerpräsidentenamt bekannt gegeben hatte. Seinen überraschenden Aufstieg zum Ministerpräsidenten von Nordrhein-Westfalen verdankte er dem zufälligen Zusammenspiel von bundes- und landespolitischen Faktoren. Gerhard Schröder hatte den bis dahin amtierenden Ministerpräsidenten Wolfgang Clement mit einem Superministerium für Wirtschaft und Arbeit in sein Kabinett nach Berlin gelockt. Der Bundeskanzler brauchte einen durchsetzungsfähigen Politikmanager, der das Stehvermögen für harte Auseinandersetzungen mit den Gewerkschaften und der SPD-Linken besaß, um die geplanten Arbeitsmarktreformen durchzusetzen. Wolfgang Clement sollte den Kanzler nicht enttäuschen, aber in Nordrhein-Westfalen warf er damit alle langfristigen Personalplanungen über den Haufen. Auf einen Ministerpräsidentenwechsel war die SPD zu diesem Zeitpunkt nicht vorbereitet.

Politische Führungspersönlichkeiten müssen immer auch Identifikationsfiguren sein, die verschiedene Partei- und Wählergruppen samt ihrer Interessen und Erwartungen zu integrieren vermögen. Nur so können sie die Geschlossenheit und Kampagnenfähigkeit ihrer Partei gewährleisten und Wahlsiege erringen. Dessen muss man sich bewusst sein, um die allenfalls verhaltene Freude der Sozialdemokraten über die Nominierung Steinbrücks und auch dessen Anlaufschwierigkeiten als Ministerpräsident zu verstehen. Insofern lohnt ein Blick auf den eigentlichen Wunschkandidaten der SPD: Harald Schartau, SPD-Landesvorsitzender und Arbeitsminister im Kabinett Clement. Es galt als ausgemacht, dass er nach den Landtagswahlen 2005 Clements Nachfolger in der Staatskanzlei werden würde. Für die SPD war Schartau der ideale Kandidat für das Ministerpräsidentenamt, er verkörperte gleichermaßen sozialdemokratisches Traditionsbewusstsein und Modernisierungswillen: drei Jahrzehnte SPD-Mitgliedschaft, Ruhrgebietssozialisation und geachteter Gewerkschaftsführer mit Sinn für unkonventionelle Problemlösungen. Schartau kannte wie kein anderer die Bedürfnisse der traditionellen, gewerkschaftsnahen Wählermilieus der SPD. Er verstand es, sie emotional einzubinden und ihnen zugleich die Notwendigkeit von Reformen zu vermitteln. Eine unschätzbare Gabe für eine SPD, die nach schmerzhaften Verlusten bei den Kommunal- und Landtagswahlen von 1999 und 2000 ihre gesellschaftliche Verankerung schwinden sah.

Allerdings versperrte die Landesverfassung Harald Schartau im Herbst 2002 den Weg ins Düsseldorfer Stadttor. Der Ministerpräsident in Nordrhein-Westfalen wird „aus der Mitte des Landtages" gewählt, und weil Schartau kein Parlamentarier war, blieb ihm in der laufenden 13. Wahlperiode das Amt verwehrt. In dieser Gemengelage aus bundespolitischen Richtungsentscheidungen und verfassungsrechtlichen Geboten schlug die Stunde Peer Steinbrücks. Dabei hätte sich der Norddeutsche kaum kontrastreicher vom Wunschkandidaten Schartau unterscheiden können. Steinbrück wurde am 10. Januar 1947 in Hamburg geboren. Im Wahljahr 1969 trat der 22-jährige Zeitsoldat der SPD bei, auch ein persönlicher Protest gegen die „Bigotterie des bürgerlichen Lagers in der späten Adenauerzeit", wie er dem Spiegel gestand. Wenn er auch beileibe kein „68er" war, der „das System" von innen und von Grund auf verändern wollte, so verspürte er doch das für seine Generation typische Bedürfnis, sich politisch zu engagieren: „Diejenigen, die zu klug sind, um sich politisch einzumischen, werden von Leuten regiert, die dümmer sind als sie", schrieb er in das Gästebuch der Politik-Talkshow von Sabine Christiansen. Aber vor allem sei es das Charisma Willy Brandts gewesen, das ihn für die SPD begeistert hätte. „Mir ging auch gegen den Strich, wie die angeblich so wohlerzogenen Kreise diesen Mann als unehelichen Sohn und Exilanten diffamierten. (...) Ich habe aber über die Jahre das gute Gefühl bekommen, in einer Fortschrittspartei zu sein, die gleichzeitig ein Gefühl dafür hat, wo die Gesellschaft auseinanderfliegt."

Ein Mann der Institutionen

Zu einem Mann der Sozialdemokratie, der mit dem Bauch der Basis zu denken vermag, wurde er freilich nicht. Eher war er ein Mann der sozialdemokratisch geprägten Ministerialbürokratie. Sein Weg habe ihn nicht durch Parteiorganisationen, sondern durch Institutionen geführt, sagte er einmal über seinen Werdegang. Für seinen späteren Regierungsstil war dieser Unterschied von prägender Bedeutung. Wird man in einer Partei sozialisiert, lernt man schnell in Kategorien von Macht und Mehrheiten zu denken. Man braucht Unterstützer und populäre Themen, um Karriere machen zu können. In der Ministerialbürokratie stehen hingegen Sachfragen im Vordergrund. Die politische Führung bestimmt die Agenda und wählt zu bearbeitende Probleme aus, und ihre Mitarbeiter müssen dafür Lösungen erarbeiten. Auch noch als Minister und Ministerpräsident neigte Steinbrück dazu, ein Problem in erster Linie aus der Sach-Perspektive zu bewerten und die Machtdimension (Wie erhalte ich für meine Lösungsstrategie eine Mehrheit?) hintenan zu stellen. Das brachte ihm viel Anerkennung und Respekt ein, aber auch seine Schwierigkeiten als Spitzenpolitiker haben hier eine ihrer Ursachen.

Nach dem Studium der Volkswirtschaftslehre arbeitete Peer Steinbrück zwischen 1974 und 1985 als Referent in verschiedenen Bundesministerien und im Bundeskanzleramt. Unter anderem war er der persönliche Referent der Bundesminister Hans Matthöfer, Volker Hauff und Andreas von Bülow. 1986 machte ihn Johannes Rau zum Leiter des Ministerpräsidentenbüros in der Düsseldorfer Staatskanzlei, ein Amt, das einem Ausbildungslehrgang für Politikmanagement gleichkommt. Offiziell organisieren die Büroleiter den Arbeitsalltag ihrer Regierungschefs, doch faktisch wachen sie darüber, wer Zugang zum Ministerpräsidenten erhält und wer nicht. Sie filtern und bewerten Informationen für ihren Chef, und vor allem wissen sie, wie Michael Eilfort zu berichten weiß, „wo gezielt zu schweigen ist, wo kommuniziert werden muss, was zu tun ist, um Besprochenes oder Notwendiges umzusetzen, wo Verbündete gesucht,

Gegengeschäfte angeboten und Enttäuschte zumindest verbal aufgefangen werden müssen".

1990 begann Steinbrücks eigene politische Karriere. Bis 1998 gehörte er der Landesregierung von Schleswig-Holstein an, zunächst als Staatssekretär und ab 1993 dann als Wirtschaftsminister. Wolfgang Clement holte ihn 1998 ebenfalls als Wirtschaftsminister nach Düsseldorf und machte ihn schließlich im Februar 2000 zum Finanzminister des Landes. Der gebürtige Hamburger Steinbrück war nicht wie Schartau „ein Kind des Ruhrgebiets" (Kölner Stadtanzeiger), er besaß keinerlei Verankerung in den Gewerkschaften und kannte die Milieus und Traditionen der NRW-SPD allenfalls aus der äußeren Anschauung. Erst 1995 trat der langjährige Angestellte im öffentlichen Dienst der IG Metall bei. Da hatte er als Minister aber schon seit zwei Jahren ein politisches Spitzenamt inne.

Dieser Peer Steinbrück, mit dem exotischen Vornamen und dem unüberhörbaren norddeutschen Akzent, sollte nun das „Stammland" der Sozialdemokratie führen. Ein Land mit einer SPD, deren Identität als Gewerkschaftspartei noch ausgeprägter war als in allen anderen Landesverbänden, die sich als Hüterin des Landesbewusstseins verstand und die von ihren Funktionären ein Mindestmaß an „Kohle-und-Stahl-Folklore" erwartete. „Sein Vorname kostet ihn in Wanne-Eickel mindestens einen Prozentpunkt, und sobald der Hanseat das Wort Steinkohle ausspricht, 'Sssteinkohle', verliert er in Wanne-Eickel noch einen Punkt", mutmaßte die Wochenzeitung Die Zeit.

Auf der anderen Seite sprachen für Steinbrück als Ministerpräsidenten sowohl pragmatische als auch gewichtige machtpolitische Gründe. Als Finanzminister war er nicht nur der mächtigste Ressortchef im Kabinett. Steinbrück galt darüber hinaus als kompetenter Generalist, routiniert im Umgang mit Medien und nicht zuletzt als wirtschaftsfreundlicher Modernisierer. All diese Eigenschaften sicherten ihm in der Nachfolgefrage die Unterstützung Wolfgang Clements und Gerhard Schröders, die sich von einem programmatisch gleich gesinnten NRW-Ministerpräsidenten Unterstützung für ihren wirtschaftsliberalen Reformkurs erhofften. Für die entscheidende Präsidiumssitzung der NRW-SPD am 8. Oktober 2002 reiste der Bundeskanzler höchstpersönlich aus Berlin an, um für Steinbrück zu werben – mit Erfolg.

„Ich bin ein Kabeljau"

Dass Peer Steinbrück nicht nach dem Parteivorsitz griff, war angesichts der Umstände seiner Nominierung keineswegs verwunderlich. Er wollte der Modernisierer und – darin ganz der „Bruder im Geiste Wolfgang Clements" (Süddeutsche Zeitung) – der führende Manager des Landes sein. Harald Schartau sollte weiterhin die Partei führen, Unterstützung für den Regierungskurs organisieren und die dafür notwendige Übersetzungsarbeit für die sozialdemokratischen Milieus leisten. Diese Rollenverteilung nahm der Parteivorsitzende und verhinderte Ministerpräsident ohne erkennbaren Widerwillen an. Seine Unterstützungsarbeit für den neuen Ministerpräsidenten begann prompt. Zusammen mit Generalsekretär Michael Groscheck organisierte Schartau mehrere Regionalkonferenzen, die den noch amtierenden Finanzminister in der Partei bekannter und vor allem beliebter machen sollten. Es galt, dessen Image als profilloser Bürokrat zu korrigieren und so eine möglichst große Zustimmung unter den Delegierten des Nominierungsparteitages am 2. November 2002 zu mobilisieren.

Steinbrück wiederum präsentierte sich auf den Regionalkonferenzen und auf dem Sonderparteitag als Mann mit Geschichtsbewusstsein. Er bekundete seinen „Riesenrespekt" vor den Leistungen seiner Vorgänger Kühn, Rau und Clement sowie vor der Wirkungsgeschichte der SPD in Nordrhein-Westfalen insgesamt. Er sehe sich in der Kontinuität seiner Vorgänger, betonte er immer wieder. Zudem versprach er einen neuen Führungsstil: Ein „Mannschaftsspieler" wolle er sein, ein „Gleicher unter Gleichen", der in „vertrauensvoller Zusammenarbeit" mit Harald Schartau und SPD-Fraktionschef Edgar Moron für Land und Partei sein Bestes geben werde. Den latenten Vorbehalten gegenüber seiner Biografie, dem unausgesprochenen Vorwurf, ihm fehle der „Stallgeruch“, er sei „keiner von hier“ und aus diesem Grund auch keine Identifikationsfigur für die Wähler, begegnete der gebürtige Hamburger mit entwaffnender Offenheit: „Es stimmt, ich bin ein Kabeljau.“ Aber so mancher Fußballclub im Ruhrgebiet habe seine ruhmreiche Geschichte ja schließlich auch nur der erfolgreichen Integration von Einwanderern zu verdanken: „Die Szymaniaks, Tilkowskis, Szepans und Burdenskis wurden auch nicht gefragt, wo sie herkommen, sie mussten gut kicken können.“ Mit der ihm eigenen Selbstironie sollte er noch auf vielen Veranstaltungen die Sympathie seiner Zuhörer gewinnen.

Über die inhaltlichen Prioritäten der neuen Landesregierung erfuhren die Delegierten indes wenig Konkretes. Steinbrück warb für ein neues Staatsverständnis, für einen „Akzentwechsel vom Vater Staat zum Partner Staat“. Trotz der inhaltlichen Unverbindlichkeit erlebten die Delegierten beim Themenkomplex Landespolitik die Uraufführung des Rollenspiels zwischen Steinbrück und Schartau. Auf der einen Seite der designierte Ministerpräsident als tatkräftiger Modernisierer und Vordenker, und auf der anderen Seite der traditionsbewusste Parteichef, der für die rhetorische Anschlussfähigkeit der Parteibasis sorgte. Das Kalkül hatte Erfolg, auf Steinbrücks Nominierung entfielen 96 Prozent der Stimmen.

Nach der sozialdemokratischen Basis galt es noch, beim Koalitionspartner um Unterstützung zu werben. Das Verhältnis zwischen Grünen und SPD war seit 1995 stets konfliktträchtig und nie wirklich vertrauensvoll gewesen. Gerade Steinbrück hatte sich immer gerne mit herablassenden Sticheleien gegen den Bündnispartner hervorgetan. Doch die grünen Spitzenakteure taten alles, um nach außen Geschlossenheit zu demonstrieren und nach innen für den designierten Regierungschef zu werben. Auch Steinbrück selbst versuchte bei den Grünen Vertrauen zu gewinnen, indem er bei jeder Gelegenheit beteuerte, den Erfolg der rot-grünen Koalition ehrlich anzustreben. Nur ein halbes Jahr später schienen sich diese Beteuerungen als Lippenbekenntnisse zu entpuppen, doch zunächst erwiesen sich alle Befürchtungen vor einem schlechten Wahlergebnis im Landtag als grundlos. Steinbrück erhielt 120 von 231 Stimmen – und damit sogar zwei mehr als die rot-grüne Koalition an Mandaten besaß. Am Mittag des 6. November 2002 war Peer Steinbrück der achte Ministerpräsident des Landes Nordrhein-Westfalen.

Neustart statt Kontinuität

Mit dem Tag seiner Wahl zum Ministerpräsidenten begann Peer Steinbrücks Wettlauf gegen die Zeit. Er hatte nicht mehr als zwei Jahre, um einen Amtsbonus zu erarbeiten und die enormen Probleme des Landes und der Koalition soweit zu mildern, dass ein abermaliger Wahlsieg in erreichbare Nähe rückte. Die Arbeitslosigkeit in Nordrhein-Westfalen erklomm im Winter 2002 Rekordhöhen und im Landeshaushalt drohten Milliardenlücken. Das Klima in der rot-grünen Koalition war denkbar schlecht. Nahezu jede kleine Auseinandersetzung eskalierte zu einer öffentlich ausgetragenen Machtprobe. Die roten und grünen Spitzenakteure begegneten sich mit Misstrauen und Argwohn. Die SPD war in Umfragen weit hinter die Union zurückgefallen, und Steinbrück selbst war im Land noch weitgehend unbekannt.

Der neue Ministerpräsident hatte somit verschiedene Herausforderungen zu bewältigen: Er wollte ein tatkräftiger wirtschaftspolitischer Modernisierer sein, der die Probleme des Landes nicht leugnet, sondern anpackt. Er war dazu entschlossen, Reformen auch gegen Widerstände durchzusetzen. Gleichzeitig durfte er aber auch nicht als kalter Technokrat daherkommen. Allen Modernisierungsnotwendigkeiten zum Trotz musste er sich als ein Ministerpräsident präsentieren, der die sozialdemokratischen Normen und Werte im Auge behält. Und schließlich galt es, die rot-grüne Koalition wieder in ruhiges Fahrwasser zu führen.

Das Leitmotiv der Regierung Steinbrück durfte also keinesfalls „Weiter so!“ lauten. Es musste zur Offensive geblasen werden. Und tatsächlich: Als Peer Steinbrück am 12. November 2002 sein Kabinett vorstellte und den groben Zuschnitt der einzelnen Ressorts bekannt gab, wurde in aller Deutlichkeit sichtbar, dass der neue Ministerpräsident einen kompletten Neustart der Landesregierung plante. Von der zuvor oft betonten Kontinuität war fast nichts mehr zu entdecken. Sechs von elf Ressorts wurden neu zugeschnitten und vier neue Minister rückten ins Kabinett auf.

Mit der Kabinettsumbildung, die von der Welt am Sonntag als „eine der größten Umpflügaktionen der Regierungsgeschichte“ bezeichnet wurde, waren auch politische Richtungsentscheidungen verbunden. Steinbrück beabsichtigte, den wirtschaftspolitischen Modernisierungskurs seines Vorgängers nicht nur einfach fortzuführen, sondern diesen zu intensivieren und zu beschleunigen. Nichts symbolisierte den neuen Kurs besser als die Fusion der Ministerien für Wirtschaft und Arbeit zu einem „Superministerium“. Die jahrzehntelange Trennung von Wirtschafts- und Arbeitsressort in Bund und Ländern spiegelte das vorherrschende Verhandlungsarrangement zwischen Regierung, Wirtschaft und Arbeitnehmervertretern wider. Die beiden Ministerien waren immer auch Ansprechpartner für die jeweiligen Lobbygruppen gewesen. Das Arbeitsministerium galt als „Gewerkschaftsministerium“, während sich das Wirtschaftsressort als Anwalt der Unternehmensinteressen verstand. Die Zusammenlegung verdeutlichte einen Prioritätenwechsel in der Arbeitsmarktpolitik: Die Ressorts sollten nicht mehr als primär sozialpolitische Aufgabe angesehen werden, sondern vor allem einen wirtschaftspolitischen Beitrag zur Bekämpfung der Arbeitslosigkeit leisten. Die Unterordnung der Arbeitsmarktpolitik unter wirtschaftspolitische Zielsetzungen erfuhr ihre symbolische Übersetzung in der Reihenfolge der genannten Zuständigkeiten der neuen Ressorts: „Ministerium für Wirtschaft und Arbeit“.

Die Startphase seiner Regierung war ein günstiger Zeitpunkt, um Tatendrang und Gestaltungswillen zu demonstrieren. Die umfangreiche Kabinettsumbildung vom November 2002 entsprach mit der ihr innewohnenden Personen- und Konfliktorientierung ganz den Funktionslogiken der Mediendemokratie: Gewinner und Verlierer wurden sichtbar. Die mediale Aufmerksamkeit, die Peer Steinbrück durch seine Regierungsbildung auf sich ziehen konnte, war seine erste wertvolle Machtprämie.

„Wahrheit und Klarheit"

Programme, Kompetenzen und organisatorische Fragen sind für das Regieren von elementarer Bedeutung. Doch sowohl für die Durchsetzungskraft einer Regierung als auch für ihre Erfolgsaussichten bei kommenden Wahlen sind ihre Kommunikationsfähigkeiten mindestens genauso wichtig. Ohne Sprache gibt es keine Politik. Sprachverlust führt unweigerlich zum Machtverlust. Wer politische Programme in die Tat umsetzen möchte, der muss dafür öffentliche Legitimation mobilisieren. Öffentliche Zustimmung und Unterstützung sind die letztendlich entscheidenden Machtressourcen in einer Demokratie. Es gilt, das zu betreiben, was die Politikwissenschaft „Darstellungspolitik" nennt: Begriffe besetzen, Realität deuten und das Regierungshandeln durch Botschaften und Symbole veredeln.

Peer Steinbrück musste folglich auch auf der kommunikativen Ebene des Regierens in die Offensive gehen und ein eigenes, unverwechselbares Profil entwickeln. Einen hohen Bekanntheitsgrad zu erreichen, fällt Ministerpräsidenten in der Regel nicht schwer. Gerade in der Landespolitik, für die sich die Medien im Vergleich zur Bundes- und Kommunalpolitik nur wenig interessieren, ragen die Regierungschefs wie Leuchttürme aus dem ansonsten grauen Politikbetrieb hervor. Allerdings zählt ein hoher Bekanntheitsgrad nicht viel, wenn damit nicht auch ein Amtsbonus verbunden ist, der sich am Wahltag in Wählerstimmen auszahlt. Einen derartigen Amtsbonus erreicht ein

Ministerpräsident nur, wenn die Wähler sein öffentliches Auftreten als glaubwürdig und authentisch empfinden, und wenn sie ihre eigenen politischen Werte und Erwartungen in seinen Reden und Taten wiederfinden können. Und noch eine Voraussetzung muss eine erfolgreiche Darstellungspolitik erfüllen: Person und Partei müssen zusammenpassen. Ein Spitzenkandidat, der nicht auch die Traditionen und Grundwerte der eigenen Partei zu repräsentieren vermag, wird keinen Mobilisierungseffekt unter den Wählern auslösen können.

Peer Steinbrücks erste große Regierungserklärung vor dem Landtag, die Visitenkarte eines jeden neuen Ministerpräsidenten, war der Startschuss für seine Darstellungspolitik, mit deren Hilfe er seine Partei hinter sich scharen, Vertrauen beim Koalitionspartner hervorrufen und einen Amtsbonus erarbeiten musste. Darüber hinaus war seine Regierungserklärung exemplarisch für seinen Regierungsstil, sein Politikverständnis und seinen Kommunikationsstil. Nicht zuletzt zeugte sie sowohl von seinen Stärken als auch von seinen Schwächen, die seine gesamte Amtszeit prägen sollten.

Im Gesamtüberblick wurde die Regierungserklärung, die Steinbrück unter dem Titel „Klarer Kurs: Konzentration der Kräfte – Gemeinsam für Nordrhein-Westfalen" am 20. November 2002 im Landtag abgab, den oben genannten Anforderungen nur bedingt gerecht. Identifikationsangebote für Partei und Koalitionspartner waren Mangelware. Steinbrücks Rede war durch eine sachliche Modernisierungsrhetorik dominiert, deren Leitmotive „Klarheit" und „Wahrheit" ein Bewusstsein für die Notwendigkeit großer Veränderungen schaffen sollten. Die Überschrift „Klarer Kurs" markierte die Kernbotschaft seiner Strategie bis zum Ende der Legislaturperiode: Mit Steinbrück werde das Land von einem unideologischen Politikmanager geführt, dem Inszenierung und Show fremd seien, der dafür aber den Problemen ins Auge sehe und sie mit Tatkraft und Kompetenz überwinden wolle. „Ich werde mich weiterhin um Gradlinigkeit bemühen und nicht ins Unverbindliche oder Mehrdeutige flüchten, wenn es keine guten Nachrichten und

Botschaften gibt." Steinbrück wollte ein „ungeschminktes Bild" der Probleme des Landes zeichnen, um in Öffentlichkeit und Parlament die notwendige Unterstützung für schmerzhafte Reformen zu erhalten.

Ein „steiniger Weg" läge vor den Menschen in Nordrhein-Westfalen: „Wir stehen in ganz Deutschland und in Nordrhein-Westfalen vor erheblichen Problemen, die wir nur bewältigen können, wenn alle Beteiligten zu Anpassung – ja, in manchen Fällen auch das: zum Verzicht – bereit sind." Dennoch gab sich der Ministerpräsident davon überzeugt, dass die Bürger grundsätzlich bereit seien, diesen Weg mit zu gehen, denn „die Menschen wissen es doch längst: Wir werden ihnen eine Reihe von Zumutungen bieten und ihre Bereitschaft abfordern müssen, notwendige Veränderungen mit zu tragen und mit zu ertragen." Steinbrück bemühte das Bild vom überforderten Staat: „Ein spanisches Sprichwort sagt: Wer nach zu vielem greift, wird wenig behalten." Ein moderner Staat, so der Ministerpräsident, „darf sich nicht mehr vornehmen, als er zu Ende bringen kann". Gemeint war die Sozialpolitik, die sich zukünftig auf die Unterstützung und Aktivierung zivilgesellschaftlichen Engagements konzentrieren müsse.

Mit der Hervorhebung von Ehrenamt und Zivilgesellschaft, die den Staat entlasten sollen, bewegte sich Steinbrück im programmatischen Rahmen des „dritten Weges" der „neuen Sozialdemokratie". Doch generell bot der ideologische Überbau der Regierungserklärung wenig Anschlussmöglichkeiten für die Wertvorstellungen der SPD und ihrer Stammwählerschaft. Steinbrück benutzte die beiden sozialdemokratischen Schlüsselbegriffe „soziale Gerechtigkeit" und „Solidarität" jeweils nur ein einziges Mal. Gewiss war die schnörkellose Offenheit, mit der er die Defizite und Probleme des Landes auf vielen Politikfeldern benannte, ein bisher unbekanntes und von Wahrhaftigkeit zeugendes Stilmittel. Aber der neue Ministerpräsident verkannte zu Beginn seiner Amtszeit, wie wichtig die Erzeugung kollektiver Identitäten durch Werteorientierung ist.

Steinbrück hatte zu Beginn seiner Rede betont, die Arbeit seiner Regierung stehe in der Kontinuität seines Vorgängers, und sowohl der Koalitionsvertrag als auch die Regierungserklärung Wolfgang Clements vom August 2000 besäßen nach wie vor Gültigkeit. Es sei deshalb nicht notwendig, alle Initiativen und Projekte der rot-grünen Koalition noch einmal anzuführen. Aber angesichts der umfangreichen Regierungsumbildung, der knappen Mehrheit im Landtag, der enormen wirtschaftlichen Probleme und der demoskopischen Misere der SPD machte der Verweis auf bestehende Vereinbarungen unmissverständlich deutlich, dass er sich an vergangene Beschlüsse nicht unbedingt gebunden fühlte. Seine Regierungserklärung demonstrierte, dass der Ministerpräsident bei der Durchsetzung seiner Modernisierungspolitik weder auf den Bündnispartner noch auf die eigene Partei besondere Rücksicht zu nehmen beabsichtigte.

Politische Führung als Versuch und Irrtum

Vier Monate nach dem Amtsantritt der neuen Landesregierung steuerte die rot-grüne Koalition in ihre schwerste Krise seit der Begründung des Bündnisses zehn Jahre zuvor. Die Arbeitslosenzahlen in Nordrhein-Westfalen hatten die 900.000er-Marke überschritten und für das laufende Haushaltsjahr drohten noch höhere Steuerausfälle als befürchtet. In aktuellen Umfragen lag die NRW-SPD mit 33 Prozent ganze 18 Prozentpunkte hinter der CDU. Steinbrück besaß nach wie vor keinen Amtsbonus. Laut Umfragen wollten ihn Ende März 2003 nur 36 Prozent der Befragten als Ministerpräsidenten. Rund 40 Prozent bevorzugten Oppositionsführer Jürgen Rüttgers. „Ich stelle jeden Tag eine Kerze ins Fenster, dass erst im Mai 2005 Landtagswahlen stattfinden“, kommentierte Steinbrück das demoskopische Tief. Jetzt war ein Gewinnerthema gefragt. Als ein solches hatte er im November 2002 die Olympia-Bewerbung Düsseldorfs bezeichnet. Sie sei sogar das einzige Gewinnerthema, das ihm spontan einfiele, hatte er dem Focus gestanden. Doch die Düsseldorfer

Bewerbung war in der nationalen Vorauswahl unterlegen und fortan sprach der Ministerpräsident von der Notwendigkeit, „ein Kaninchen aus dem Hut zu zaubern".

Steinbrücks Kaninchen sollte das von seinem Vorgänger geerbte Großprojekt Metrorapid werden. Hatte er zu Beginn seiner Amtszeit der Magnetschwebebahn zwischen Düsseldorf und Dortmund nicht die gleiche Begeisterung entgegenbringen können wie sein Vorgänger, so war die Drei-Milliarden-Investition jetzt das einzige Thema, mit dem er glaubte, ein „klares rotes Profil" beweisen zu können. Der Metrorapid sollte nicht nur trotz, sondern gerade wegen der starken Vorbehalte der Grünen durchgesetzt werden. Innerhalb der SPD mochte man dem Bündnispartner nicht verzeihen, dass die schlechte Performanz der Regierungen in Berlin und Düsseldorf bei den Grünen keine Spuren hinterließ. Diese standen bei Umfragen im Land konstant bei zehn Prozent. Der Bau der Magnetschwebebahn bot sich somit nicht nur als Symbol für wirtschaftspolitische Tatkraft an, sondern war gleichfalls ein geeignetes Mittel, um die aus SPD-Sicht angemessene Hackordnung in der Koalition wieder herzustellen.

Neben den ungeklärten Fragen beim Metrorapidprojekt wurde das Verhältnis zwischen SPD und Grünen auch noch durch große Differenzen in der Wirtschafts-, Umwelt- und Verkehrspolitik belastet. Im Mai 2003 wurde zudem bekannt, dass das Land im laufenden Haushaltsjahr 1,4 Milliarden Euro Steuermindereinnahmen würde verkraften müssen. Ein verfassungsgemäßer Haushalt war ohne die Feststellung „einer Störung des gesamtwirtschaftlichen Gleichgewichts" nicht mehr zu erreichen und in den kommenden Jahren drohten noch erheblich höhere Einnahmeausfälle, die nur durch schmerzhafte Ausgabenkürzungen kompensiert werden konnten.

Zu diesem Zeitpunkt beschloss Steinbrück, das eigene Profil durch eine wirtschaftspolitische Akzentuierung zu schärfen, die gezielt und medienwirksam zu Lasten grüner Programmatik durchgesetzt werden sollte: Keine Koalition wäre ein Wert an sich, alle grünen „Bremsklötze" müssten weg, schimpfte Steinbrück Ende Mai 2003 in der Rheinischen Post. Bedenken dürften sich nicht mehr „wie Mehltau" über das Land legen. Auch wollte er den Grünen keine Erfolge im Umweltschutz mehr zugestehen. Er mache sich vor den Wählern lächerlich, wenn er als Bilanz seiner Arbeit auf mehr Ackerrandsteine und Igelschutz verweise, sagte Steinbrück unter großem Beifall vor der SPD-Landtagsfraktion. Zudem sprach er den Grünen die Fähigkeit ab, die enormen ökonomischen Herausforderungen bewältigen zu können. Er schilderte den SPD-Abgeordneten die desolate finanzielle Situation des Landeshaushalts und verglich die Zustände in Nordrhein-Westfalen mit jenen „Ende der vierziger Jahre". Angesichts der geringen Gestaltungsspielräume müsse sich die Regierung auf Investitionen im Straßenbau, den Metrorapid und den Ausbau des Düsseldorfer Flughafens konzentrieren. Mit den Grünen wäre das nicht durchzusetzen. „Wenn wir so weitermachen, können wir die nächsten Wahlen vergessen", rief Steinbrück den Delegierten eines SPD-Landesparteitages zu. „Wir brauchen in Düsseldorf mehr Rot pur!"

Steinbrück forderte die Zurückstellung umweltpolitischer Ziele hinter wirtschaftspolitische Interessen. Naturschutzrechtliche Verordnungen dürften „die Realisierung von Investitionsprojekten nicht verhindern oder über Gebühr verzögern", hieß es in einem Positionspapier seiner Staatskanzlei. Eingriffe „zu Lasten der Natur" wären oftmals „unvermeidlich". Diese Passage zielte direkt auf die Genehmigungspraxis des von der populären Grünen-Politikerin Bärbel Höhn geführten Umweltressorts. Höhns Ministerium hatte es in der Vergangenheit oft verstanden, über Umweltverträglichkeitsprüfungen die Umsetzung diverser Industrieprojekte zu konterkarieren. Dass die Grünen nun aber eingestehen sollten, dass dem Umweltschutz als wichtigstem Anliegen ihrer Basis und Wähler keine besondere Relevanz bei der zukünftigen Regierungsarbeit mehr zukommen sollte, war für den kleinen Bündnispartner nicht akzeptabel.

Zwei Monate später brach die sozialdemokratische Offensive zusammen. Es gab weder eine neue Koalition noch hatte sich die SPD mit ihren Forderungen nach einem wirtschafts- und umweltpolitischen Kurswechsel durchsetzen können. Im Gegenteil: Das Prestigeprojekt Metrorapid wurde beerdigt. Am Ende einigten sich Grüne und SPD lediglich auf eine, „Düsseldorfer Signal" genannte, „Konkretisierung" des Koalitionsvertrages: Es wurden Maßnahmen zur Haushaltskonsolidierung sowie konkrete Schritte zur Realisierung einer Reihe von Verkehrs- und Industrie-Investitionen vereinbart. Die Grünen galten als Sieger im Koalitionsstreit und der Ministerpräsident als angeschlagen.

Koalition in der Krise

Immerhin befand sich die SPD in der günstigen Position des „dominant player". Sie besaß die theoretische Option, durch einen Wechsel zur FDP die Grünen aus der Regierung zu drängen, ohne selbst die Regierungsverantwortung durch Neuwahlen zu riskieren. Um aus dieser Position politisches Kapital schlagen zu können, hätten allerdings mehrere Bedingungen erfüllt sein müssen: Die SPD hätte geschlossen den Kurs ihres Ministerpräsidenten unterstützen müssen. Es hätte zweitens sicher sein müssen, dass die FDP in das Regierungsboot wechselt, wenn die Grünen es verlassen. Die SPD-Bundespartei hätte drittens den Konfrontationskurs mittragen müssen und schließlich hätte Steinbrück konkrete und nachprüfbare Ziele definieren müssen, die sich sowohl durch genügend Konfliktpotenzial mit den Grünen als auch durch ausreichend Identifikationspotenzial für die eigene Basis ausgezeichnet hätten. Tatsächlich war aber keine der Bedingungen erfüllt, als Steinbrück und die SPD das Trommelfeuer auf die Grünen eröffneten.

Der SPD-Basis war ein Koalitionswechsel zur FDP nicht zu vermitteln, die als marktliberal galt und durch Parteispendenaffären belastet war. SPD-Chef Harald Schartau musste zugeben, dass allein der Gedanke an eine Zusammenarbeit mit den Liberalen die Landespartei „schütteln" ließe. Laut einer Forsa-Umfrage sprachen sich 72 Prozent der SPD-Mitglieder gegen einen Koalitionsbruch aus. Welche sozialdemokratischen Positionen waren mit den Liberalen denn eher zu verwirklichen als mit den Grünen? In der Kohle- und Sozialpolitik trennten SPD und FDP Welten. Die destruktive Haltung der Grünen bei der Durchsetzung von Investitionsprojekten gehörte für die meisten Genossen nicht zur Alltagserfahrung. Seit dem engagierten Wahlkampf der Basis für ein zweites Mandat der Regierung Schröder/Fischer war noch kein Jahr vergangen. Jetzt sollte das rot-grüne Projekt ein Irrtum gewesen sein? Für eine Polarisierung nach außen, die Geschlossenheit und Kampagnenfähigkeit der eigenen Partei sicherstellt, war der eigene Koalitionspartner das falsche Zielobjekt. Viele große Unterbezirke der SPD stellten sich gegen den Konfrontationskurs ihres Ministerpräsidenten, und es zeichnete sich bald ab, dass er für einen Koalitionswechsel keine Mehrheit auf einem Landesparteitag erhalten würde.

Die FDP war zudem nicht zu einer sozial-liberalen Koalition bereit, wie sich schon bald herausstellen sollte. Denn den Liberalen war klar, dass sie auf Leihstimmen von Unionswählern angewiesen waren, wollten sie abermals die Fünf-Prozent-Hürde überspringen. Aber warum sollten CDU-Sympathisanten die FDP wählen, wenn ihre Stimmen letztlich einer SPD-Regierung zugute kommen würden? Der SPD-Bundesspitze gefiel der Koalitionskrach in Düsseldorf gar nicht. Angesichts der Auseinandersetzungen um die „Agenda 2010" war die Verfassung der rot-grünen Bundesregierung auch ohne die Auseinandersetzungen in Nordrhein-Westfalen alles andere als stabil. Wichtige sozialpolitische Reformvorhaben des Bundeskanzlers hatten noch nicht den Bundestag passiert, und im Mai 2003 war auch noch nicht sicher, ob das jemals der Fall sein würde. Entgegen aller Beteuerungen des Ministerpräsidenten, über den Ausgang des „Klärungsprozesses" werde in Düsseldorf entschieden, machte Gerhard Schröder die Rettung der rot-grünen Landesregierung zur Chefsache und bestellte Peer Steinbrück ins Kanzleramt ein, um unter der Beteiligung Wolfgang Clements ein Szenario für das Ende der Koalitionskrise zu entwerfen.

Grundsätzlich mangelte es an echten Gewinnerthemen und Positivbotschaften, die den Koalitionsbruch gerechtfertigt hätten. Stattdessen übte sich Peer Steinbrück in Oppositionsrhetorik: „Zustand der Staatsfinanzen wie nach dem Zweiten Weltkrieg", „handlungsunfähige Regierung" sowie Forderungen nach einem „Politikwechsel" waren seine Stichworte. Abgesehen von den Schlussfolgerungen, die sich für die Wähler nach derartigen Beschreibungen über 37 Jahre SPD-Regierung ergaben, musste das Publikum viel weitergehendere Konsequenzen erwarten als eine „Konkretisierung" des Koalitionsvertrages. Die Interpretation des „Düsseldorfer Signals" als Niederlage des Ministerpräsidenten und seiner Partei war angesichts der Forderung nach „Rot pur" unausweichlich.

Steinbrück hatte sich mit seinem Konfrontationskurs selbst eine Falle gestellt. Dabei war das rot-grüne Konsenspapier für das zukünftige Regierungshandeln keineswegs erfolglos. Denn für die in der laufenden Legislaturperiode noch anstehenden Maßnahmen war in der Tat eine verbindliche Grundlage geschaffen worden. Erstmals in der rot-grünen Konfliktgeschichte sollte so etwas wie stilles, effektives Regieren möglich werden. Und noch etwas anderes hatte der Regierungschef erreicht: Er war nun im Land bekannt, womit eine Vorbedingung für steigende Popularitätswerte erfüllt war. Doch dieser Erfolg verblasste angesichts der Erwartungen, die Steinbrück mit seiner brachialen Kritik am grünen Partner geweckt hatte. Noch wichtiger als die Einsicht, ein offensichtlich misslungenes Kommunikationsmanagement betrieben zu haben, war eine andere Erfahrung, die der Ministerpräsident während der Koalitionskrise machen musste: Gegen den Willen, die Erwartungen und Werte der eigenen Basis waren weder weitreichende strategische Entscheidungen noch die von ihm anvisierten Reformen durchzusetzen. Er durfte seine eigene Partei nicht mehr übergehen, wollte er in Zukunft Erfolg haben. Von nun an konnte man beobachten, wie Steinbrück seinen parteifernen Führungsstil Schritt für Schritt veränderte.

„Peer ist jetzt wer"

Die wohl größte sachpolitische Herausforderung für die Regierung Steinbrück war die Durchsetzung des Doppelhaushaltes 2004/2005. Die rot-grüne Koalition war gezwungen, über drei Milliarden Euro einzusparen. Die Milliardenlöcher im Landeshaushalt konnten nicht länger durch neue Schulden gestopft werden, und weil eine Landesregierung nicht die Möglichkeit besitzt, über Steuererhöhungen die Einnahmeseite zu verbessern, mussten harte Einschnitte in die Sozialetats und beim öffentlichen Dienst durchgesetzt werden: Kürzungen für Kindergärten, Vereine und Volkshochschulen von bis zu 40 Prozent. Hinzu kamen Einsparungen bei den Personalkosten sowie eine Reduzierung der Fördermaßnahmen für mittelständische Unternehmen.

Diese Beispiele der Kürzungsmaßnahmen verdeutlichen die politische Brisanz des Sparpaketes, das die rot-grünen Koalitionäre geschnürt hatten. Die sozialpolitische Infrastruktur des Landes, auf die die Sozialdemokraten immer mit Stolz verwiesen hatten, sollte die Hauptlast des Konsolidierungskurses tragen müssen. Heftige Proteste von Interessengruppen, die bisher zu den wichtigsten Verbündeten der SPD gezählt hatten, konnten nicht ausbleiben. Wohlfahrtsverbände, Gewerkschaften und Kulturträger meldeten sich mit drastischen Warnungen vor den sozialen Folgen der Sparmaßnahmen zu Wort. In den Regionalzeitungen erschienen in kurzen Abständen Reportagen über die finanziellen Konsequenzen für Kindergärten oder Theater. Am 24. September 2003 kamen 30.000 Beschäftigte des öffentlichen Dienstes zu einer von den Gewerkschaften organisierten Großdemonstration vor dem Düsseldorfer Landtag zusammen. Die Opposition wollte sich den Protest zunutze machen, und Jürgen Rüttgers bezeichnete die Haushaltsvorlage als „sozialpolitisch unfair und ungerecht. Wann hat es das in diesem Land schon mal gegeben, dass unten die Arbeiterwohlfahrt steht und gegen die SPD-geführte Regierung demonstriert?“ Opportunismus und Konzeptlosigkeit nannten das die rot-grünen Koalitionäre. Doch angesichts Tausender Demonstranten und des landesweiten Aufschreis vieler sozialer Einrichtungen wog der Vorwurf der Ungerechtigkeit schwer.

Etliche Journalisten prophezeiten der Regierung, dass sie ihren Konsolidierungskurs nicht werde durchhalten können. Sie sollten sich irren. Der Ministerpräsident bewies Führungsstärke und Durchsetzungskraft. Seit seinem Amtsantritt im November 2002 hatte Steinbrück stets auf die Notwendigkeit weitreichender Etatkürzungen hingewiesen. Es gehörte zu seiner festen Überzeugung, dass sich die „Bereitschaft zum Verzicht“, die er in seiner Regierungserklärung von den Bürgern gefordert hatte, nur dann einstellen könne, wenn Reformpolitik berechenbar sei. Und Berechenbarkeit bedeutete für Steinbrück vor allem Standfestigkeit. Er unterstützte Gerhard Schröders sozialpolitische „Agenda 2010“ und wurde nie müde, seine Partei trotz der dramatisch schlechten Umfragedaten zu einer Fortsetzung des Reformkurses aufzufordern: „Es wäre falsch, umzukehren und zu zaudern. Wir würden mehr verlieren als nur unsere Regierungsfähigkeit.“

Seine eigene „Agenda 2010“ war der Doppelhaushalt 2004/2005, anhand dessen der Reformwille und die Reformfähigkeit seiner Regierung gegen alle Widerstände unter Beweis gestellt werden sollte. Die SPD wurde frühzeitig in den Entscheidungsprozess einbezogen. Peer Steinbrück und Harald Schartau bereisten die Untergliederungen der Partei und versorgten Basis und Abgeordnete mit Argumenten. Gleichzeitig gelang es ihnen, eine Positivbotschaft zu kommunizieren: die Einstellung von 1000 neuen Lehrern. Steinbrück präsentierte sich als zukunftorientierter Modernisierer, der bei allen Einsparungserfordernissen dem Bildungsbereich Priorität einräumte. „Trotz Etatkrise: In NRW bald 1000 neue Lehrer“ oder „Steinbrück verspricht

1000 neue Lehrer" lauteten die Schlagzeilen, die der Botschaft „Gerechtigkeit beim Sparen" mediale Geltung verschafften.

Innerhalb der rot-grünen Koalition zeigte der Konsens vom Frühjahr erste Früchte. Die Demonstration einer handlungsfähigen Regierung hatte für beide Parteien Priorität. Keiner der Bündnispartner versuchte, den jeweils anderen zu übervorteilen. Die Einhaltung der vorgegebenen Etat-Grenzen machte die Kommunikation eines nachprüfbaren Erfolges auf der Entscheidungsebene möglich. Der Ministerpräsident konnte von nun an darauf verweisen, dass er und seine Regierung in der Lage waren, der eigenen Modernisierungsrhetorik auch Taten folgen zu lassen. „Peer ist jetzt wer" titelte die Neue Ruhr Zeitung. Die Koalition war gefestigt und die SPD über die Kürzungen im Sozialbereich nicht zerbrochen. Die Regierung hatte angesichts des dem Sparpaket innewohnenden Konfliktpotenzials ihre Fähigkeit zum effektiven Regieren bewiesen. Ein wirkliches „Gewinnerthema" war der Doppelhaushalt dennoch nicht. Die Etatkürzungen würden alsbald für viele Wähler spürbar werden und bei kommenden Wahlentscheidungen schwerer wiegen als das Image tatkräftiger Modernisierer.

Ein Rahmen für die Reformpolitik

Die politischen Auseinandersetzungen um Gerhard Schröders „Agenda 2010" führten in den Jahren 2003/2004 zu schweren Auseinandersetzungen innerhalb der SPD. Die Spitzenrepräsentanten der Partei versuchten weniger durch Überzeugungsarbeit als mit hartem Druck eine unwillige Basis auf Regierungslinie zu zwingen. Mit Rücktrittsdrohungen, Vertrauensfragen im Bundestag und der Abwehr eines Mitgliederbegehrens konnten der Kanzler und die SPD-Führung ihre Reformvorhaben durchdrücken. Doch der stille Protest durch massenhaften Parteiaustritt und schwere Niederlagen bei Landtagswahlen machten immer deutlicher, dass der SPD durch den Verlust ihrer normativen Orientierung auch die Kampagnenfähigkeit abhandenzukommen drohte. Peer Steinbrück hingegen erkannte, dass ohne einen sozialdemokratischen Orientierungsrahmen die Reformpolitik nicht durchzuhalten war.

Am 13. November 2003 erschien in der Wochenzeitung Die Zeit ein Aufsatz Steinbrücks, in dem er die sozialpolitischen Reformen zu begründen versuchte. Nur durch die Sanierung von Staatsfinanzen und sozialen Sicherungssystemen könne der Staat in Zukunft noch in der Lage sein, soziale Gerechtigkeit zu gewährleisten. Soziale Gerechtigkeit bedeute im 21. Jahrhundert nicht gleiche Verteilung oder Alimentierung, sondern gleiche Lebenschancen, „auch zweite und dritte Chancen". Die Zukunftsthemen der Sozialdemokratie seien die Familien- und Bildungspolitik. „Soziale Gerechtigkeit muss künftig heißen, eine Politik für jene zu machen, die etwas für die Zukunft unseres Landes tun: die lernen und sich qualifizieren, die arbeiten, die Kinder bekommen und erziehen, die etwas unternehmen und Arbeitsplätze schaffen, kurzum, die Leistung für sich und unsere Gesellschaft erbringen. Um die und nur um sie muss sich Politik kümmern."

Auf dem Programmparteitag der NRW-SPD am 20. November 2004 in Bochum wiederholte er seine Thesen zu sozialer Gerechtigkeit im 21. Jahrhundert und verband sie mit konkreten Initiativen seiner Regierung in der Bildungs- und Stadtpolitik. Den Redetext nannte Die Zeit einen „internen Bestseller". Franz Müntefering lud den Ministerpräsidenten in die Bundestagsfraktion ein, wo dessen Thesen großen Anklang fanden. Zu einem „Mann der Partei" wurde Steinbrück freilich nicht. Seine Umrisse einer zukünftigen sozialdemokratischen Reformpolitik blieben vorerst nur Anstöße für eine gerade beginnende Programmdebatte. Für eine Profilbildung mit Breitenwirkung wurden sie zu spät und nicht pointiert genug kommuniziert. Gleichwohl war Steinbrück der einzige sozialdemokratische Spitzenpolitiker, der sich ernsthaft um normative Begründungen und Orientierungen für die Reformpolitik bemühte. Die Imperative der Parteiendemokratie fanden aber erst spät Eingang in sein politisches Kalkül. Zweieinhalb Jahre im Amt waren nicht genug Zeit, um sich über die SPD zusätzliche Unterstützung und Handlungskorridore zu erarbeiten.

Am 22. Mai 2005 ging Peer Steinbrücks Wettlauf gegen die Zeit verloren. Mit 37,1 Prozent der Stimmen fiel die SPD bei den Landtagswahlen auf das Niveau der 1950er Jahre zurück. Das „Stammland der Sozialdemokratie" wird seitdem von einer christlich-liberalen Koalition regiert. Die Gründe für die Wahlniederlage sind vielschichtig und keinesfalls allein in der Person des Ministerpräsidenten zu suchen. Die Machtfundamente der SPD litten schon seit den 1990er Jahren unter einer fortschreitenden Erosion. Der Niedergang der Großindustrie und der Mitgliederverlust der Industriegewerkschaften unterspülte ihre gesellschaftliche Verankerung. Hinzu kamen die Wirtschaftskrise und kurzfristige bundespolitische Belastungen für den Wahlkampf der NRW-SPD.

Aufgrund der im Januar 2005 in Kraft getretenen Zusammenlegung von Arbeitslosen- und Sozialhilfe („Hartz IV") wies die offizielle Arbeitslosenstatistik zu Jahresbeginn bundesweit fünf Millionen und in Nordrhein-Westfalen über eine Million Erwerbslose aus. Der symbolischen Kraft dieser Zahlen hatten SPD und Grüne kaum etwas entgegenzusetzen. Über die Hälfte der NRW-Wähler hielt die Wirtschaftslage für „schlecht", nur 18 Prozent trauten der SPD noch zu, neue Arbeitsplätze zu schaffen.

Peer Steinbrück war in dieser Situation der einzige Trumpf, den die Sozialdemokraten noch in der Hand hatten. Seine Popularitätswerte hatten sich im Verlauf des Jahres 2004 kontinuierlich verbessert. Auf den Beliebtheitsskalen der Demoskopen ließ er seinen Herausforderer Jürgen Rüttgers weit hinter sich. Fast 50 Prozent der Wähler wünschten, er solle auch zukünftig der Ministerpräsident des Landes bleiben. Für Rüttgers votierten nur 35 Prozent. Doch Steinbrücks gute Werte übertrugen sich nicht auf seine Partei.

Was die Umfragen gleichwohl verrieten, war eine dramatische Mobilisierungsschwäche der Sozialdemokraten unter ihren Stammwählern. Die SPD würde nur noch sechzig Prozent ihres

Wählerpotenzials mobilisieren können. Die wirtschaftspolitischen Reformen der rot-grünen Bundesregierung erweckten im Kernklientel der Sozialdemokratie den Eindruck, die Partei hätte sich von ihren Werten und Grundsätzen abgewandt. Je näher der Landtagswahltermin rückte, desto mehr versuchte der Ministerpräsident mit sozialpolitischen Themen (keine Studiengebühren, keine Abschaffung von Kündigungsschutz und Mitbestimmung) zu punkten. Aber diese Themen wollten nicht recht mit seinen Botschaften aus den vorangegangenen Jahren harmonieren. Die SPD und ihr Spitzenkandidat schienen nicht zusammenzupassen, eine erfolgreiche Wählermobilisierung konnte so nicht gelingen.

„Ich bin kein Mann der Legislative“

Peer Steinbrück hatte sich von Anfang an keine Illusionen über den Zustand und die Wahlaussichten seiner Regierung gemacht. Bei den Landtagswahlen 2000 hatte die rot-grüne Koalition eine letzte Chance erhalten – mehr nicht. Dementsprechend regierte er wie ein in großer Not berufener Sanierer. Die Durchsetzung von Reformen war für ihn nur durch Entscheidungen „von oben“ möglich. Weniger Moderation und mehr Führung kennzeichnete das Amtsverständnis des Ministerpräsidenten.

Steinbrück umgab sich nicht mit der präsidialen Aura eines über den Parteien schwebenden Landesvaters, wie es seinerzeit Johannes Rau getan hatte. Auch die Anpassung an flüchtige Stimmungen lag ihm nicht. Er wollte die Probleme beim Namen nennen. Durch eine wahrhaftige und ungeschönte Analyse der Lage hoffte er, Unterstützung für sich und seine unpopulären Reformen gewinnen zu können. Peer Steinbrück blieb für seine Landsleute in Nordrhein-Westfalen ein wirtschaftspolitischer Modernisierer, dessen „Wahrheit und Klarheit“-Rhetorik ihm Respekt und Glaubwürdigkeit verschaffte, der aber nie die sozialen Abstiegsängste der sozialdemokratischen Wählermilieus zu lindern vermochte.

Der Vorwurf, er sei kein „echter Sozialdemokrat“, sondern so etwas wie ein „Wirtschaftsliberaler“ oder, noch schlimmer, ein „Neoliberaler“, schoss aber über das Ziel hinaus. Steinbrück war und ist davon überzeugt, dass die traditionellen Politikkonzepte der Sozialdemokratie heute nicht mehr funktionieren und ein zukunftsfähiger Sozialstaat neue Prioritäten setzen müsse: Chancengleichheit, Bildung und Anreize für „Eigenverantwortung“. Außerdem hatte er das Pech, dass seine Amtszeit in die schwerste Wirtschaftskrise der Nachkriegszeit fiel. „Ich bin in einer Phase Ministerpräsident geworden, als es nichts mehr zu verteilen gab“, analysierte Steinbrück im Rückblick die Gründe für seine Niederlage. Später, als er schon Bundesfinanzminister war, verteidigte er mit Vehemenz die Steuererhöhungen der Regierung Merkel/Müntefering, mit denen unter anderem Bildungsinvestitionen und Familienleistungen finanziert wurden. „Der Staat braucht das Geld!“ Solche Sätze kämen einem Guido Westerwelle oder Friedrich Merz nicht über die Lippen. Schon als Ministerpräsident hatte er sich für die Wiedereinführung der Vermögenssteuer eingesetzt. Allerdings fand seine Initiative weder bei der Bundesregierung noch unter seinen Länderkollegen eine ausreichende Unterstützung.

Überhaupt musste Peer Steinbrück immer wieder erfahren, wie eng die Spielräume in der Landespolitik sind. Seine Herzensthemen waren die Steuer- und Arbeitsmarktpolitik sowie der Umbau des Sozialstaates. Die Landespolitik bot für eine Reformpolitik in seinem Sinne kaum Handlungsmöglichkeiten. Nach der Niederlage bei den Landtagswahlen versuchte Gerhard Schröder den Ministerpräsidenten a. D. zu einer Kandidatur für den Bundestag zu überreden. Doch Steinbrück winkte ab: „Ich bin kein Mann der Legislative.“ Er wusste, dass er nicht zum Oppositionspolitiker taugt, der eine Partei zusammenschweißen kann und der mit dem notwendigen populistischen Geschick neue Mehrheiten zu erobern vermag. Allerdings ergänzte Steinbrück seine Absage an Gerhard Schröder mit einem wichtigen Hinweis: „Wenn ihr meint, ihr könntet mich nach dem 18. September in Berlin gebrauchen – dagegen spricht nichts."

Dr. Timo Grunden

Literaturhinweise

Korte, Karl-Rudolf/Florack, Martin/Grunden, Timo: Regieren in Nordrhein-Westfalen. Strukturen, Stile und Entscheidungen 1990-2006. Wiesbaden 2006.

Platzeck, Mathias/Steinmeier, Frank Walter/Steinbrück, Peer (Hrsg.): Auf der Höhe der Zeit. Soziale Demokratie und Fortschritt im 21. Jahrhundert. Berlin 2007.

Jürgen Rüttgers (geb. 1951)

Am **26. Juni 1951** in Köln geboren;

1969–1975	Studium der Rechtswissenschaften und der Geschichte an der Universität zu Köln;
1978	zweite juristische Staatsprüfung;
1978–80	Referent beim Städte- und Gemeindebund NRW;
1980–1986	Landesvorsitzender der Jungen Union Rheinland;
1987–2000	Mitglied des Deutschen Bundestages;
1993–1999	stellvertretender Landesvorsitzender der CDU NRW;
1994–1998	Bundesminister für Bildung, Wissenschaft, Forschung und Technologie;
1998–2000	stellvertretender Vorsitzender der CDU/CSU-Fraktion im Deutschen Bundestag;
seit 1999	Landesvorsitzender der CDU NRW;
seit 2000	stellvertretender Bundesvorsitzender der CDU Deutschlands;
2000–2005	Vorsitzender der CDU-Fraktion im Landtag NRW;
seit 2005	Ministerpräsident des Landes Nordrhein-Westfalen.

Mit Jürgen Rüttgers übernahm am 22. Juni 2005 nach 39 Jahren wieder ein CDU-Politiker das Amt des nordrhein-westfälischen Ministerpräsidenten. Erstmals zog mit dem ehemaligen Bundesminister für Bildung und Forschung sowie stellvertretendem Vorsitzenden seiner Partei ein ausgewiesener Bundespolitiker in die Düsseldorfer Staatskanzlei ein. Zugleich war Rüttgers der erste Amtsinhaber, der sich mit Fug und Recht als Landeskind bezeichnen konnte: Fünf Jahre nach der Gründung Nordrhein-Westfalens in Köln geboren, hatte er all seine Lebensstationen im Rheinland verbracht und gehörte der ersten Generation an, die von dem allmählichen Zusammenwachsen des Bindestrich-Landes geprägt wurde und das junge „Wir"-Gefühl in Nordrhein-Westfalen wie selbstverständlich voraussetzen konnte.

Eine Jugend im Rheinland

Jürgen Anton Rüttgers wurde am 26. Juni 1951 in Köln als einziges Kind des Elektromeisters Willi Rüttgers und seiner Frau Katharina geboren, die in dem heute zur Stadt Pulheim gehörenden Brauweiler einen kleinen Handwerksbetrieb führten. Er wuchs in einem katholischen Elternhaus auf, für das die berühmte Abteikirche des Ortes den geistlichen Bezugspunkt bildete und das durch die gemeinsame Verantwortung für den Familienbetrieb geprägt wurde. Dem Stammhalter war bereits ein wenig politisches Talent in die Wiege gelegt worden, denn der zweite Vorname rührte von dem Großvater väterlicherseits her, einem Landwirt, der in Müddersheim, einem Dorf nördlich von Zülpich, als Bürgermeister Verantwortung trug.

Als Schüler trat Rüttgers in die Fußstapfen zweier berühmter Vorgänger. An der Volksschule in Brauweiler hatte während der 1840er Jahre der Sozialdemokrat August Bebel die Schulbank gedrückt. Zu den früheren Abiturienten des renommierten Apostelgymnasiums in Köln, an das Rüttgers 1961 wechselte, zählte der langjährige Kölner Oberbürgermeister und erste Bundeskanzler Konrad Adenauer. Ab 1969 studierte Rüttgers an der

Universität zu Köln Rechtswissenschaften und Geschichte. In diesen bewegten Jahren schloss sich der Student der „Katholischen Deutschen Studentenverbindung Rappoltstein Straßburg zu Köln“ an und fand 1970 den Weg in die Politik, als er mit Freunden für jugendpolitische Angebote in Brauweiler kämpfte und der CDU beitrat.

In Bernhard Worms, dem in Pulheim lebenden CDU-Spitzenkandidaten für die Landtagswahl 1985, fand Rüttgers einen Freund und Förderer. In der Jungen Union machte er während des Studiums rasch Karriere und wurde 1977 in den Landesvorstand der Jungen Union Rheinland gewählt. Auf einer der Veranstaltungen, die der aufstrebende Jungpolitiker absolvierte, fiel er der vier Jahre jüngeren Angelika Weber, einer Sozialpädagogikstudentin aus Brühl, auf. Als man sich bei Freunden näher kennenlernte, „funkte“ es. 1982 heiratete das Paar. Angelika Rüttgers, die zunächst als Kindergartenleiterin gearbeitet hatte, entschied sich später bewusst gegen die weitere Ausübung ihres Berufes und für die Erziehung der drei Söhne Marcus, Lucas und Thomas, die 1989, 1995 und 1999 geboren wurden.

Sein Studium beendete Rüttgers im Januar 1975 vor dem Justizprüfungsamt beim Oberlandesgericht zu Köln mit dem Ersten Staatsexamen. Eine Zeitlang arbeitete er bei einem Brühler Rechtsanwalt, bevor er im März 1976 die obligatorische Referendarausbildung aufnahm und diese im August 1978 mit dem Zweiten Staatsexamen vor dem Landesprüfungsamt in Düsseldorf abschloss. Im Mai 1979 verteidigte er seine Dissertation, die unter dem Titel „Das Verbot parteipolitischer Betätigung im Betrieb“ einen Aspekt des seinerzeit umstrittenen Betriebsverfassungsgesetzes behandelte.

Lehr- und Gesellenjahre in der Politik

Seine erste Anstellung fand Rüttgers 1978 als Referent beim Städte- und Gemeindebund Nordrhein-Westfalen in Düsseldorf, wo er mit wasser- und abgabenrechtlichen Fragen befasst war. Aus diesen eher spröden Themen machte er eine juristische Liebhaberei und gab über mehrere Auflagen hinweg gemeinsam mit einem Freund einen Kommentar zum Landeswasserrecht und ein „ABC der Abwasserabgabe" heraus. Wie viele andere Referenten nutzte Rüttgers die Arbeit bei einem der kommunalen Spitzenverbände als Sprungbrett in die Verwaltung. 1980 wurde er vom Rat seiner Heimatstadt Pulheim zum Beigeordneten, später auch zum Ersten Beigeordneten und allgemeinen Vertreter des Stadtdirektors, gewählt. Verantwortlich für die Bereiche Stadtentwicklung, Umwelt und Finanzen, konnte Rüttgers dort die Stadtkernsanierung, die Wirtschaftsförderung und Unternehmensansiedlungen sowie ein umfangreiches Baumpflanzprogramm zu seinen Erfolgen zählen.

1980 übernahm Rüttgers ein weiteres Amt, in dem sich seine Karriere entscheiden sollte. Als Vorsitzender der Jungen Union Rheinland saß er auf einem Schleudersitz, auf dem er sich jedoch für sechs Jahre behauptete. In dieser Zeit befriedete er den zerstrittenen Verband, gab ihm seine einstige Rolle als programmatischer Impulsgeber für den Bundesverband der Jungen Union und innerhalb der rheinischen CDU zurück und bereitete die 1986 vollzogene Fusion mit dem westfälischen Landesverband vor. Die Ernte fuhr Rüttgers, inzwischen auch zum Vorsitzenden der CDU im Erftkreis gewählt, im Jahr 1987 ein: Als Spitzenkandidat der Jungen Union zog er über ein Listenmandat in den Deutschen Bundestag ein.

In Bonn bewies der Parlamentsnovize strategisches Geschick, indem er mit der Forschungs- und Raumfahrtpolitik eine Marktlücke besetzte und sich als Vorsitzender der Enquete-Kommission „Gestaltung der technologischen Entwicklung: Technikfolgen-Abschätzung und -Bewertung" einen Namen machte. Bereits nach zwei Jahren wurde er zu einem einflussreichen Mitorganisator der parlamentarischen Arbeit, als Kanzler Helmut Kohl im Frühjahr 1989 eine umfangreiche Kabinettsumbildung vornahm und der Pulheimer Nachwuchspolitiker zu einem der beiden Parlamentarischen Geschäftsführer der CDU/CSU-Bundestagsfraktion aufstieg. Im November 1991 profitierte Rüttgers von den Umbesetzungen, die im Zusammenhang mit dem Wechsel der Fraktionsführung von Alfred Dregger auf Wolfgang Schäuble erfolgten. Er rückte auf die Position des Ersten Parlamentarischen Geschäftsführers vor und war seither an allen wichtigen Entscheidungen der Koalition beteiligt.

Die Fraktion fühlte sich bei Rüttgers gut aufgehoben, auch wenn er gelegentlich Konfliktbereitschaft zeigen musste, um die Abgeordneten bei der einen oder anderen strittigen Entscheidung in der Spur zu halten. An seinem Ruf als selbstkritischer und unkonventioneller Vordenker der CDU feilte der Fraktionsmanager während dieser Jahre in der von Bundespräsident Richard von Weizsäcker ausgelösten Debatte um die Reformfähigkeit der deutschen Parteien. In seinem vielbeachteten Buch „Dinosaurier der Demokratie“ plädierte Rüttgers für Organisationsreformen in den Parteien, ein neues Selbstverständnis der Abgeordneten, den Rückzug der Parteipolitik aus vielen gesellschaftlichen Bereichen und damit auch für mehr bürgerliche Selbstverantwortung und für gedrosselte Erwartungen an Staat und Politik.

Im Bundestagswahljahr 1994 gewann Rüttgers als Mitautor des CDU-Wahlprogramms und als Teilnehmer an den Koalitionsverhandlungen zwischen Union und FDP weiteren Einfluss. Der politische Durchbruch gelang, als Kanzler Kohl ihm bei der Bildung seines fünften Kabinetts die doppelte Verantwortung für die bislang eigenständigen Ministerien für Bildung und Wissenschaft sowie Forschung und Technologie übertrug. Es folgten weitere Vertrauensbeweise des Kanzlers, der stets auffallend gut von seinem neuen Minister sprach und diesen gelegentlich mit Sonderaufträgen auszeichnete – etwa mit der Vorbereitung des Karlsruher „Zukunftsparteitags“ der CDU im Herbst 1995.

Schon bald haftete Rüttgers der inoffizielle Titel des „Zukunftsministers“ an, dem am ehesten zugetraut wurde, in der aufziehenden Herbststimmung der Ära Kohl den Modernisierungsanspruch der Union zu erneuern. Diese hohen Erwartungen entsprachen nicht ganz den begrenzten Möglichkeiten, über die er als Bundesminister verfügte. In der Bildungspolitik lief ohne Zustimmung der Bundesländer nichts, und in der Forschungs- und Technologiepolitik musste auch Rüttgers wegen wachsender Haushaltsprobleme Einschnitte in seinen Etat hinnehmen. Neben der Raumfahrt galt sein Augenmerk zukunftsträchtigen Themen wie der Biotechnologie und den neuen Medien. Mit dem Multimediagesetz von 1997 sorgte er in den Kinderjahren des Internets dafür, dass Deutschland als einer der ersten Staaten ordnungspolitische Rahmenbedingungen für Online-Dienste schuf. Die von Rüttgers angestoßene BioRegio-Initiative erwies sich als erfolgreiche und langfristige Strategie zur Förderung der biotechnologischen Forschung und zur Mobilisierung von privatem Investitionskapital. Aus ihr und den Nachfolgewettbewerben BioProfile und BioChancePlus gingen in 25 ausgewählten Regionen insgesamt rund 600 junge Unternehmen hervor, deren Schwerpunkt in der biomedizinischen Produktentwicklung lag.

Ein weiteres Themenfeld, in dem sich der Handwerkersohn engagierte, war die berufliche Bildung. Sein größter Erfolg war die Einführung des sogenannten „Meister-BAföG" im Jahre 1996, mit dessen Hilfe erstmals die Aufstiegsausbildung im Handwerk neben der akademischen Ausbildung als förderungswürdig anerkannt wurde. Zudem konnte der Minister zwei Erhöhungen der BAföG-Leistungen durchsetzen, auch wenn die angestrebte Umwandlung des bisher zum Nulltarif gewährten Darlehensanteils der Förderung in ein leistungsorientiertes Verzinsungsmodell wegen des Widerstandes der Bundesländer nur ansatzweise verwirklicht wurde. Geräuschloser verlief 1998 die Verständigung mit den Bundesländern über die Novellierung des Hochschulrahmengesetzes, die unter anderem den Einstieg in eine leistungsbezogene Hochschulfinanzierung und in konsekutive Bachelor- und Master-Studiengänge brachte. In der Ära Rüttgers wurden mit der Sorbonne-Erklärung vom Mai 1998 auch die Weichen für den „Bologna-Prozess" zur europaweiten Angleichung von Studiengängen gestellt.

Auch wenn der Minister nicht alle Erwartungen, mit denen er bei Amtsantritt 1994 beladen worden war, erfüllen konnte, hatte er sich in den mühseligen Verhandlungsprozessen mit den Ländern meist achtbar geschlagen. Ohne in blinde Fortschrittseuphorie zu verfallen oder ethischen Debatten auszuweichen, hatte er für die CDU die Wortführerschaft in forschungs- und technologiepolitischen Diskussionen errungen und Deutschland als Standort von Zukunftsbranchen gestärkt. Doch ließ sich mit dieser vorzeigbaren Bilanz nicht aufwiegen, dass die Regierung Kohl nach sechzehn Jahren insgesamt einen erschöpften Eindruck machte und bei der Bundestagswahl 1998 klar abgewählt wurde.

Das harte Brot der Opposition

Für die so schnörkellose Karriere des bisherigen „Zukunftsministers" bedeutete der Gang in die Opposition einen herben Rückschlag. Zwar traute man Rüttgers eine politische Zukunft durchaus zu, aber er musste sich erst aufs Neue durchsetzen. Es gelang ihm, eine der umkämpften Positionen als stellvertretender Vorsitzender der CDU/CSU-Bundestagsfraktion zu übernehmen, und wurde in der Fraktion für die Innen- und Rechtspolitik zuständig. Seine Feuertaufe erfolgte im Ringen um die von der neuen Bundesregierung geplante Reform des Staatsbürgerschaftsrechts, mit der doppelte Staatsangehörigkeiten für Kinder von Zuwanderern ermöglicht werden sollten. Rüttgers kam die Aufgabe zu, den Text einer von der CSU und der hessischen CDU geforderten Unterschriftenaktion mitzuverfassen und diesen durch ein integrationspolitisches Papier auszubalancieren. In dieser heiklen Situation trug er dazu bei, dass die Union einen offenen Richtungsstreit vermied und im Februar 1999 einen doppelten Erfolg erzielte: Sie siegte bei der hessischen Landtagswahl und zwang die Bundesregierung, ihr Vorhaben zugunsten eines von der FDP verfochtenen Optionsmodells fallen zu lassen.

Zur selben Zeit kämpfte Rüttgers auch in Nordrhein-Westfalen um seine politische Zukunft, nachdem der CDU-Landesvorsitzende Norbert Blüm seinen Amtsverzicht bekannt gegeben hatte. Als wichtigster Bundespolitiker der NRW-CDU meldete er seinen Nachfolgeanspruch an und setzte sich Ende Januar 1999 auf einem Landesparteitag knapp gegen den favorisierten Fraktionsvorsitzenden Helmut Linssen und die Wirtschaftspolitikerin Christa Thoben durch. Unter dem Motto „Die neue CDU im Westen" versuchte Rüttgers, Aufbruchstimmung und Selbstbewusstsein zu vermitteln. Dank der Vertrauenskrisen der rot-grünen Regierungen in Bund und Land konnte er schon im Herbst 1999 einen Triumph bei den nordrhein-westfälischen Kommunalwahlen feiern. Nahezu flächendeckend sicherte sich die CDU die Rathausmehrheiten und eroberte bei den erstmals durchgeführten Direktwahlen sogar einige der als unerreichbar geltenden Oberbürgermeisterposten im Ruhrgebiet. Die Kommunalwahlen galten als Fanal für einen Machtwechsel in Düsseldorf. Doch innerhalb weniger Wochen kippte die politische Stimmung, weil die CDU im November 1999 in einen Skandal um Schwarzgeldkassen versank, in dessen Zentrum der CDU-Ehrenvorsitzende Helmut Kohl stand.

Rüttgers wurde infolge des Spendenskandals zwar im April 2000 zu einem der vier Stellvertreter der neuen Parteivorsitzenden Angela Merkel gewählt, aber sein Landtagswahlkampf stand unter keinem guten Stern. Neben mageren Umfragewerten prägte in der heißen Wahlkampfphase die „Green Card"-Initiative von Kanzler Schröder die Stimmung. Dieser hatte angesichts des Fachkräftemangels in der Computer-Branche vorgeschlagen, den deutschen Arbeitsmarkt für Computer-Spezialisten aus Indien und anderen Ländern zu öffnen. Rüttgers erhob dagegen die Forderung, dass, ehe an Zuwanderung ausländischer Fachkräfte zu denken sei, die Ausbildung in Deutschland verbessert werden müsse. Wegen des unglücklich verknappten Slogans „Kinder statt Inder" sah er sich dem Vorwurf der Ausländerfeindlichkeit ausgesetzt und hatte große Mühe, seine im Kern bildungspolitische Zielsetzung zu verdeutlichen. Erschwerend kam hinzu, dass er keine realistische Machtperspektive hatte, da die FDP unter ihrem selbstbewussten Spitzenkandidaten Jürgen Möllemann mit einer sozialliberalen Koalition liebäugelte.

Das Ergebnis der Landtagswahl im Mai 2000 konnte man aus Sicht der CDU entweder als Stabilisierung nach den Erschütterungen des Spendenskandals oder als Stagnation einer chronisch erfolglosen Landespartei deuten: Mit 37 Prozent bewegte sich das Resultat auf dem niedrigen Niveau, über das die Partei seit 1985 nicht hinausgekommen war. Für Rüttgers, der erstmals seit der Bildung des CDU-Landesverbandes Nordrhein-Westfalen im Jahre 1986 Partei- und Fraktionsvorsitz in einer Hand vereinte, begannen nun harte Kärrnerjahre, in denen er sich als Oppositionsführer in der Landespolitik etablieren und vor mancherlei Anfechtungen schützen musste. Der knappe Ausgang der Bundestagswahl 2002, in deren Vorfeld sich Rüttgers als einziger CDU-Landesvorsitzender für eine Kanzlerkandidatur Angela Merkels ausgesprochen hatte, schuf eine keineswegs einfachere Situation. Nach dem Wechsel von Ministerpräsident Clement in das zweite Kabinett Schröder nahmen unter dessen Nachfolger Peer Steinbrück zwar die Gereiztheiten in der rot-grünen Landesregierung zu. Rüttgers musste jedoch befürchten, ins landespolitische Abseits zu geraten, denn wie schon im Jahr 2000 beherrschten Spekulationen um einen Koalitionswechsel der SPD zur FDP die Schlagzeilen.

In den Debatten um die von Kanzler Schröder im März 2003 angekündigte „Agenda 2010“ machte sich Rüttgers zum Fürsprecher des sozialpolitischen Flügels seiner Partei. Hartnäckig trug er seine Bedenken gegen die Zusammenlegung von Arbeitslosen- und Sozialhilfe vor, die unter dem Schlagwort „Hartz IV“ in aller Munde war. Er forderte, dass die Zahlung des Arbeitslosengeldes nach der Zahl der Beitragsjahre gestaffelt werden solle, damit im Sinne der Leistungsgerechtigkeit diejenigen Arbeitnehmer besser gestellt blieben, die über viele Jahre hinweg Sozialbeiträge gezahlt hatten. Damit grenzte er sich sowohl gegen Ministerpräsident Steinbrück, der zum Verdruss seiner eigenen Partei die „Agenda 2010“ vehement verteidigte, als auch gegen CDU-Chefin Merkel ab, die ihre Partei mit dem Leipziger Parteitag vom Herbst 2003 auf einen marktwirtschaftlichen Reformkurs verpflichtete. Galt Rüttgers bis dahin als eine der wichtigsten Stützen der Parteivorsitzenden, so mehrten sich nun die Hinweise auf eine programmatische Distanzierung.

Die Berliner Debatten prägten auch die Stimmung in Nordrhein-Westfalen, wo die Kommunalwahlen im Herbst 2004 trotz Einbußen für die CDU vielerorts bürgerliche Mehrheiten bestätigt hatten. Zwar sorgten um den Jahreswechsel 2004/2005 einige Skandale noch einmal für Turbulenzen in der NRW-CDU, aber erstmals seit Jahrzehnten konnte sie als Favoritin in einen Landtagswahlkampf starten. Diesmal waren die Rahmenbedingungen günstiger, die Planung des Wahlkampfs geschickter und das Auftreten des Spitzenkandidaten souveräner als fünf Jahre zuvor. Im zweiten Anlauf fiel es dem Oppositionsführer leicht, eine Negativbilanz der amtierenden Landesregierung zu ziehen und die Hoffnungen der Menschen auf sich zu lenken: Fünf Millionen Stunden Unterrichtsausfall pro Jahr, eine Million Arbeitslose und 110 Milliarden Euro Verschuldung boten Rüttgers viele Angriffsflächen.

Mit dem Slogan „Mehr Arbeit, mehr Bildung, weniger Staat!" warb er offensiv für Personalabbau im öffentlichen Dienst, Haushaltskonsolidierung oder gar den Ausstieg aus der Subventionierung des Steinkohlebergbaus und die Einführung von Studiengebühren. Solche Politikwechsel stellten eine Herausforderung für die in Nordrhein-Westfalen lange Zeit dominierende Mentalität dar, Konsens und eine scheinbare Stabilität durch eine ausgeprägte Subventionskultur zu erkaufen. Während die SPD mit dem Mühlstein „Agenda 2010" in den Wahlkampf zog, intonierte Rüttgers eine Grundmelodie, die Erneuerung und Bewahrung miteinander verknüpfte. Auch strittige Reformen stellte er unter das Gebot, dass wirtschaftliche Vernunft und soziale Gerechtigkeit nicht auseinanderdividiert werden dürften.

Machtwechsel ohne Schonfrist

Die Landtagswahl vom 22. Mai 2005 bescherte Rüttgers einen Triumph. Mit einem Zugewinn von fast acht Prozentpunkten und einem Stimmenanteil von 44,8 Prozent hatte er die CDU zu ihrem besten Wahlergebnis seit 1975 geführt, während die SPD mit 37,1 Prozent so schlecht wie zuletzt 1954 abgeschnitten hatte. Da FDP und Grüne mit jeweils enttäuschenden Stimmenanteilen von 6,2 Prozent gleichauf lagen, stand der Bildung der zwischen Rüttgers und FDP-Landeschef Andreas Pinkwart verabredeten Koalition aus Christdemokraten und Liberalen nichts im Wege. Die ganze Tragweite dieser Landtagswahl zeigte sich ein knappe halbe Stunde nach Schließung der Wahllokale in Berlin: Kanzler Schröder sah nach dem Ende der letzten rot-grünen Landesregierung keine Möglichkeit mehr, seine Koalition auf die „Agenda 2010“ zu verpflichten, und ließ aus heiterem Himmel eine Vertrauensfrage ankündigen, um eine vorzeitige Bundestagswahl herbeizuführen.

Wegen der Berliner Fernwirkungen seines Wahlsiegs stand Rüttgers bei der Regierungsbildung in Düsseldorf unter besonderem Druck. Trotz einiger Unruhe bei der über ihr Wahlergebnis enttäuschten FDP sorgte er für einen zielstrebigen Ablauf des Machtwechsels und wurde am 22. Juni 2005 vom Landtag bei zwei Gegenstimmen aus den Koalitionsfraktionen als erster CDU-Politiker seit 39 Jahren zum Ministerpräsidenten gewählt. Sinnfällig für sein Amtsverständnis war, dass ihn sein erster Dienstgang an das Grab des ersten gewählten Ministerpräsidenten des Landes, Karl Arnold, führte. Damit rief Rüttgers ins Bewusstsein, dass das Land in den ersten Jahrzehnten maßgeblich von der CDU geprägt worden war, und stellte sich in die geistige Tradition eines Mannes, der lange Zeit die sozialpolitische Verantwortung der CDU verkörpert hatte.

Erst nach seiner Wahl gab Rüttgers die notwendigen Personal- und Organisationsentscheidungen bekannt. Vorab waren lediglich der langjährige Oppositionsführer Helmut Linssen als Finanzminister, die ausgewiesene Fachpolitikerin Christa Thoben als Ministerin für Wirtschaft, Mittelstand und Energie und der Bundesvorsitzende der Christlich-Demokratischen Arbeitnehmerschaft, Karl-Josef Laumann, als Arbeitsminister nominiert worden. Die FDP besetzte mit Parteichef Andreas Pinkwart als Wissenschaftsminister und stellvertretendem Ministerpräsidenten sowie mit Ingo Wolf als Innenminister zwei landespolitische Schlüsselressorts, auf die auch mancher CDU-Politiker ein Auge geworfen hatte. Für einiges Aufsehen sorgten die programmatischen Ressortzuschnitte: So definierte Rüttgers das Wissenschaftsministerium als Ministerium für „Innovation, Wissenschaft, Forschung und Technologie" und bündelte in einem „Ministerium für Generationen, Familie, Frauen und Integration", das der Aachener Europapolitiker Armin Laschet übernahm, wegweisende sozialpolitische Querschnittsfragen.

Die Regierungserklärung, mit der sich der Ministerpräsident am 13. Juli 2005 im Landtag präsentierte, erschöpfte sich keineswegs in einem Referat der Koalitionsvereinbarung. Gewiss, er erläuterte detailliert die Vorhaben der neuen Regierung: Die Sanierung des Landeshaushaltes sollte durch konsequente Personaleinsparungen erreicht werden, von denen nur Polizei, Justiz, Schule und Hochschule ausgenommen werden sollten; Aufgabenkritik, Bürokratieabbau, Privatisierung und eine mittelstandsorientierte Wirtschaftspolitik sollten zur Wiederbelebung wirtschaftlicher Dynamik und zum Abbau der hohen Arbeitslosigkeit beitragen; der angekündigte Ausstieg aus der Subventionierung der Steinkohleförderung stellte einen energie- und strukturpolitischen Wendepunkt dar; Schulen und Hochschulen sollten mehr Eigenverantwortung erhalten, um auf die Herausforderungen und Chancen der Wissensgesellschaft Antworten zu finden; im Schulwesen sollte nicht nur der Unterrichtsausfall bekämpft werden, sondern auch ein inhaltlicher Paradigmenwechsel hin zu mehr individueller Förderung vollzogen werden; mit neuen Akzenten in der Familien-, Senioren- und Integrationspolitik sollte auf die demografische Entwicklung reagiert werden. Aber Rüttgers' erste Regierungserklärung trug darüber hinaus eine sehr persönliche Note und konnte als Probe für das Amtsverständnis des neuen Ministerpräsidenten gelesen werden. Sie stellte einem beliebigen und unberechenbaren Politikverständnis Maximen wie Klarheit und Verlässlichkeit entgegen und übte Kritik – wie schon sein kurz zuvor erschienenes Buch „Worum es heute geht" – am Werterelativismus der Postmoderne.

Im Kern ging es ihm darum, die Wiederbelebung der Sozialen Marktwirtschaft als Grundmelodie des Regierungshandelns zu bestimmen, also eine Ordnung der Freiheit und eine Ordnung der Solidarität miteinander in Einklang zu bringen. Dieses politische Credo sollte Aufbruchstimmung und Ermutigung vermitteln, zugleich aber an Traditionen und Selbstbewusstsein des Landes anknüpfen und Nordrhein-Westfalen zu einem „Land der neuen Chancen" machen. So reklamierte Rüttgers einen Stil- und Kurswechsel, ohne als Wunderheiler aufzutreten. Sein Regierungsprogramm kündigte kein hektisches Feuerwerk der Reformen an, sondern ließ einen soliden, unaufgeregten Kurs der kleinen, wohlbedachten Schritte erwarten. Diese Tonlage mochte manchem zu zaghaft klingen, sie bot aber am ehesten die Chance, Akzeptanz und Vertrauen in den Regierungswechsel einzuwerben.

Um möglichst rasch Erfolge vorzuweisen, präsentierte Rüttgers ein Sofortprogramm, das neben Maßnahmen zu Haushaltskonsolidierung, Bürokratieabbau und Kinderbetreuung vor allem die Schaffung von 1000 Lehrerstellen umfasste. Doch wegen des Schlachtenlärms des improvisierten Bundestagswahlkampfs geriet die Landespolitik fürs Erste in den Hintergrund. Rüttgers war in die Wahlkampf-Führung der Union eingebunden, ließ aber Zweifel an der allzu technokratischen Ausrichtung der Kampagne, insbesondere an der angekündigten Mehrwertsteuererhöhung, durchblicken. Er konnte sich inhaltlich bestätigt fühlen, als die Union am 22. September 2005 nicht den erwarteten Triumph gegen den gescheiterten Kanzler Schröder erzielte, sondern sich nur hauchdünn vor der SPD ins Ziel retten konnte. Hatten die Düsseldorfer Koalitionäre bei der

Bildung der neuen Landesregierung noch darauf gesetzt, dass bald auch in Berlin ähnliche Verhältnisse herrschen würden, blieb dort als Ausweg nur eine programmatisch völlig unvorbereitete Große Koalition.

Die starke Stellung, die Rüttgers im Machtgefüge der Union einnahm, kam darin zum Ausdruck, dass er in die Verhandlungskommission der Union eingebunden war. Trotz zwischenzeitlicher Irritationen konnte er mit der Berliner Koalitionsvereinbarung gut leben, denn zum einen verständigte sich die Große Koalition auf eine Reform des Föderalismus, die die Gesetzgebungskompetenzen der Länder stärken würde, und zum anderen hielt sie die Option für einen Ausstieg aus dem subventionierten Steinkohlebergbau offen. Enttäuscht zeigte sich Rüttgers indes über die Personalentscheidungen der designierten Kanzlerin: Zwar war die NRW-CDU mit Bundestagspräsident Norbert Lammert und CDU-Generalsekretär Ronald Pofalla auf Bundesebene prominent vertreten, aber kein Christdemokrat aus Nordrhein-Westfalen saß am Kabinettstisch. Es fiel auf, dass sich Rüttgers wie auch andere Regierungschefs nach der Bildung der Großen Koalition bundespolitisch zurücknahm und sich als Vorsitzender der Ministerpräsidentenkonferenz auf die Verhandlungen zur Föderalismusreform konzentrierte.

Ab Herbst 2005 wandte sich die Düsseldorfer Koalition den Großbaustellen der Landespolitik zu und arbeitete ihr Gesetzgebungsprogramm ab. Der angekündigte Bürokratieabbau ließ sich erwartungsgemäß nicht mit einem Paukenschlag besiegeln, sondern wurde zu einer Daueraufgabe, die sich allein in den ersten drei Jahren in mehr als fünfzig Einzelmaßnahmen von unterschiedlicher Tragweite niederschlug. Eng mit diesen Bemühungen hing die Sanierung des Landeshaushaltes zusammen, bei der die Landesregierung im Vergleich zu anderen Bundesländern ein moderates Tempo anschlug. Aber angesichts der überdurchschnittlichen Verschuldung, in die das Land über Jahrzehnte hinweg gedriftet war, ließ sie keinen Zweifel an dem überfälligen Paradigmenwechsel aufkommen, der über eine Rückführung der Neuverschuldung mittelfristig zu einem ausgeglichenen Haushalt und schließlich zum Abbau der Gesamtverschuldung führen sollte.

Schlagzeilenträchtiger und kontroverser waren die Kurswechsel in der Bildungspolitik. Es fiel auf, dass Rüttgers hohes persönliches Engagement in Fragen der beruflichen Bildung zeigte und damit unverkennbar an seine Arbeit als Bildungsminister anknüpfte. Mit der Schaffung von zusätzlichen außerbetrieblichen Ausbildungsplätzen, mit der Einführung eines „Werkstattjahres" für Jugendliche ohne Ausbildungsplatz und mit dem neuartigen Angebot eines „dritten Weges der Berufsausbildung" setzte er einen deutlichen Schwerpunkt darauf, Jugendlichen den Übergang von der Schule in eine Berufsausbildung hin zu einem berufsqualifizierenden Abschluss zu erleichtern.

In der Schulpolitik zielte die Landesregierung neben der Rückführung des Unterrichtsausfalls auf mehr Autonomie der Schulen und auf eine bessere Vergleichbarkeit der Bildungsqualität. Die Novelle des Schulgesetzes, die im Sommer 2006 beschlossen wurde, sah die Verkürzung der Schulzeit bis zum Abitur von dreizehn auf zwölf Jahre, die Einführung eines Zentralabiturs bei Stärkung der Kernfächer in der gymnasialen Oberstufe und die Einführung von Vergleichsarbeiten am Ende der zehnten Klasse vor. Des Weiteren fielen der schulartenübergreifende Ausbau des Ganztagsschulwesens, das bislang ein Vorrecht der Gesamtschulen gewesen war, die Einführung von Kopfnoten sowie die Betonung der individuellen Förderung ins Auge. Die Umsetzung dieser und anderer Maßnahmen verlangte Lehrern und Schülern viel ab, bedeutete aber eine spürbare Stärkung des differenzierten Schulsystems. Die Rüttgers-Regierung setzte damit ein klares programmatisches Signal zugunsten einer Bildungspolitik, die sich gegen eine nivellierende Eintopfpädagogik wandte und die Vielfalt der Begabungen und Talente anerkannte.

Eher im Hintergrund engagierte sich der Ministerpräsident in der Hochschulpolitik, wo sein Stellvertreter Pinkwart für den kleineren Koalitionspartner die Duftmarken setzte. In einem ersten Schritt wurde im April 2006 ein Gesetz über die Einführung von sogenannten Studienbeiträgen verabschiedet, dessen Vorgehensweise sich von anderen Bundesländern insofern unterschied, als es die Entscheidung über deren Einführung und Höhe bis zu 500 Euro den einzelnen Hochschulen überließ. Von noch größerer Tragweite war das Hochschulfreiheitsgesetz, das die Universitäten aus der Fachaufsicht des Landes entließ und ihnen eine weitreichende Selbstverantwortung gewährte.

Weichenstellungen zwischen Düsseldorf und Berlin

Als Bundesland ist Nordrhein-Westfalen zu groß und in seiner Vielfalt zu repräsentativ für die Bundesrepublik im Ganzen, als dass sich seine Ministerpräsidenten auf die Rolle des Landesvaters zurückziehen könnten. Alle Amtsinhaber hatten bislang ihren Part in der Bundespolitik gespielt, und insbesondere von Rüttgers war in dieser Hinsicht nichts anderes zu erwarten. In der Tat meldete er sich im Sommer 2006 wieder mit bundespolitischem Anspruch zu Wort. Das Thema, auf das er setzte, barg einige Sprengkraft: Es ging ihm um eine Revision der umstrittenen Regelung zum Arbeitslosengeld II, das seit der „Agenda 2010“ nach einem Jahr anstelle des lohnbezogenen Arbeitslosengeldes I zu einem einheitlich niedrigen Satz ausgezahlt wurde. Rüttgers begründete seine Forderung, die Bezugsdauer des Arbeitslosengelds I zu verlängern, mit dem Argument der Leistungsgerechtigkeit: Wer länger Arbeitslosenbeiträge einbezahlt habe, solle auch bessere Leistungen erhalten als jemand, der kürzer oder gar nicht der Sozialversicherungspflicht unterworfen war. In dem für die Große Koalition in Berlin atmosphärisch belasteten Sommer 2006 trug Rüttgers seine seit 2003 bekannte Forderung pointierter denn je vor und rückte sie in den Kontext einer allgemeinen Kritik an dem, was er als neoliberale „Lebenslügen“ bezeichnete.

In Berlin machte Rüttgers sich damit keine Freunde: Auf der einen Seite hagelte es Kritik von den Sozialdemokraten, die stets mit den von ihnen selbst durchgesetzten Arbeitsmarktreformen gehadert hatten. Auf der anderen Seite erntete er auch in der eigenen Partei viel Unmut, denn mit seiner Haltung machte er sich zum Wortführer jener, die als Ursache für das enttäuschende Wahlergebnis von 2005 den marktwirtschaftlichen Reformkurs ansahen, den Merkel 2003 auf dem Leipziger Parteitag in der CDU durchgesetzt hatte. Wohl auch deshalb suchte die Kanzlerin nicht die offene Machtprobe mit Rüttgers, sondern stellte für den CDU-Parteitag ihre Unterstützung für einen Antrag in Aussicht, der Veränderungen in der Arbeitsmarktpolitik thematisierte. Der Parteitag verlief dann ganz nach den Vorstellungen der Kanzlerin, denn der Antrag der NRW-CDU fand breite Unterstützung und sie selbst wurde mit einem sehr guten Wahlergebnis als Parteivorsitzende bestätigt, während sie all ihre Kronprinzen, unter ihnen vor allem Rüttgers, bei den Stellvertreter-Wahlen auf Distanz hielt.

Für einige Monate sah es so aus, als habe sich der Düsseldorfer Ministerpräsident gründlich verkalkuliert. Doch unerwartet kam im Herbst 2007 in die Diskussion um die Hartz-Reformen Bewegung. Der SPD-Vorsitzende Kurt Beck sah sich zu einem politischen Ausfallschritt gezwungen und machte sich die Forderung nach einer Revision der Hartz-Gesetzgebung mehr oder minder zu eigen. Kaum war dies geschehen, verständigte sich die Große Koalition auf eine Korrektur der Arbeitsmarktreform, wie sie im Wesentlichen den Rüttgers-Forderungen entsprach. Mit einem Mal stand Rüttgers als derjenige da, der früher als andere den herannahenden Stimmungswechsel gewittert, sich an dessen Spitze gesetzt, dafür viel Prügel kassiert, aber politisch gedacht letzten Endes Recht behalten hatte. Rüttgers konnte sich also bestätigt fühlen und setzte bei der Frage nach der Leistungsgerechtigkeit in den sozialen Sicherungssystemen schon bald nach: Im Frühjahr 2008 forderte er mit denselben Argumenten, dass langjährige Beitragszahler vor Altersarmut bewahrt werden müssten und sie nicht mit einer bloßen Grundrente abgespeist werden dürften. Kurz nachdem die Bundesregierung in die bestehende Rentenformel eingegriffen und damit die Debatte über die Nachhaltigkeit und die Generationengerechtigkeit der sozialen Sicherungssysteme angefacht hatte, hatte sich der Ministerpräsident erneut auf provokante Weise in der Bundespolitik positioniert.

Bevor die Debatte um die „Agenda 2010" diese Wendung nahm, waren für Rüttgers mehrere Schlüsselentscheidungen in der Landespolitik zu treffen. Abgesehen von der Novellierung der Gemeindeordnung und dem Kinderbildungsgesetz standen zwei Themen im Brennpunkt: die Zukunft der skandal- und krisenerprobten West-LB und der Ausstieg aus der Subventionierung des Steinkohlebergbaus. Die vom Land und von den beiden Sparkassenverbänden getragene Landesbank geriet im Sommer 2007 wegen Verlustgeschäften in die Schlagzeilen. Rüttgers überließ nach außen Finanzminister Linssen das Krisenmanagement, gab allerdings die Marschroute vor, dass man die West-LB nicht verkaufen, sondern deren Zukunft weiterhin gestalten wolle. In einem ersten Schritt setzte er personelle Veränderungen in Vorstand und Aufsichtsrat durch und platzierte seinen Vertrauten, den bisherigen Bundes- und Europaminister Michael Breuer, als Präsidenten des Rheinischen Sparkassen- und Giroverbandes. In einem zweiten Schritt wurde die West-LB Anfang 2008 durch eine Milliardenhilfe des Landes und der Sparkassenverbände gestützt, ein schmerzhafter Personalabbau eingeleitet und die strategische Ausrichtung der Bank korrigiert. Damit sollte die Voraussetzung für eine Fusion mit einer der anderen Landesbanken geschaffen werden. Ob sich eine auf lange Sicht tragfähige Lösung finden ließe, war angesichts der hohen Bilanzrisiken bei der West-LB und bei möglichen Fusionspartnern eine offene Frage. Wie die noch dramatischeren Vorgänge im Umfeld der bundeseigenen Kreditanstalt für Wiederaufbau und bei anderen Landesbanken zur selben Zeit zeigten, steckte der öffentliche Bankensektor insgesamt in einer Strukturkrise, die Rufen nach weiterführenden ordnungspolitischen Konsequenzen Nahrung gaben.

Den sozialverträglichen Ausstieg aus der Subventionierung der Steinkohleförderung zog Rüttgers als Chefsache an sich. In ihrer Koalitionsvereinbarung hatte die Landesregierung das Ziel formuliert, bis 2010 insgesamt 750 Millionen Euro Subventionen einzusparen und mit allen Beteiligten über den sozialverträglichen Auslauf des subventionierten Bergbaus zu verhandeln. Die RAG unter Führung des früheren Bundeswirtschaftsministers Werner Müller strebte an, den „schwarzen" Unternehmensbereich, in dem die Steinkohlebergwerke betrieben wurden, von den anderen Geschäftsfeldern zu trennen und diesen „weißen" Bereich bald an die Börse zu bringen. Aus dem Aktienerlös sollte eine Stiftung finanziert werden, die die Steinkohleförderung weiterbetreiben und die Folgekosten des Bergbaus tragen sollte.

Die Gespräche gestalteten sich wegen der unterschiedlichen Zielsetzungen bei der Bundesregierung, den betroffenen Ländern Nordrhein-Westfalen und Saarland sowie dem Bergbau- und Technologie-Konzern RAG, der IG Bergbau, Chemie, Energie und den politischen Parteien als ausgesprochen schwierig. Mit seiner Position, dem Börsengang und damit der Auflösung des Haftungsverbundes zwischen „weißem" und „schwarzem" Unternehmensbereich nur zuzustimmen, wenn zuvor eine Vereinbarung über das Auslaufen der Subventionen getroffen würde, konnte sich Rüttgers am Ende durchsetzen. Zwar sollten die Subventionen des Bundes bis 2018 weiterlaufen und wurde eine Revisionsklausel für 2012 vorgesehen, aber das Land Nordrhein-Westfalen konnte schon 2014 aus der Subventionierung aussteigen. Auch in einem schlagzeilenträchtigen Nachhutgefecht, dem Ringen um den Vorsitz der geplanten Kohle-Stiftung, erwies sich Rüttgers als konfliktbereiter und letztlich durchsetzungsstarker Verhandler, der gegen den Anspruch Müllers, selbst den Stiftungsvorsitz zu übernehmen, seinen eigenen Kandidaten durchbringen konnte.

Diese Entscheidungen waren mehr als nur machtpolitische Erfolge des Ministerpräsidenten. Viel sprach dafür, dass diese neben den bildungspolitischen Reformen die wirkungsvollste

Neuausrichtung waren, die seine Landesregierung in den ersten Jahren auf den Weg brachte. Nach Jahrzehnten eines nur zögerlich akzeptierten Strukturwandels war nun allen Beteiligten klar, dass die Zukunft der Region nicht mehr von der Kohle abhängen würde. Rüttgers war sich allerdings darüber im Klaren, dass der Ausstieg aus der Steinkohlesubventionierung durch ein Programm begleitet werden musste, das der Region neues Selbstbewusstsein und neue Perspektiven erschloss. Parallel zu den Kohleverhandlungen legte er daher im März 2007 die „Initiative Zukunft Ruhr" vor, die sich als integriertes Konzept für die Entwicklung der Metropolregion Ruhr verstand. Dass die Stadt Essen inzwischen stellvertretend für das ganze Ruhrgebiet zur europäischen Kulturhauptstadt 2010 gewählt worden war, ergänzte die Suche nach einem neuen regionalen Selbstverständnis um eine künstlerische und kulturwirtschaftliche Dimension.

Auf dem Weg zum Landesvater

Sowohl die Energie- als auch die Banken- und die Schulpolitik machten deutlich, dass Rüttgers von Beginn an darauf achtete, sich nicht allzu sehr in Einzelheiten der Ressortpolitiken hineinziehen zu lassen, und sehr bewusst entschied, welche Themen er an sich zog. Natürlich setzte er dann und wann auch parteipolitische Duftmarken, aber in seiner Rolle als Ministerpräsident kam es ihm vorrangig darauf an, als Repräsentant des Landes in der Bevölkerung breite Anerkennung zu finden. Medienwirksame Gelegenheiten hierzu bot die Reisediplomatie des Ministerpräsidenten. Rüttgers knüpfte an die von seinen Vorgängern Kühn und Rau begründete Israel-Politik an und reiste mehrfach in den Nahen Osten. Einen auffälligen Kontrast zu seinen Vorgängern bot hingegen sein Interesse an engen Beziehungen in die USA, die er durch jährliche Reisen über den großen Teich wiederbelebte. Mehrere hochrangige Staatsbesuche in Nordrhein-Westfalen boten dem Ministerpräsident Anlässe, sich als

Gastgeber zu präsentieren. Nicht nur ein protokollarischer Höhepunkt der ersten Amtswochen, sondern überhaupt ein denkwürdiges Ereignis in der Geschichte Nordrhein-Westfalens war im August 2005 der Weltjugendtag, an dem mehr als eine Million katholische Pilger aus aller Welt in Köln und auf dem Marienfeld bei Kerpen teilnahmen. Als prominentesten Pilger konnte der Ministerpräsident den ehemaligen Bonner Professor Joseph Ratzinger willkommen heißen, den seine erste Dienstreise als Papst Benedikt XVI. nach Deutschland und ins Rheinland zurückführte.

Im Bild, das sich die Bürger von ihrem Ministerpräsidenten machten, durften Einblicke in das Privatleben nicht fehlen. Dazu gehörte, dass sich Rüttgers' Frau Angelika in der Tradition früherer First Ladies an der Seite ihres Mannes sozialpolitisch engagierte und die Schirmherrschaft der Aktion „Lichtblicke" übernahm, die Projekte zum Schutz von Kindern und Jugendlichen förderte. Angelika Rüttgers machte aber mit natürlichem Selbstbewusstsein deutlich, dass sie trotz aller Terminpflichten auf ein intaktes Familienleben Wert legte. Ein gediegenes Einfamilienhaus in Pulheim-Sinthern, ein Renault Espace als geräumige Familienkutsche, das Herzblut für den krisenerprobten 1. FC Köln und karnevalistisches Engagement in der Kölner Ehrengarde, gelegentliche Radtouren und der sonntägliche Kirchgang in die Abtei Brauweiler, wo die Söhne wie einst der Vater Messdiener waren, gehörten zum Bild einer normalen Mittelklassefamilie. Selbst in seinem südfranzösischen Ferienhaus zeichnete sich der Familienvater durch bodenständige Aktivitäten aus und entspannte am besten, wenn es im Badezimmer, am Gartenweg oder in der Küche etwas zu renovieren gab und er die umliegenden Baumärkte durchstöbern konnte.

Vermutlich trugen die zahlreichen Besuche in Städten und Landkreisen, bei Unternehmen und Verbänden, bei Kirchen und Medien oder die Auftritte bei der Fußball-WM im Sommer 2006 weniger dazu bei, das Image des Landesvaters zu festigen, als diejenigen ernsten Augenblicke, in denen sich die Augen auf den Ministerpräsidenten richteten, weil man von ihm die richtigen Worte erwartete. Die erste dieser Bewährungsproben war im Januar 2006 der Tod des langjährigen Ministerpräsidenten und späteren Bundespräsidenten Johannes Rau, vor dessen Lebensleistung Rüttgers stets großen Respekt bekundete und dessen politischer Stil ihm ganz offenbar näher stand als derjenige seiner Vorgänger Clement und Steinbrück. Im November 2006 erschütterte der Amoklauf eines Schülers an einer Realschule im westfälischen Emsdetten die Nation. Über dreißig Menschen verletzte der jugendliche Täter durch Schüsse, bevor er sich selbst tötete. Sofort reiste Rüttgers in die Kleinstadt, um die Hilfe der Landesregierung zuzusagen und den Einsatzkräften für ihr rasches Eingreifen, durch das Schlimmeres verhindert werden konnte, zu danken.

In seiner Amtszeit mangelte es Rüttgers auch nicht an landespolitischen Ereignissen, in denen Krisenmanagement und einfühlsame Kommunikation gefordert waren. Ein Aufruhr der Empörung ging im September 2006 durchs Land, als der taiwanesische Elektronikkonzern BEN.Q für seine deutschen Standorte, darunter die Mobiltelefonproduktion in Kamp-Lintfort, Insolvenz anmeldete. Dass es sich dabei um die ehemalige Mobilfunksparte des deutschen Weltkonzerns Siemens handelte, die erst im Vorjahr mit einer fünfjährigen Bestandsgarantie übernommen worden war, ließ diesen Vorfall zu einem wirtschaftspolitischen Skandal werden. Der Ministerpräsident zögerte nicht, den Vorgang als „große Sauerei" zu geißeln und an die Mitverantwortung des ehemaligen Eigentümers Siemens zu appellieren. Die Bilder ähnelten sich im Januar 2008, als der finnische Mobilfunk-Konzern Nokia ankündigte, sein zuvor mit hohen Subventionen gefördertes Handy-Werk in Bochum zu schließen und mehrere tausend Mitarbeiter zu entlassen.

An der Spitze der Landesregierung zeigte der machttaktisch versierte Rüttgers einen Führungsstil, wie er ihn in manchen Details von Helmut Kohl abgeschaut hatte. In der Koalition gewährte er der FDP recht großzügige Spielräume, die diese im Wissenschaftsministerium stärker als im Innenministerium zu nutzen wusste. Über den wöchentlich tagenden Koalitionsausschuss war der kleine Partner verlässlich in die Regierungskoordination eingebunden. Im Kabinett dominierte der erfahrene Rüttgers unangefochten: Finanzminister Linssen und Wirtschaftsministerin Thoben hatten keine weiteren Karriereambitionen und konzentrierten sich umso mehr auf ihre Ressortverantwortung, und jüngere Minister mussten sich ihre Sporen erst noch durch eine tadellose Amtsführung verdienen. In den Kabinettssitzungen pflegte Rüttgers einen konsensorientierten Stil, bei dem es ihm dank einer vorausschauenden Steuerung gelang, ernsthafte Kontroversen zu vermeiden, der aber gleichzeitig seinen Ministern Raum für Aussprachen und Erläuterungen bot.

Während das Kabinett entgegen mancher Unkenrufe eine hohe personelle Stabilität aufwies, war – wie schon unter Rüttgers' Vorgängern – die Staatskanzlei von größerer Unruhe gekennzeichnet. Wie auch in anderen Verästelungen der seit Jahrzehnten sozialdemokratisch geprägten Landesverwaltung hatten hier nicht alle Mitarbeiter den Regierungswechsel herbeigesehnt, und es dauerte einige Zeit, bis Rüttgers die Organisation auf seine Bedürfnisse ausgerichtet und sein persönliches Umfeld und Schlüsselpositionen des Apparats entsprechend besetzt hatte. Der Landtagsfraktion und dem Landesverband seiner Partei widmete er neben dem eigentlichen Regierungsgeschäft viel Zeit und Aufmerksamkeit. An den Sitzungen der Landtagsfraktion nahm er mit großer Regelmäßigkeit teil, um politische Richtungsvorgaben zu machen, Stimmungen aufzunehmen und Aufmerksamkeitsgesten zu verteilen. Mit Blick auf seine Partei kam es Rüttgers zugute, dass er auf eine ausgewogene Berücksichtigung der Bezirksverbände bei der Regierungsbildung geachtet hatte und er im Unterschied zu seinen beiden Vorgängern Ministerpräsidentenamt und Parteivorsitz in einer Hand vereinte.

Über die eigene Partei hinaus bemühte sich der Ministerpräsident um den Aufbau eines Netzwerkes, das tief in das wirtschaftliche, kulturelle und mediale Leben des Landes hineinreichte. Während andere Spitzenpolitiker ihre Machtposition ihrem großen kommunikativen Geschick im Umgang mit

Massenmedien verdanken, lag Rüttgers' Stärke in seiner Fähigkeit, auch abseits der Rednerpulte, Mikrofone und Kameras persönliche Beziehungen zu pflegen, die sich bei schwierigen Entscheidungen als belastbar und hilfreich erwiesen. Auffällig dabei war, dass er im Unterschied zu vielen Politikern Freundschaften und Bekanntschaften – etwa zu Bernhard Worms oder zu dem Außenpolitiker Karl Lamers – auch dann noch pflegte, wenn sie längst keinen politischen Nutzen mehr versprachen. In seinem engeren Umfeld legte Rüttgers großen Wert auf Loyalität und Beständigkeit. Selbst Mitarbeiter, die gelegentlich als Blitzableiter herhalten oder Launen ertragen mussten, machten die Erfahrung, dass ihr Chef einen Führungsstil des Dialogs pflegte, begründeten Widerspruch respektierte und Entscheidungen auf diese Weise reifen ließ.

Selbstverständnis und Perspektiven

Auch nach außen zeigte der lese- und dialogfreudige Politiker immer wieder Lust an der intellektuellen Provokation und bürstete etablierte Gewissheiten gegen den Strich. Nicht selten zeigte er dabei ein gutes Gespür für Marktlücken und Stimmungstrends und bezog Positionen auch dann schon, wenn sie noch unpopulär waren. Dieser Anspruch auf programmatisches Quer- und Vordenken verband sich bei Rüttgers schon früh mit der Fähigkeit, auch in schwierigen Konstellationen als ehrliche und verlässliche Integrationsfigur Respekt zu finden. Schon während seiner politischen Lehrjahre im katholischen Verbindungswesen und in der Jungen Union stand er für eine Balance aus Tradition und Moderne, aus Wertebewusstsein und Weltoffenheit, und diese Linie setzte sich in der Zeit als Bildungsminister in der Debatte um ethische Grenzen und Möglichkeiten innovativer Forschung und später als Ministerpräsident in den Debatten um Identität und Zukunftschancen des Landes nahtlos fort.

Einige Themen, etwa die berufliche Bildung oder die Forschungs- und Technologiepolitik, verfolgte Rüttgers über lange Zeit mit bemerkenswerter Hartnäckigkeit. Durch seine politische Sozialisation lehnte er den postmodernen Werterelativismus, wie er mit der 68er-Generation verbunden war, ab und plädierte für eine Moderne, die in einer bürgerlich-christlichen Werteordnung wurzeln müsse. Nicht zuletzt in der Bildungspolitik fiel auf, dass er in diesem Sinne die parteipolitische Profilierung nicht scheute, wenn es um die Abgrenzung gegen linke Tendenzen von Kollektivismus, Vereinheitlichung und Staatsgläubigkeit ging. Auf der anderen Seite unterschied ihn einiges von den liberalen Positionen in der FDP oder im Wirtschaftsflügel seiner eigenen Partei. Geprägt von der Tradition der katholischen Soziallehre, bezog er sich immer wieder auf die Programmrede, die Konrad Adenauer im Frühjahr 1946 an der Kölner Universität gehalten hatte, um sich gegen Materialismus und Ökonomismus aller Spielarten zu positionieren. Dass sich Rüttgers' Aufmerksamkeit von den nichtmateriellen Debatten um Modernisierung und Werteordnung hin zu den Streitfragen ökonomisch-sozialer Reformen verlagerte, schlug sich insbesondere in der Streitschrift „Die Marktwirtschaft muss sozial bleiben“ nieder, die der Ministerpräsident Ende 2007 veröffentlichte. In ihr setzte er darauf, die Soziale Marktwirtschaft zu einem europäischen Wirtschafts- und Sozialmodell zu entwickeln, das im Zeitalter der Globalisierung Ausstrahlungskraft für andere Weltregionen und für die Fragen weltwirtschaftlicher Ordnung haben könne.

Die Halbzeitbilanz, die der Ministerpräsident Ende 2007 dem Landtag vorlegte, sollte zeigen, dass sich dieses politische Credo im Regierungsalltag niedergeschlagen hatte. Unter der Formel „Die Reformen gehen weiter, aber niemand bleibt zurück“, verwies Rüttgers auf eine Fülle von Entscheidungen der ersten Jahre: Halbierung des Unterrichtsausfalls, Schulreform mit mehr individueller Förderung, Bürokratieabbau, mittelstandsorientierte Wirtschaftspolitik, Zukunftsinvestitionen in der Verkehrs- und Energiepolitik, Reduzierung der Neuverschuldung, Ausstieg aus der subventionierten Steinkohleförderung, neue Ansätze in der vorschulischen Bildung, Gründung von Familienzentren oder neue Angebote in der beruflichen Bildung. Diese Bilanz ließ einige markante Abgrenzungen zur sozialdemokratischen Ära von Kühn bis Steinbrück erkennen, stellte aber auch klar, dass es nicht zu einem Bruch mit der gewachsenen Landesidentität kommen würde. Unter den Ankündigungen für die zweite Halbzeit der Wahlperiode ragte neben Reformen des Sparkassenwesens und der Lehrerbildung das Querschnittsthema „Demografischer Wandel“ heraus. Rüttgers machte deutlich, dass seine Landesregierung hierzu auf verschiedenen Feldern Handlungsbedarf sah: bei der weiteren Sanierung der Staatsfinanzen ebenso wie bei der Erhöhung der Erwerbsquote, beim Aufbau einer altersgerechten Infrastruktur ebenso wie bei der Integration von Menschen aus Zuwandererfamilien.

Eine Zwischenbilanz

Vor einigen Jahren unterschied der Politikwissenschaftler Peter Hennessy mit Blick auf die britischen Premierminister die erfolgreichen Wettermacher, Reformer und Krisenmanager von denjenigen Amtsinhabern, die ihre Versprechen nicht erfüllt, von den Umständen überwältigt oder gar in der Katastrophe geendet waren. Als Krisenmanager musste sich Rüttgers schon einige Male bewähren, und in einigen Feldern wie der Bildungs-, Wissenschafts- oder Energiepolitik ist er durchaus auf einem guten Weg, sich für die Kategorie des Reformers im Sinne Hennessys zu qualifizieren. In anderen Fragen bleibt abzuwarten, wie erfolgreich die von ihm geführte Landesregierung ihre Agenda einlösen wird.

Für Rüttgers wird wie für all seine Vorgänger als Ministerpräsidenten gelten, dass das historische Urteil nicht alleine Beliebtheit oder Amtsdauer misst, sondern die Fähigkeit, die großen Zukunftsfragen des Landes aufzugreifen, wegweisende Antworten zu finden und die Menschen auf den als richtig erkannten Weg einzustimmen. Jürgen Rüttgers hat sich als Ministerpräsident in einer Situation zu bewähren, in der es gilt, die Wirtschafts- und Sozialordnung mit Blick auf die Herausforderungen der weltwirtschaftlichen Integration zu stärken, komplexe demografische Entwicklungen in einer schrumpfenden und von Zuwanderung geprägten Gesellschaft zu bewältigen sowie Bildung, Ausbildung und Wissenschaft als Schlüsselfaktoren in einer dynamischen Wissensgesellschaft zu erkennen. Zu Beginn des 21. Jahrhunderts geht es darum, in Nordrhein-Westfalen eine Kultur des Selbstvertrauens zu entwickeln, die an die Stärken und die Eigenheiten des Landes selbstsicher anknüpft, aber sich auch voller Selbstbewusstsein neue Ziele setzt. Gelingt ihm dies unter den Bedingungen eines instabiler werdenden Parteiensystems, das verlässliche Regierungsmehrheiten erschwert, so könnte Jürgen Rüttgers rückblickend einmal zu einem der weit über ihre Amtszeit hinaus prägenden Ministerpräsidenten in der Geschichte Nordrhein-Westfalens gerechnet werden.

PD Dr. habil. Hans Jörg Hennecke

Literaturhinweise

Schriften von Jürgen Rüttgers

Rüttgers, Jürgen: Dinosaurier der Demokratie. Wege aus der Parteienkrise und Politikverdrossenheit. Hamburg 1993.

Rüttgers, Jürgen: Zeitenwende – Wendezeiten. Das Jahr-2000-Projekt: Die Wissensgesellschaft. München 1999.

Rüttgers, Jürgen: Worum es heute geht. Bergisch Gladbach 2005.

Rüttgers, Jürgen: Die Marktwirtschaft muss sozial bleiben. Eine Streitschrift. Köln 2007.

Literatur

Kronenberg, Volker: Jürgen Rüttgers. Eine politische Biographie. München 2008 (i.E.).

Die Autoren

Herausgeber:

Sven Gösmann, geboren 1966 in Münden (Niedersachsen), ist seit 2005 Chefredakteur der in Düsseldorf erscheinenden Rheinischen Post, mit 1,2 Millionen Lesern Deutschlands zweitgrößte Abonnementszeitung. Er studierte Politik- und Volkswirtschaft in Berlin und arbeitete als politischer Redakteur und Reporter unter anderem für die Berliner Morgenpost, Welt, Welt am Sonntag und die Bild-Zeitung. Sven Gösmann lebt in Düsseldorf.

Über Heinz Kühn:

Prof. Dr. Dieter Düding (Jg. 1940) ist habilitierter Neuzeithistoriker und lehrte bis 2005 Neuere Geschichte an der Universität Köln. Von 1988 bis 1990 war er als Gastprofessor an der Freien Universität Berlin tätig. Er veröffentlichte zahlreiche Werke zur Politik-, Sozial- und Kulturgeschichte des 19. und 20. Jahrhunderts. Ein Themenschwerpunkt ist die Geschichte Nordrhein-Westfalens. Zu seinen Buchpublikationen zählen „Zwischen Tradition und Innovation. Die sozialdemokratische Landtagsfraktion in Nordrhein-Westfalen 1946–1966", „Volkspartei im Landtag. Die sozialdemokratische Landtagsfraktion in Nordrhein-Westfalen als Regierungsfraktion 1966–1990", „Parlamentarismus in Nordrhein-Westfalen 1946–1980. Vom Fünfparteien- zum Zweiparteien-Landtag" – sowie eine Biografie über Heinz Kühn, die 2002 erschien.

Über Fritz Steinhoff:

Prof. Dr. Jörg Engelbrecht (Jg. 1952) studierte Anglistik, Geschichte, Pädagogik und Philosophie an der Universität Düsseldorf. 1982 promovierte er mit einer Studie zur Geschichte Nordwestdeutschlands im 17. Jahrhundert zum Dr. phil. Danach war er als wissenschaftlicher Assistent am Historischen Seminar der Universität Düsseldorf tätig, wo er sich 1993 habilitierte. Es folgten zahlreiche Lehrstuhlvertretungen, unter anderem in Greifswald, Rostock und Dresden. Seit 2005 hat er den neugeschaffenen Lehrstuhl für Landesgeschichte der Rhein-Maas-Region an der Universität Duisburg-Essen inne, wo er gleichzeitig auch Direktor des Instituts für niederrheinische Kulturgeschichte und Regionalentwicklung ist. Er ist unter anderem Verfasser einer „Landesgeschichte Nordrhein-Westfalens" (1994).

Über Johannes Rau:

Martin Florack (Jg. 1977) ist Akademischer Rat am Institut für Politikwissenschaft, Mitglied der Forschungsgruppe Regieren und der NRW School of Governance an der Universität Duisburg-Essen. Er studierte Politikwissenschaft, Geschichte und Kommunikationswissenschaft in München und Cork (Irland). Zusammen mit Karl-Rudolf Korte und Timo Grunden verfasste er das Buch „Regieren in Nordrhein-Westfalen" (VS-Verlag 2006), in dem unter anderem die Regierungsstile der Ministerpräsidenten seit 1990 analysiert werden. Zu seinen Forschungsfeldern gehören ferner Regieren und politische Systeme, politische Kultur in Deutschland und europäische Sicherheits- und Verteidigungspolitik.

Über Peer Steinbrück:

Dr. Timo Grunden (Jg. 1975) ist stellvertretender Leiter der Forschungsgruppe Regieren an der Universität Duisburg-Essen. Er studierte Politikwissenschaft, Philosophie und Kommunikationswissenschaften in Marburg, Prag und Duisburg. Zusammen mit Karl-Rudolf Korte und Martin Florack verfasste er das Standardwerk „Regieren in Nordrhein-Westfalen", in dessen Mittelpunkt die Führungsstile der Ministerpräsidenten seit 1990 stehen. Zu seinen Forschungsfeldern gehören ferner die deutschen Parteien, Wahlen und das Regieren im politischen System der Bundesrepublik Deutschland. Zuletzt erschien seine Studie „Politikberatung im Innenhof der Macht. Zu Funktion und Einfluss der persönlichen Berater deutscher Ministerpräsidenten" (VS-Verlag 2008).

Über Jürgen Rüttgers:

PD Dr. habil. Hans Jörg Hennecke wurde 1971 in Zülpich geboren. Nach einem Studium der Politischen Wissenschaft, der Mittelalterlichen und Neueren Geschichte sowie des Staatsrechts in Bonn und Wien wurde er 2000 in Bonn promoviert und 2003 in Rostock habilitiert. Seit 1999 lehrt er als wissenschaftlicher Assistent, seit 2004 als Privatdozent an der Universität Rostock. Seit 2006 ist er Heisenberg-Stipendiat der Deutschen Forschungsgemeinschaft an der Universität Duisburg-Essen. Seine Arbeitsschwerpunkte sind Regierungslehre, Zeitgeschichte und Ideengeschichte. Zu seinen wichtigsten Veröffentlichungen zählen: „Friedrich August von Hayek zur Einführung" (2008), „Wilhelm Röpke. Ein Leben in der Brandung" (2005), „Die dritte Republik. Aufbruch und Ernüchterung" (2003) und „Friedrich August von Hayek. Die Tradition der Freiheit" (2000).

Über Karl Arnold:

Dr. Detlev Hüwel wurde 1951 in Düsseldorf geboren, wo er auch aufwuchs. Nach dem Abitur am Geschwister-Scholl-Gymnasium folgte ein zweijähriges Zeitungsvolontariat, dem sich ein Studium der Mittelalterlichen und der Neueren Geschichte sowie der Sozialwissenschaften an der Universität Düsseldorf anschloss. 1979 Promotion mit einer politischen Biografie über den ersten gewählten Ministerpräsidenten von Nordrhein-Westfalen, Karl Arnold. Von 1979 bis 1991 war Detlev Hüwel Redakteur für politische Nachrichten in der Zentralredaktion der Rheinischen Post (Düsseldorf). Seit 1991 ist er als Ressortleiter zuständig für die landespolitische Berichterstattung dieser Zeitung. Detlev Hüwel ist verheirat, hat eine Tochter und lebt in Kaarst.

Über Wolfgang Clement:

Prof. Dr. Dr. Karl-Rudolf Korte studierte Politikwissenschaft, Germanistik und Pädagogik in Mainz und Tübingen. Er promovierte 1988 zum Dr. phil. an der Universität Mainz, 1997 folgte die Habilitation zum Dr. rer. pol. habil. an der Universität München. Seit 2002 ist er Professor für Politikwissenschaft an der Universität Duisburg-Essen im Fachgebiet „Politisches System der Bundesrepublik Deutschland und moderne Staatstheorien". Er ist Leiter der Forschungsgruppe Regieren und war von 2005 bis 2008 der geschäftsführende Direktor am Institut für Politikwissenschaft der Universität Duisburg-Essen. 2006 wurde er als „Professor des Jahres" durch das Fachmagazin UNICUM-Beruf ausgezeichnet. Als Gastprofessor ist er an der Universität St. Gallen und der Nankai-Universität in Tianjin tätig. Seit 2006 ist er Wissenschaftlicher Direktor der NRW School of Governance an der Universität Duisburg-Essen.

Über Franz Meyers:

Dr. Stefan Marx, geboren 1969 in Waldbröl/Oberbergischer Kreis, ist wissenschaftlicher Mitarbeiter im Archiv für Christlich-Demokratische Politik der Konrad-Adenauer-Stiftung. Er studierte Geschichte und Politikwissenschaft an der Universität Siegen. Sein Forschungsschwerpunkt ist die Geschichte Nordrhein-Westfalens. 2003 legte er eine Biografie über Franz Meyers, 2006 eine über Heinrich Köppler vor. Von 2005 bis 2007 war er wissenschaftlicher Projektmitarbeiter bei der Kommission für Geschichte des Parlamentarismus und der politischen Parteien, wo er die Protokolle der CDU/CSU-Fraktion im Deutschen Bundestag für den Zeitraum der ersten Großen Koalition 1966 bis 1969 bearbeitete. Marx ist verheiratet und Vater einer Tochter.

Über Rudolf Amelunxen:

Prof. Dr. Christoph Nonn (Jg. 1964) studierte Geschichte, Anglistik und Politikwissenschaft in Trier und Warwick/Großbritannien. Er arbeitete als wissenschaftlicher Assistent an der Universität Köln, dann für den Zwangsarbeiterfonds der Jewish Claims Conference, und war Heisenberg-Stipendiat der Deutschen Forschungsgemeinschaft. Seit 2002 ist er Professor für Neueste Geschichte unter besonderer Berücksichtigung der Geschichte des Landes Nordrhein-Westfalen in Düsseldorf. 2009 erscheint von ihm eine *Geschichte Nordrhein-Westfalens* im C.H. Beck Verlag. Seine Freizeit verbringt er am liebsten mit seiner Frau und seinen zwei Töchtern oder aber unter Wasser – im Schwimmbad. Außerdem spielt er leidenschaftlich gern englisches Theater.

Personenregister

Zeittafel

Nordrhein-Westfalens Ministerpräsidenten in chronologischer Reihenfolge:

Rudolf Amelunxen (1888-1969):
Ministerpräsident von Juli 1946 bis Juni 1947

Karl Arnold (1901-1958):
Ministerpräsident von 1947 bis 1956

Fritz Steinhoff (1897-1969):
Ministerpräsident von 1956 bis 1958

Franz Meyers (1908-2002):
Ministerpräsident von 1958 bis 1966

Heinz Kühn (1912-1992):
Ministerpräsident von 1966 bis 1978

Johannes Rau (1931-2006):
Ministerpräsident von 1978 bis 1998

Wolfgang Clement (geb. 1940):
Ministerpräsident von 1998 bis 2002

Peer Steinbrück (geb. 1947):
Ministerpräsident von 2002 bis 2005

Jürgen Rüttgers (geb. 1951):
Ministerpräsident seit 2005